本书受到中共中央党校（国家行政学院）学习贯彻党的二十大精神研究专项课题"全球安全治理新困境与中国方案研究"（项目编号：2023ZX20006）的资助。

联合国难民署
难民遣返行为模式研究

吴昊昙　著

Refugee

Repatriation

中国社会科学出版社

图书在版编目(CIP)数据

联合国难民署难民遣返行为模式研究/吴昊昙著.—北京：中国社会科学出版社，2023.8
ISBN 978 – 7 – 5227 – 2469 – 0

Ⅰ.①联…　Ⅱ.①吴…　Ⅲ.①联合国难民事务高级专员办事处—难民问题—遣返—研究　Ⅳ.①D813.7②D815.6

中国国家版本馆 CIP 数据核字(2023)第 164398 号

出 版 人	赵剑英
责任编辑	高　歌
责任校对	李　琳
责任印制	戴　宽

出　　　版	中国社会科学出版社
社　　　址	北京鼓楼西大街甲 158 号
邮　　　编	100720
网　　　址	http://www.csspw.cn
发 行 部	010 – 84083685
门 市 部	010 – 84029450
经　　　销	新华书店及其他书店

印　　　刷	北京明恒达印务有限公司
装　　　订	廊坊市广阳区广增装订厂
版　　　次	2023 年 8 月第 1 版
印　　　次	2023 年 8 月第 1 次印刷

开　　　本	710×1000　1/16
印　　　张	16.5
插　　　页	2
字　　　数	265 千字
定　　　价	89.00 元

凡购买中国社会科学出版社图书,如有质量问题请与本社营销中心联系调换
电话:010 – 84083683

前　　言

难民问题虽自现代民族国家体系建立以来便已有之，但是其日益扩大的规模和增加的影响使其成为当今国际政治重点关注和亟须解决的问题。自愿遣返是国际社会解决难民问题最重要和常用的方案。根据国际难民法，难民署在推动难民自愿遣返时必须确保遣返的"自愿性"，否则就将违背"不推回原则"。"自愿性"指：（1）主观上，难民主动表达出遣返的意愿，这意味着难民不应受到来自难民接收国等其他角色的强制；（2）客观上，难民来源国国内状况得到根本性改善。但现实中，在难民遣返的"自愿性"条件尚未达到时，难民署在是否推动难民遣返的问题上却表现出显著的行为差异。因此，本书的研究问题是：在难民遣返的"自愿性"条件尚未达到时，难民署在是否推动难民遣返上为何表现出不同的行为模式？

本书提出了基于"国家压力"和"同行竞争"为主要变量的解释框架，较好地诠释了难民署这一行为模式差异。难民署在推动难民遣返上的行为模式首先受到来自国家压力的影响，因为难民署的建立和运转根本上依赖于主权国家赋予其的代理型权威。但是，难民署拥有的法理型权威、道德权威和专业权威以及不受主权国家控制的部分代理型权威使难民署拥有对国家压力进行正向或负向回应的空间。

"同行竞争"进一步解释了难民署对国家压力的回应。同行竞争的出现是因为国际难民机制复合体中，尤其是难民遣返领域存在与难民署构成竞争的国际移民组织。两者面临的人道主义"市场"基本相同，均承担难民/移民的遣返服务。与难民署不同，国际移民组织并不负有保护难民的法律责任。因此，当难民署在难民遣返上遇到国家压力，同时又面临强烈的来自国际移民组织的同行竞争时，难民署若抵制国家压力，国际移民组织则可以挤占难民署的项目，从而影响难民署在当地的生存和发展。

具体而言，难民署在是否推动难民遣返上可以出现三种行为模式：（1）无国家压力、无同行竞争时，难民署不面临推动条件尚未达到时难民遣返的压力，无强制性遣返发生；（2）有国家压力，无同行竞争时，难民署面临推动条件尚未达到时难民遣返的国家压力，但存在与国家就强制性难民遣返进行抵制和讨价还价的空间；（3）有国家压力，有同行竞争时，难民署同时面临推动条件尚未达到时难民遣返的国家压力和同行竞争，难民署向原则妥协，强制性难民遣返发生。值得注意的是，由于难民署担负保护难民权利的使命，在难民遣返问题上，若无国家压力，难民署则无须考虑推动条件尚未达到时的难民遣返，讨论同行竞争则无意义，因此，本书对无国家压力，有同行竞争的模式不予讨论。

为了佐证以上推论，本书结合实地调研和文本分析，选取难民署在委内瑞拉（2018—2019）、叙利亚（2018）和阿富汗（2016）三次难民危机中的行为模式作为案例加以分析。在案例研究期间内，三次难民来源国均未达到难民自愿遣返的条件，但难民署在是否推动难民遣返上却表现出显著不同的行为模式。其行为差异较好地验证了国家压力和同行竞争对难民署不同行为模式的影响。

通过比较案例研究，本书证明了以上解释性推论，同时对全球难民治理和国际组织行为模式进行了有益的探讨。具体而言，本书对理解全球范围内大规模的难民危机及其治理问题、难民署这一国际难民机制中枢机构的运作模式和困境、相关国际法原则及其实际践行困难具有显著意义。同时本书提出基于国家压力、同行竞争的研究框架对丰富一般意义上国际组织行为模式的理论研究，尤其是国际人道主义领域国际机制的研究具有启示价值。

吴昊昙

2023 年 1 月 28 日

目　　录

第一章 绪论

由于持续不断的冲突和战争，国际社会面临空前严峻的难民问题。根据联合国难民署（United Nations High Commissioner for Refugees，UNHCR，以下简称"难民署"）的最新数据，截至 2022 年 6 月，世界范围内被迫离开原籍国的人口达到近 9000 万，其中包括约 2700 多万难民。难民署统计数据显示这些数字都创下历史新高，全球平均每 88 人中就有 1人被迫流离失所。① 因此，难民署高级专员菲利普·格兰迪（Filippo Grandi）称这个时代是"彻底流动的时代"（an era of total mobility）②。

同时，从难民的来源国和接收国看，难民已超越欧洲范围和发达国家的界限而多集中于欠发达国家和地区。1951 年《关于难民地位的公约》将"难民"界定为由于"二战"而流落到国外或无国籍的人群，地域上则集中于欧洲地区；③ 而 1967 年《有关难民地位的议定书》则删除了"时间"和"地域"的限制，将原公约关于难民地位的定义扩大至全球范围，并沿用至今。④ 这是因为 20 世纪 60 年代之后，难民危机的爆发地和难民接收地已从欧洲等发达地区转向亚洲和非洲等欠发达地区。同时，难民的居住环境逐渐由难民营转变为欠发达国家城市社区。根据难民署 2018年 12 月的数据，目前全球约 60% 的难民居住在接收国城市社区中。⑤ 欠发

① UNHCR, "Figures at a Glance", June 16, 2022, https://www.unhcr.org/en-us/figures-at-a-glance.html.
② 笔者对菲利普·格兰迪的采访，日内瓦，2018 年 12 月 4 日。
③ 严骁骁：《国际难民机制与全球难民治理的前景》，《外交评论》2018 年第 3 期；UNHCR, *Convention and Protocol Relating to the Status of Refugees*, 2010, p. 14。
④ 刘国福：《国际难民法》，世界知识出版社 2014 年版，第 3 页。
⑤ UNHCR, "Global Cities Take the Lead in Welcoming Refugees", December 19, 2018, https://www.unhcr.org/en-us/news/latest/2018/12/5c1a250f4/global-cities-lead-welcoming-refugees.html.

达地区本身经济发展和政治生态脆弱，难民的涌入不仅给这些国家和地区带来了潜在的安全风险，还带来了政治、经济、环境、社会等方面的治理难题。因此，越来越多的接收国积极推动难民遣返。

国际上应对难民危机有一系列机制，主要包括 1951 年《关于难民地位的公约》及 1967 年《关于难民地位的议定书》、联合国大会决议、难民署规约、难民署执行委员会决案、区域性指导文件、各国国内法、国家惯例、软法及国际法等。① 其中，难民署作为联合国唯一专门应对难民危机的组织，在全球难民治理中发挥了领导和中枢的作用。② 根据难民署规约，永久解决难民问题的三大方案为：就地融合、第三国安置和自愿遣返。③ 20 世纪 80 年代末之前，自愿遣返是最后被考虑的解决方案。然而，随着难民危机性质以及国际政治形势的改变，自愿遣返在此后已经成为难民署解决难民问题的首要方案。④ 与此同时，难民署所参与难民遣返行为的自愿性问题越来越受到国际社会的关注，其中所涉及的非自愿性遣返亦受到诸多批评。

因此，难民遣返问题成为难民治理研究的重要话题。目前国外学术界针对难民遣返的研究多从国际法、国际规范角度切入，但是从国际组织角度进行的难民遣返研究尚有欠缺。国内相关研究则多聚焦难民署这一机构本身的整体性政策、机构发展以及各国难民政策，对难民署难民遣返行为的研究尚未起步。鉴于此，这项研究将难民署的难民遣返行为确定为研究对象，并在文献阅读、实地调研的基础上引入国家压力和同行竞争两个因素，对难民署不同的难民遣返行为模式进行分析。本书的核心研究问题是：在难民遣返的"自愿性"条件尚未达到时，难民署在是否推动难民遣返上为何表现出不同的行为模式？

探究这一问题对理解难民署的难民遣返行为，避免和防止难民的非

---

① T. Alexander Aleinikoff and Stephen Poellot, "The Responsibility to Solve: The International Community and Protracted Refugee Situations", *Virginia Journal of International Law*, Vol. 54, No. 2, 2014, p. 110.

② 郭秋梅：《国际移民组织与联合国难民署之比较：关系、议程和影响力》，《国际论坛》2012 年第 4 期。

③ UNHCR, "Solutions", June 20, 2018, http://www.unhcr.org/en-us/solutions.html.

④ Michael Barnett and Martha Finnemore, *Rules for the World: International Organizations in Global Politics*, Ithaca: Cornell University Press, 2004, p. 94.

自愿性遣返，保护难民利益，促进难民危机的解决将有所裨益。同时，这项研究对了解包括难民署、国际移民组织在内的国际难民机制复合体及其历史、运转和面对的问题以及国家在解决难民问题上的角色演变及其应对等问题都将提供有益参考。

绪论首先介绍难民署难民遣返行为的研究背景，并以此为依托提出研究问题，即在难民遣返的"自愿性"条件尚未达到时，难民署在是否推动难民遣返上为何表现出不同的行为模式？接着，对已有的有关难民署及其遣返行为的研究进行文献综述和评价，指出已有研究的不足和空缺。在此基础上，提出这项研究对难民署不同难民遣返行为的补充性解释，构建理论框架，介绍本书的主要研究方法、结构安排以及研究创新。

第一节　提出问题

一　研究背景

难民问题充斥人类历史的各个阶段，为受迫害的难民提供庇护和保护在世界各大宗教经典中均有所体现。欧洲和中东的众多宗教圣地也曾是逃离战争、政治动乱、宗教纷争的难民的庇护之地。[①] 17 世纪，《威斯特伐利亚条约》的签署标志着现代民族国家体系的形成，难民问题也因此成为民族国家体系下重要的国际问题。自 1975 年研究难民问题的经典著作《难民，我们时代的问题：联合国难民署的工作》出版以来，难民危机爆发的次数和受影响人数不减反增，成为当今全球治理的重要课题。难民署 2019 年 6 月的统计数据显示世界范围内难民数量已达到 2500 多万。[②]

为应对日益频发的难民危机，国际社会建立起一套国际难民机制，以保护难民应享有的合法权利。1951 年《关于难民地位的公约》及 1967 年《关于难民地位的议定书》、联合国大会决议、难民署规约、难民署执行委员会决案、区域性指导文件、各国国内法、国家惯例及国际

---

① Alexander Betts et al., *UNHCR：The Politics and Practice of Refugee Protection*, New York：Routledge, 2012, p. 7.

② UNHCR, "Figures at a Glance", June 16, 2022, https://www.unhcr.org/en-us/figures-at-a-glance.html.

法、软法原则等都体现了对难民权利的法律保障及国际社会对难民问题的重视。①

总体而言，国际社会为难民问题提出了三种永久性解决方案：（1）就地（难民接收国）融合；（2）第三国/重新安置；（3）自愿遣返。② 其中，难民逃离原籍国后自愿遣返原籍国既是国际难民机制应对难民问题的三大解决方案之一，也是国际人权法、国际难民法等国际法规定的难民所享有的最基本权利。

1948 年的《世界人权宣言》虽然不是各国签署的正式条约，但却成为所有人权法案的根基，其第十三条第二款即写到难民自愿返回原籍国的权利："人人有权离开任何国家，包括其本国在内，并有权返回他的国家。"③在国际法的规约下，国家有义务允许其本国公民返回原籍国。难民自愿遣返之权利亦得到了其他国际人权法的背书，如《公民权利和政治权利国际公约》（International Covenant on Civil and Political Rights）、④《消除一切形式种族歧视公约》 （International Convention on the Elimination of all Forms of Racial Discrimination），其他地区性国际人权法和各国人权法案等。

1951 年《关于难民地位的公约》和 1967 年《关于难民地位的议定书》是国际难民法最主要的渊源，也是国际难民保护的法律基础。⑤ 虽然两者均未直接提及难民自愿遣返的问题，但是 1951 年《关于难民地位的公约》却清晰地指出难民身份是过渡性身份，一旦难民获得或取得实质性的国家保护，难民身份即终止。根据该公约，自愿遣返可以引发难民身份的终止。具体地，自愿性国家保护的再次获取、自愿性国籍的再次获取以及自愿在曾受到迫害威胁的一国生活，均可使难民身份终止。⑥

---

① T. Alexander Aleinikoff and Stephen Poellot, "The Responsibility to Solve: The International Community and Protracted Refugee Situations", *Virginia Journal of International Law*, Vol. 54, No. 2, 2014, p. 110.

② 有时这三种方案也被分类为两大类：（1）自愿遣返；（2）融合：a. 接收国融合；b. 第三国融合。Louise Holborn, *Refugees: A Problem of Our Time: The Work of the United Nations High Commissioner for Refugees*, 1951 – 1972, Metuchen: Scarecrow Press, 1975, p. 88; UNHCR, *Statute of the Office of the United Nations High Commissioner for Refugees*, Art. 1, 1950.

③ 联合国：《世界人权宣言》，1948 年 12 月 10 日。

④ 联合国人权高级专员办事处：《公民权利和政治权利国际盟约》，1966 年 12 月 16 日。

⑤ 刘国福：《国际难民法》，世界知识出版社 2014 年版，第 3 页。

⑥ UNHCR, *Voluntary Repatriation: International Protection*, 1996, Chap. 2.

难民身份的终止即意味着无法享受难民所享有的权利。

同时，当难民来源国国内情况得到根本改善，难民所惧怕的迫害不再成立时，难民所享有的国际保护也将终止，该公民亦无法拒绝享受其原籍国提供的国家保护。① 但是，国内情况的根本改善强调了难民来源国国内情况改善的程度必须是根本性的，仅仅对于难民个人所惧怕的迫害的改善则不适用于此。此外，即使难民来源国国内情况得到根本改善，但是依然存在可能对难民个体造成迫害的因素时，难民个体也有权利拒绝遣返，其难民身份也不会被终止。② 这一原则在难民署执行委员会1991年和1992年决案中均有所强调。③

因此，难民自愿遣返的重要前提之一是难民来源国国内对难民造成迫害的情况得到根本性改善。除此之外，难民自愿遣返的另一重要原则为"自愿性"。自愿性是难民遣返所依据的基石。④ 根据1969年《非洲统一组织关于非洲难民问题某些特定方面的公约》（*OAU Convention Governing the Specific Aspects of Refugee Problems in Africa*），⑤ 所谓的"自愿性"，必须基于两方面的考虑：（1）难民来源国国内状况（难民需要对此有充足的信息来判断是否遣返）；（2）难民所在接收国的状况（该国状况应该允许难民对是否遣返做出自由选择）。⑥ 这意味着影响难民做出是否遣返选择的任何身体上、心理上和物质上的压力都是不被国际难民法所允许的。

为了保障难民自愿遣返的权利，难民来源国国内情况得到根本性改善以及难民的自由选择是国际难民保护在遣返问题上的基本要求。它直接体现了国际难民保护中所遵循的最核心原则"不推回"（non-refoulement）原则。⑦ 根据1951年《关于难民地位的公约》第33条，不推回原则指："每

---

① UNHCR, *Voluntary Repatriation*：*International Protection*，1996，Chap. 2.

② UNHCR, *Voluntary Repatriation*：*International Protection*，1996，Chap. 2.

③ UNHCR, *General Conclusion on International Protection*，No. 65（XLII），1991；UNHCR, *General Conclusion on International Protection*，No. 68（XLIII），1992.

④ UNHCR, *Voluntary Repatriation*：*International Protection*，1996，Chap. 2.

⑤ 该公约是至今唯一详细阐述自愿遣返原则的国际难民法文件。UNHCR, *OAU Convention Governing the Specific Aspects of Refugee Problems in Africa*，1969.

⑥ UNHCR, *OAU Convention Governing the Specific Aspects of Refugee Problems in Africa*，1969.

⑦ UNHCR, *The 1951 Convention Relating to the Status of Refugees and Its 1967 Protocol*，2011，p. 4.

个缔约国不得以任何方式将难民驱逐或遣返至其生命和自由由于其种族、宗教、国籍或加入某一社会团体或政治见解而受到迫害的领土的边界。"①

事实上，不推回原则已经成为习惯国际法，是各国和各国际难民组织所遵循的最基本原则，得到1984年《禁止酷刑和其他残忍、不人道或有辱人格的待遇或处罚公约》、1992年《保护所有人免于强迫失踪宣言》、1969年《美洲人权公约》、1966年亚非法律协商委员会《关于难民地位和待遇的原则》以及1984年美洲地区关于难民保护的《卡塔赫纳宣言》的肯定。② 而难民署则是国际难民法的"监护人"，③ 也是监督各国遵守不推回原则的联合国机构。根据不推回原则，国家及国际组织只有当难民自愿返回其原籍国时才能推动难民遣返，否则就有违反不推回原则的嫌疑。总结而言，推动难民遣返的前提应是：（1）难民来源国国内情况有根本性改善；（2）难民自愿遣返。这是国际人权法和国际难民法"不推回原则"赋予难民的最基本权利。

然而，现实中，难民的自愿遣返问题既不是难民所处之地简单的物理迁移，也不是纯粹的法律实施问题，而更多的是政治进程的推演。④ 难民自愿遣返涉及多方政治角色。从难民来源国来说，难民的自愿遣返需要有难民来源国国内整体情况的根本改善，国内冲突各方的和解，来源国政府接受难民回返并授予回返难民公民权利的意愿和保护回返难民合法公民权利的能力。从难民接收国来说，难民的自愿遣返意味着难民接收国为难民遣返提供让难民做出自愿选择的空间，如不能以政治、身体或物质威胁迫使难民做出遣返的决定，也不能以政治、身体或物质利诱难民在难民来源国国内情况允许难民自愿遣返时选择不回返。对于国际难民保护组织，难民的自愿遣返意味着国际难民保护组织切实践行保护难民不被强迫遣返的合法权利，保障难民的遣返是"安全而体面的"。⑤ 此外，难民的

---

① UNHCR, *The 1951 Convention Relating to the Status of Refugees and Its 1967 Protocol*, 2011, p. 4.

② 李明奇、廖恋、张新广：《国际难民法中的不推回原则》，《学术交流》2013年第4期。

③ UNHCR, *The 1951 Convention Relating to the Status of Refugees and Its 1967 Protocol*, 2011, p. 6.

④ Katy Long, *The Point of No Return: Refugees, Rights and Repatriation*, Oxford: Oxford University Press, 2013, p. 1.

⑤ UNHCR, Voluntary Repatriation: International Protection, 1996, Chap. 2.

自愿遣返还意味着世界各国与难民接收国和来源国一起分担难民危机给国际社会造成的治理压力，从物质和人力上给予支持。

正是因为难民遣返问题所牵涉的政治角色错综复杂，实际中的难民遣返常使难民合法权益遭到侵害。尤其当一国政府将难民问题视为本国发展的阻力时，推动条件尚未达到时的难民遣返成为难以避免的事实。[①] 强制性遣返将会给难民的合法权益造成严重侵害。它一方面无法从根源上彻底解决难民问题，另一方面也将使难民回返原籍国后的基本公民权利无从保障，从而引发难民原籍国新的冲突和难民危机。因此，如何推动成熟条件下的难民自愿遣返，避免强制性难民遣返是国际难民治理的重要课题。其中，难民署作为连接难民与难民来源国、难民接收国、难民捐助国等多方政治角色的中枢，在推动难民自愿遣返，保障难民合法权益上发挥着至关重要的作用，有必要对其难民遣返行为进行系统、深入、全面的研究。

二　研究问题

在国际难民机制中，难民署为唯一主要执行机构，在"巩固难民机制的未来发展和走向中扮演了重要角色"。[②] 难民署由联合国安理会设立于 1950 年 12 月 14 日，并于 1951 年 1 月 1 日开始工作。它的使命是保护难民并致力于难民问题的永久解决。[③] 美国在难民署成立之时并不支持它成为一个永久性机构，而是将其限定为为"二战"后的欧洲难民提供法律保护的临时性机构，且仅授予了它三年寿命。[④] 同时，1951 年《关于难民地位的公约》规定的难民仅指："由于 1951 年 1 月 1 日以前

---

① 如 1980 年柬埔寨难民的强制遣返和 20 世纪 80 年代伊拉克难民的强制遣返，1995 年卢旺达难民的强制遣返等。Bahram Rajaee, "The Politics of Refugee Policy in Post-Revolutionary Iran", *Middle East Journal*, Vol. 54, No. 1, 2000, pp. 44 – 63; "Saying UN Was Silent on Refugees, Zaire Starts Expelling Rwandans", *The International Herald Tribune*, August 21, 1995; "Thousands of Cambodian Refugees Quietly Returning Home", *The Washington Post*, August 27, 1980.

② Laura Barnett, "Global Governance and the Evolution of the International Refugee Regime", *International Journal of Refugee Law*, Vol. 14, No. 2/3, 2002, p. 245.

③ Alexander Betts et al., *UNHCR: The Politics and Practice of Refugee Protection*, New York: Routledge, p. 1.

④ Loise Holborn, *Refugees: A Problem of Our Time: The Work of the United Nations High Commissioner for Refugees*, 1951 – 1972, Metuchen: The Scarecrow Press, 1975, pp. 62 – 63.

发生的事情并因有正当理由畏惧由于种族、宗教、国籍、属于某一社会团体或具有某种政治见解的原因留在其本国之外，并且由于此项畏惧而不能或不愿受该国保护的人；或者不具有国籍并由于上述事情留在他以前经常居住国家以外而现在不能或者由于上述畏惧不愿返回该国的人。"① 因此，难民署最初的服务对象仅为 1951 年前成为难民的人。

1954 年，联合国大会通过决议，设立"联合国难民基金"，而此时的美国也开始将难民署视作反对苏联集团的机构之一，并于 1955 年首次向难民署捐赠了 50 万美元。在美国之后，难民署很快得到其他国家的支持，使之不仅能为难民提供法律保护，而且能有效进行难民的实地援助工作。② 在 1956 年的匈牙利事件中，难民署进行了第一次大规模难民救助活动。1958 年，联合国大会授权难民署帮助阿尔及利亚解决在反殖民、争取民族独立过程中出现的难民问题。这也是难民署首次跨越欧洲的地理限制向第三世界难民提供援助。20 世纪 60 年代之后，难民署的工作地点逐渐从欧洲地区转移至亚洲和非洲地区。鉴于难民已是全球共同面临的议题，联合国在 1966 年 11 月 18 日通过《有关难民地位的议定书》，并于 1967 年 10 月 4 日正式生效，删除了难民界定上"时间"和"地域"的限制，以将原公约关于难民地位的定义扩大至全球范围，适用至今。③ 至 20 世纪 90 年代，难民署的难民保护行动已经在全球范围内展开。

难民署在推动难民自愿遣返上的角色尤其重要，并在多个国际法案中确定下来。1950 年 12 月 14 日，联合国大会第 428（V）号决议决定通过难民署规约，呼吁各国政府积极配合难民署的工作，尤其是配合难民署在自愿遣返难民上的工作。具体地，根据难民署规约，难民的遣返必须是自愿的，难民署和非政府组织应该团结合作以促进难民自愿遣返。④ 1951 年《关于难民地位的公约》虽然没有直接提及难民署的自愿遣返角色，却强调了"不推回原则"以及用来界定难民身份的"有根据

---

① UNHCR, *Convention and Protocol Relating to the Status of Refugees*, 2010, p. 14.
② 何慧：《论联合国难民署的历史地位与现实作用》，《国际论坛》2004 年第 4 期。
③ 刘国福：《国际难民法》，世界知识出版社 2014 年版，第 3 页。
④ UNHCR, *Statute of the Office of the United Nations High Commissioner for Refugees*, Chap. 1, 1950.

的对迫害的恐惧"，暗示了迫害的实际消除可以促进难民的自愿遣返。①
此外，难民署执行委员会 1980 年首次讨论了难民自愿遣返的话题，并纳
入当年的决议中。1985 年又再次讨论和细化了难民署在难民自愿遣返上
的角色。

联合国秘书长的请求是难民署从事难民自愿遣返的另一法律依据。
在联合国秘书长的请求下，难民署曾先后被请求协调和监督 1990 年越南
的难民遣返项目，协助 1991 年回返伊拉克的难民以及其他流离失所者，
领导 1991 年柬埔寨难民遣返项目和同年的前南斯拉夫难民遣返项目。②
总的来说，难民署执行委员会决议、联合国大会决议虽然不具有法律效
力，但是以"软法"的形式得到了国际社会的认可，进一步确定了难民
署从事难民自愿遣返的核心角色。

为了更好地保障难民自愿遣返的权利，难民署规定了从事自愿遣返
工作的具体使命：（1）确保难民遣返的性质是自愿性的；（2）为安全而
体面的难民遣返创造有利条件；（3）当条件成熟时推动难民的自愿遣
返；（4）协助条件不成熟时的难民自发性地自愿遣返；（5）在有利于保
护难民利益和生活状况的条件下，同非政府组织和其他组织合作安排回
返难民的交通和接待；（6）监督回返难民在难民来源国的状态并在有必
要时进行干涉；（7）帮助相关国家提高解决难民问题的立法和司法能力
建设；（8）向捐助国筹款以协助相关政府开展难民遣返和再融合（rein-
tegration）项目；（9）促进非政府组织、特定发展组织和双边捐助组织
对难民再复原的中长期援助。③

然而，随着国际形势的改变，难民的自愿遣返受到越来越多的政治
压力。20 世纪 70 年代末期之前，难民署很少将难民自愿遣返看作永久
解决难民问题的首选方案。难民署 20 世纪 50 年代初建立时，法国和美
国就反对将难民遣返纳入永久解决难民问题的方案，因为在冷战的背景
下，遣返难民意味着将难民送回共产主义阵营。④ 难民署早期也将难民

---

① UNHCR, *Convention Relating to the Status of Refugees*, Art. 33, 1950.

② UNHCR, *Voluntary Repatriation*: *International Protection*, Chap. 1, 1996.

③ UNHCR, *Voluntary Repatriation*: *International Protection*, Chap. 1, 1996.

④ Loise Holborn, *Refugees*: *A Problem of Our Time*: *The Work of the United Nations High Commissioner for Refugees*, 1951–1972, Metuchen: The Scarecrow Press, 1975.

长久融入接收地视为唯一可能的解决方案。① 1955 年难民署高级专员杰瑞特·戈德哈特（Gerrit Jan van Goedhart）在诺贝尔和平奖演讲中提到自愿遣返已经是无关紧要的难民解决方案。

两年后，难民署高级专员奥古斯特·林特（Auguste R. Lindt）再次声明他不认为难民自愿遣返是解决难民问题的真实解决方案。② 1955—1962 年，难民署直接协助遣返 251 名难民，协助迁移 16000 多名难民，而协助他国融合的难民数量却高达 53000 多人。③ 然而 20 世纪 70 年代末期开始，难民署却逐渐将其首要工作转移到难民遣返上。难民署的预算被越来越多地用于难民遣返，其执行委员会也越来越多地讨论难民遣返问题。至 20 世纪 90 年代绪方贞子任高级专员时，指出 90 年代就是遣返的十年。同时，越来越多的非自愿性遣返开始出现。1995 年，绪方贞子指出：尽管难民来源国国内情况并不是推动难民遣返的理想状态，但是我们必须考虑越来越多地进行此种情况下的大规模难民遣返，而且难民署将会面临越来越多的类似情况。④

如今，全球范围内的难民遣返延续了绪方贞子时期对难民遣返的预测：非自愿性遣返越来越多。如在巴基斯坦，超过 570 万阿富汗难民在难民署的协助下遣返回国。在黎巴嫩，近 100 万叙利亚难民面临着来自黎巴嫩政府层面被遣返的压力。同时，难民署作为"不推回原则"和国际难民法的监督者，其是否参与条件尚未达到时的难民遣返在不同地区和国家存在不同。在巴基斯坦，难民署和国际移民组织已经参与了备受争议的大规模非自愿性阿富汗难民遣返；在黎巴嫩，难民署受黎巴嫩政府遣返叙利亚难民的强大压力，却在其能力范围内与黎巴嫩政府积极斡旋，避免大规模叙利亚难民被强制遣返；在哥伦比亚，难民署与国际移民组织一道保护上百万委内瑞拉难民的基本权利，没有发生强制遣返委

---

① Gervase Coles, "Approaching the Refugee Problem Today", in Gil Loescher and Laila Monahan, eds. *Question of Refugees*, Oxford：Oxford University Press, 1989, pp. 389 – 390.

② Gervase Coles, "Solutions to the Problem of Refugees and the Protection of Refugees：A Background Study", Geneva：UNHCR, 1989, p. 105.

③ UNHCR, *The Meaning of Material Assistance*, No. 24, 1963, p. 1.

④ UNHCR, *Note on International Protection：International Protection in Mass Influx* (submitted by the High Commissioner), September 1, 1995, A/AC. 96/850.

内瑞拉难民回国的迹象。

当前的叙利亚、阿富汗和委内瑞拉的国内情况均缺乏推动自愿遣返的条件，但是实践中难民署却在是否推动难民遣返上表现出行为差异。是什么因素导致难民署在推动条件尚未达到时的难民遣返上出现行为差异？这些因素是自始至终存在的还是在难民署发展过程中遇到的偶然因素？如何规避难民署出现在监督"不推回原则"上的妥协？理解这些问题对保障难民不受强制遣返和督促难民署等国际难民组织更好地达成其使命具有重要意义。

鉴于以上分析，本书的核心问题为：在难民遣返的"自愿性"条件尚未达到时，难民署在是否推动难民遣返上为何表现出不同的行为模式？有哪些因素决定了这种行为差异？本书将结合国际组织相关理论、实地调研采访和比较案例分析对难民署在推动难民遣返上的行为差异进行分析和解释。

三 研究意义

世界范围内的大规模难民危机给全球治理和国际安全带来挑战，给国际社会的稳定和发展提出难题。难民危机牵涉多方政治角色，难民危机虽是难民来源国国内冲突的后果，却给难民接收国以及国际社会带来了挑战。一方面，随着全球民粹主义的兴起和极右势力的上升，[①] 难民接收国面临越来越多的国内压力，呼吁遣返难民的呼声随之增强；另一方面，国际难民机制中的多方角色，尤其是联合国难民机构——难民署——面临着越来越多从事非自愿性遣返难民的压力。如何理解难民遣返以及难民署在其中的角色将有利于更好地解决难民危机，维护国际社会的稳定，同时有助于理解难民署等国际组织的行为模式。

具体而言，本书首先具有切实的实践意义。

第一，难民治理是全球治理的重要话题，而难民遣返则是难民治理的核心话题。在当前国际政治形势下，难民给接收国造成的多种压力使

---

① 蔡拓：《被误解的全球化与异军突起的民粹主义》，《国际政治研究》2017年第1期；吴宇、吴志成：《全球化的深化与民粹主义的复兴》，《国际政治研究》2017年第1期。

得接收国的难民治理成为难民接收国的重要国家治理话题。[1] 如何应对大规模难民的涌入？有哪些国际机制可以为国家的难民治理提供支持？如何在国际社会的协助下妥善治理难民，避免难民的存在和流动造成的不稳定因素？本书将对难民的定义、国际法保护下的难民权利以及现行难民治理机制进行梳理，为新形势下的难民治理，特别是发展中国家的难民治理提供有益的思考角度。

　　同时，本书聚焦难民的自愿遣返问题。难民自愿遣返问题的重要性首先在于它被难民署规约、1951 年《关于难民地位的公约》等国际法案界定为永久解决难民问题的三大方案之一，且成为近年来难民署永久性解决难民问题的首选方案。[2] 那么，为什么自愿遣返从三大解决方案中最少使用的选项变为最常用选项？国际难民法规定中的自愿遣返的具体含义和操作条件是什么？自愿遣返与难民接收国、来源国、捐助国有何

---

[1]　虽然难民的流入曾在历史上被视为社会发展的积极因素，如在"二战"后缺乏劳动力的西欧，来自东欧的难民不仅被视为重建西欧和填补国内劳动力空缺的资源，而且意味着资本主义国家在意识形态上的胜利，因此，西欧国家对难民的态度较为积极。然而，随着冷战的结束和难民爆发地以及接收地向发展中国家转移，难民逐渐被视为负担。以叙利亚难民为例，叙利亚难民的五大接收国土耳其、黎巴嫩、约旦、埃及和伊拉克政府将叙利亚难民在其国内的存在不同程度地视为负担，接收叙利亚难民的欧洲国家在对待难民的态度上也十分保守。相关研究可参考崔守军、刘燕君《土耳其对叙利亚难民危机的应对及其影响》，《西亚非洲》2016 年第 6 期；贾烈英《中东难民潮对欧盟的冲击与挑战》，《国别和区域研究》2019 年第 2 期；严骁骁《国际难民机制与全球难民治理的前景》，《外交评论》2018 年第 3 期；喻珍《黎巴嫩的叙利亚难民治理》，《阿拉伯世界研究》2018 年第 6 期；吴昊昙《人道主义组织、地方政府与难民治理：以黎巴嫩应对叙利亚难民危机为例》，《阿拉伯世界研究》2021 年第 5 期。Daniele Belanger and Cenk Saracoglu，"The Governance of Syrian Refugees in Turkey：The State-Capital Nexus and Its Discontents"，*Mediterranean Politics*，Vol. 25，No. 4，2018，pp. 1 – 20；Feyzi Baban et al.，"Syrian Refugees in Turkey：Pathways to Precarity，Differential Inclusion，and Negotiated Citizenship Rights"，*Journal of Ethnic and Migration Studies*，Vol. 43，No. 1，2017，pp. 41 – 57；Kilic Bugra Kanat，*Turkey's Syrian Refugees：Toward Integration*，Ankara：SETA Foundation for Political，Economic and Social Research，2015；Maha Kattaa and Meredith Byrne，"Quality of Work for Syrian Refugees in Jordan"，*Forced Migration Review*，No. 58，2018，pp. 45 – 46；Paolo Verme et al.，*The Welfare of Syrian Refugees：Evidence from Jordan and Lebanon*，Washington，D. C.：World Bank Group，2016；Robert G. Rabil，*The Syrian Refugee Crisis in Lebanon：The Double Tragedy of Refugees and Impacted Host Communities*，Lanham：Lexington Books，2016.

[2]　Michael Barnett and Martha Finnemore，*Rules for the World：International Organizations in Global Politics*，Ithaca：Cornell University Press，2004，p. 94.

关系？这些政治角色又怎样塑造了难民署自愿遣返的行为变迁和差异？以及现实中的难民自愿遣返与国际法规定的自愿遣返差别何在？本书将对难民自愿遣返问题的历史、现状以及存在的问题进行梳理，① 弥补目前国内在难民自愿遣返方面研究的不足和空缺。

难民遣返问题研究的另一重要意义在于其与冲突后国家重建的直接联系。冲突后国家面临是否允许难民遣返、是否有能力为遣返难民提供合理的公民权利保障等问题。同时，大规模难民的遣返直接决定了国家重建的成功与否。国际社会往往将难民遣返与冲突后国家重建支援相联系。如果处理不好难民的遣返与融入，国家重建将面临重重阻挠和压力，不利于冲突后国家的稳定和和平发展。联合国框架下的国家建设（state building）的根本目标之一就是合理处置遣返出逃的难民人口。已故知名难民权利倡导者亚瑟·赫尔顿（Arthur Helton）则将国家建设直接视为：国际社会建设和巩固经历过危机和冲突的社会……以促进其难民遣返和再融合的努力。② 因此，对难民遣返的研究将有利于理解诸如：难民危机的发生如何加速国家失败；回返难民如何参与国家重建；回返难民如何影响国家重建以及国家—社会关系在大规模难民回返后将会发生什么样的变化等问题。③

第二，研究难民署这一联合国设立的唯一专门从事难民援助的人道

---

① 相关研究如 Marjolene Zieck, *UNHCR and Voluntary Repatriation of Refugees*, *A Legal Analysis*, Boston: Martinus Nijhoff, 1997; Michael Dumper ed. , *Palestinian Refugee Repatriation*: *Global Perspectives*, New York: Routledge, 2006; Mollie Gerver, *The Ethics and Practice of Refugee Repatriation*, Edinburgh: Edinburgh University Press, 2018; Katy Long, *The Point of No Return*: *Refugees*, *Rights and Repatriation*, Oxford: Oxford University Press, 2013.

② Arthur C. Helton, *The Price of Indifference*: *Refugees and Humanitarian Action in the New Century*, Oxford: Oxford University Press, 2002, p. 30.

③ 相关研究参见 B. S. Chimni, "Refugees, Return and Reconstruction of 'Post-Conflict' Societies: A Critical Perspective", *International Peacekeeping*, Vol. 9, No. 2, 2002, pp. 163 – 180; Richard Black and Khalid Koser, eds. , *The End of The Refugee Cycle? Refugee Repatriation and Reconstruction*, New York: Berghahn Books, 1999; Sarah Petrin, "Refugee Return and State Reconstruction: A Comparative Analysis", UNHCR, 2002, pp. 1 – 23; UNHCR, *Healing the Wounds*: *Refugees*, *Reconstruction and Reconciliation*, *Report of the Second Conference at Princeton University 30 June-1 July 1996*, *Sponsored Jointly by United Nations High Commissioner for Refugees and International Peace Academy*, 1 July 1996.

主义机构将有助于理解人道主义组织与难民治理的关系。① 难民治理涉及多方角色，而难民署是连接国际社会、接收国、来源国、人道主义难民援助组织等与难民的中枢。难民署如何在难民危机发生后介入难民援助？如何在难民接收国及其社区与难民来源国之间进行协调？如何与其他难民援助机构进行合作？如何制定难民援助和遣返方案？本书不仅系统阐述了难民署的发展历史和在难民遣返问题上的政策发展，翔实的案例分析也展现了难民署在实际难民援助和遣返中的成绩和问题，有助于理解这一核心难民机构的工作。

难民署作为联合国核心机构之一，对其遣返行为的研究将有助于了解联合国系统与全球治理的相关问题。难民问题归根结底是跨越单一民族国家疆界的全球问题。面对全球治理问题，国际社会"无政府"的根本特征决定了联合国和其他多边国际组织不可或缺的角色。然而，联合国并非解决全球治理问题的万能机构，它在全球治理中的作用因各方政治斗争而大大受限。作为官僚机构，它对生存和扩张的需求甚至会损害它本身被授予的使命。② 难民署作为联合国系统中的一员，在难民援助和难民遣返上同样受到政治力量的左右。因此，对难民署难民遣返行为的研究可以为了解联合国系统在实际运作中的困难和问题提供管中窥豹的视角。

难民署难民遣返行为的研究对认识国际法在国际社会中的实践和问题有所裨益。传统上，国际法被定义为：一系列规定国家与国家间关系的规则和原则。③ 然而，现实中，国际法却由于国际社会"无政府"状态的特征无法强加于相关政府。尤其对于没有签署相关国际法的国家，国际法的威慑力微乎其微。在难民保护问题上，虽然有 1951 年《关于难民地位的公约》、1967 年《有关难民地位的议定书》、联合国决议、难民署执行委员会决议等法律法规，但是现实中这些法律却很难得以贯彻和

---

① Alexander Betts et al. , *UNHCR*: *The Politics and Practice of Refugee Protection*, New York: Routledge, 2012, p. 104; Gil Loescher, *The UNHCR and World Politics*: *A Perilous Path*, Oxford: Oxford University Press, 2001, p. 1; Lawyers Committee for Human Rights, *The UNHCR at 40*: *Refugee Protection at the Crossroads*: *A Report of the Lawyers Committee for Human Rights*, New York: Lawyers Committee for Human Rights, 1991, p. 2.

② Michael Barnett and Martha Finnemore, *Rules for the World*: *International Organizations in Global Politics*, Ithaca: Cornell University Press, 2004, pp. 1 – 44.

③ J. L. Brierly, *The Law of Nations*, New York: Oxford University Press, 1963.

实施。原因一方面在于目前全球范围内多数产生和接收难民的国家并未签署以上条约，因此这些条约对它们缺乏约束力；另一方面，即使对于签署了以上条约的国家而言，切实履行条约规定的义务在现实政治中亦困难重重。难民署难民遣返行为背后的法律支撑是"不推回原则"等国际法规定，但是实际中的遣返行为却无法保障这一原则的实施。为什么会出现这种现象？通过对难民署具体难民遣返行为的分析，本书对这一问题提供了有益的观察视角。

除以上所述实践意义之外，本书还具有多层理论意义。

第一，从国际组织的视角拓展对难民治理主体的研究。目前的难民治理研究多为政策性研究，或着眼于具体国家的难民政策，或聚焦难民在某一难民接收国的生存状况，或探讨难民危机给国际社会造成的正面、负面影响，进而提出相应政策建议。具体的，难民遣返问题的研究则多从难民遣返的历史、问题、对策等角度切入，从国际组织的视角切入的研究相对缺乏。因此，本书从难民署这一与难民遣返问题直接相关的联合国机构切入，扩展了对难民治理主体的研究。

第二，丰富国际人道主义组织行为模式的理论探索。国际人道主义组织在实践中很难或无法践行其国际法规定的准则是一个普遍现象。已有研究多从国际法的规范和实施角度加以探讨，[①] 从国际组织角度的探讨还非常有限。已有具体针对难民署的研究也大多为历时性描述和阐发，或以历届难民署高级专员为线索，或以难民署发展的时间阶段为线索。虽然这种研究提出了诸多研究的现象和问题，但是却难以上升至理论探索的高度。本书在文献阅读、实地调研和学术探讨的过程中发现并提炼出国家压力、同行竞争两个因素，用以解释难民署在实际运转中遣返行为的差异，对传统的从国际法、组织史研究视角进行了补充。

第三，补充对组织行为中的竞争模式的理论探索。与国际财政机制、国际贸易机制等统合性较高的国际机制研究领域相比，国际人道主义领域的多"代理人"现象导致国家和其他行为主体挑选"代理人"的空间较大，[②] 因

---

① Martti Koskeniemi, *From Apology to Utopia：The Structure of International Legal Argument*, New York：Cambridge University Press，2005.

② Phillip Y. Lipscy, *Renegotiating the World Order：Institutional Change in International Relations*, Cambridge：Cambridge University Press，2016，p. 15.

此易造成"代理人"之间的竞争。这种竞争模式在商业领域可以促进优胜劣汰以及商业组织更高水平的发展，但是却可能造成对人道主义原则的侵蚀。难民治理领域的这一问题就集中体现了多"代理人"竞争导致侵害难民合法权利的现象。本书汲取组织行为相关理论的已有探讨，提出国家压力下，从事同一领域的不同人道主义"代理人"之间竞争对难民遣返造成的影响，丰富了组织竞争行为模式的理论探讨。

总之，从难民署难民遣返行为切入，对难民署这一难民治理的关键行为主体进行研究，对理解全球范围内的难民危机及其治理问题、难民署这一中枢机构的运作模式和困境、相关国际法原则及其实际践行困难具有显著意义。同时，提出的基于国家压力、同行竞争的研究框架，对丰富普遍意义上的国际组织行为模式的理论研究，尤其是国际人道主义领域的国际机制的研究具有重要启示价值。

第二节　文献回顾

难民遣返的实践在 20 世纪 50 年代初国际社会建立起系统性的国际难民机制之前就广泛存在。20 世纪 50 年代之后国际难民机制将"自愿遣返"列为三大永久性解决难民问题的方案之一则将这一概念系统化、正规化。然而，20 世纪 70 年代末之前，难民遣返问题并非难民研究的主流议题。此后，难民遣返问题的研究随着这一现象背后裹挟的政治和道德争议而涌现出来。

这些研究或从地区性难民遣返实践出发，阐述特定难民遣返的情况和问题；或从国际法原则出发，论述实地难民遣返对国际法实施的影响；或从伦理道德角度出发，探讨难民遣返与人类社会追求的普遍道德伦理之间的关系；或从跨国主义角度探究解决难民问题的更佳方案。另外一些研究则聚焦于难民署的难民遣返实践，从国际官僚组织和国际组织史的角度阐发难民署在难民遣返中的实践及其影响。文献回顾部分将首先系统论述已有难民遣返实践的普遍性研究以及聚焦难民署难民遣返行为的研究，接着对已有研究进行评价。

一　难民遣返的普遍性研究

难民遣返的普遍性研究大致可以分为四类：（1）对难民遣返概念和法律地位的探讨；（2）对难民遣返的政治性和强制性的探讨；（3）对难民遣返实践困境的探讨；（4）对难民遣返条件的探讨。已有有关难民遣返的研究大多集中在难民署建立之后的历史时期，为理解难民遣返提供了有益的观察视角。[①]

（一）对难民遣返概念和法律地位的探讨

难民遣返首先是一项基本人权。比尔·弗雷利克（Bill Frelick）认为难民遣返是难民的基本人权，难民问题从根本上说也是人权问题。[②] 高桥扫罗（Saul Takahashi）分析了难民署自愿遣返的相关文件，他提出难民署在自愿遣返问题上，过于强调遣返而忽视了对难民应有的保护。他同样认为难民问题本质上是人权问题。难民保护的标准应该符合基本的人权标准。然而难民署作为难民保护机构，却过多地强调推动遣返，而不是遣返背后所要求的保护。他通过检视有关自愿遣返的法律文件，包括 1951 年《关于难民地位的公约》、难民署规约、难民署多个执行委员会决议（1980 年、1985 年等）以及 1969 年《非洲统一组织关于非洲难民问题某些特定方面的公约》等文件，发现在自愿遣返问题上，自愿性原则与难民保护的终止条件之间的关系缺乏明晰的界定，从而使难民遣返变得更加复杂。[③]

[①] Louise Holborn, *Refugees: A Problem of Our Time: The Work of the United Nations High Commissioner for Refugees, 1951 – 1972*, Metuchen: Scarecrow Press, 1975; Gil Loescher, *The UNHCR and World Politics: A Perilous Path*, Oxford: Oxford University Press, 2001; James C. Hathaway, "Forced Migration Studies: Could We Agree Just to 'Date'?" *Journal of Refugee Studies*, Vol. 20, Iss. 3, 2007, pp. 349 – 369. 其中，克劳德娜·M. 斯克兰（Claudena M. Skran）对国联时期的难民机制，包括 1922—1924 年期间俄罗斯难民遣返实践的研究是为数不多的对难民署成立之前难民机制的考察。参见 Claudena M. Skran, "Profiles of the First Two High Commissioners", *Journal of Refugee Studies*, Vol. 1, No. 3/4, 1988, pp. 277 – 296; Claudena M. Skran, *Refugees in Inter-War Europe*, Oxford: Oxford University Press, 1995.

[②] Bill Frelick, "The Right of Return", *International Journal of Refugee Law*, Vol. 2, Iss. 3, 1990, pp. 442 – 447.

[③] Saul Takahashi, "The UNHCR Handbook on Voluntary Repatriation: The Emphasis of Return over Protection", *International Journal of Refugee Law*, Vol. 9, No. 4, 1997, p. 604.

难民遣返是国际法规定的永久解决难民问题的三大方案之一。① 自 20 世纪 50 年代现代国际难民机制建立以来，自愿遣返逐渐成为最为常用的解决方案。齐姆尼分析了"二战"后三种永久解决难民问题方案的地位变迁。他指出自 1945 年第二次世界大战结束以来，三种解决方案的变迁大致可以分为两大阶段。1945—1985 年为第一阶段，在这一阶段，第三国安置是实践中被优先考虑的方案（尽管原则上自愿遣返为优先选项）。1985 年之后为第二阶段，在这一阶段，自愿遣返成为实践中的优先选项。其间，1985—1993 年，自愿遣返被视为永久解决难民问题的方案，同时强调自愿遣返的自愿属性；1993 年，"安全返回"的概念出现，其位置介于"自愿遣返"和"非自愿遣返"之间；1996 年，"强制性遣返"（imposed return）的概念被难民署提出，以引起对其参与"非自愿遣返"的现实的注意。齐姆尼认为冷战后责任分担机制的缺失导致了非自愿遣返的增多。同时，除非外部经济角色参与解决难民来源国国内造成难民危机的问题，否则国际人道主义援助机构将沦落为掠夺性国际体系的工具。②

同时，齐姆尼还检验了为什么自愿遣返在西方视野中是解决难民问题的最佳方案。首先，这种观点是西方发达国家的观点，因此此种观点将西方发达国家排除在寻求解决难民问题的永久方案外。他们不再愿意为难民支付高昂的保护费用，并摒弃了"流放偏见",③ 限制难民的界定和入境。从根本上看，这种观点认为应该从难民来源国的国内因素出发解决难民问题，但是却忽视了不公正国际经济秩序让难民流出国利用难民获得政治把控的事实。其次，这种观点具有强烈的自由主义倾向。这

---

① 文森特·切泰尔（Vincent Chetail）检视了与自愿遣返相关的国际法，包括国际人道主义法（涉及自愿遣返并非仅限于难民，而重点在战俘、平民）、国际难民法（涉及难民署角色以及难民地位界定）、国际人权法。Vincent Chetail, "Voluntary Repatriation in Public International Law: Concepts and Contents", *Refugee Survey Quarterly*, Vol. 23, No. 3, 2004, pp. 1 – 32.

② B. S. Chimni, "From Resettlement to Involuntary Repatriation: Towards a Critical History of Durable Solutions to Refugee Problems", *Refugee Survey Quarterly*, Vol. 23, No. 3, 2004, pp. 55 – 73. 泰伊思·贝萨（Thais Bessa）讨论了第三国安置从冷战期间的首选难民解决方案到冷战后被边缘化的历史：Thais Bessa, "From Political Instrument to Protection Tool? Resettlement of Refugees and North-South Relations", *Refuge*, Vol. 26, No. 1, 2009, pp. 91 – 100.

③ 指倾向于他国安置难民，而非促进难民遣返的观点。

种观点认为之前的"流放偏见"不仅在解决现代难民问题上不切实际，而且有损难民返回家园的人权。因此，应该推动保护难民返回原籍国的权利。然而，这种观点的问题在于，将自愿遣返预设为符合人道主义的解决难民问题方案将会滋生条件不成熟时的非自愿性难民遣返。最后，这种观点认为"流放偏见"注定在现代国际政治环境下失败，但是同时提议发达国家应该为欠发达国家设立援助和发展资金，并由一个真正有国际代表性的权威机构进行管理。

然而，齐姆尼认为推动难民自愿遣返很难取得西方国家的支持，因此有必要寻找有法律约束力的方案。他提出两种替代性方案：第一，基于现有的世界政治经济版图，建立符合现有情况的难民机制。具体而言，即支持难民署在提供永久难民解决方案中的角色并扩大难民署的使命。第二，重新签订解决世界难民问题的公约。与地区性难民机制不同，这种全面性的公约将不会将发达国家的责任排除在外。齐姆尼认为虽然第二种方案听上去幼稚，但是只有这样才能解决难民问题所涉及的道德和实际问题。①

最后，他还指出在当今国际社会普遍将难民视为负担的情势下，"预防性保护""安全返回"等概念可能取代"自愿遣返"作为解决难民问题的主要方案。然而这些概念背后所影射的是发达国家试图尽可能将难民阻断在发展中国家，越来越不情愿承担解决难民问题责任的政治现实。难民署在推动和促进难民遣返中有可能导致冲突尚未结束时的遣返和对"不推回原则"的破坏。②

（二）对难民遣返的政治性和强制性的探讨

已有研究不仅探讨了难民遣返的概念和法律地位，对难民遣返体现出的政治性和强制性也有涉及。首先，难民遣返体现了深刻的政治性。它的实施牵涉难民来源国、接收国、捐助国、难民署和难民等多个角色，其中的政治交涉深刻地影响难民自愿遣返的实践。芭芭拉·E.哈雷尔－邦德（Barbara E. Harrell-Bond）以非洲的难民遣返实践为基础，分析了

① B. S. Chimni, "Perspectives on Voluntary Repatriation: A Critical Note", *International Journal of Refugee Law*, Vol. 3, Iss. 3, 1991, pp. 541 – 546.

② B. S. Chimni, "Meaning of Words and the Role of UNHCR in Voluntary Repatriation", *International Journal of Refugee Law*, Vol. 5, Iss. 3, 1993, pp. 442 – 460.

自愿遣返作为三大永久解决难民问题方案的来源以及难民署在其中的角色。她认为虽然难民署是为了保护难民的利益和权利而被建立，但是实践中难民署却处于维护相关政府利益的地位，尤其是为难民署运转提供资金的捐助国政府、接收大量难民而面对经济和社会压力的接收国政府以及造成难民危机的难民来源国政府。因此，难民署的难民遣返政策往往不是根据难民利益而制定，而是在缺乏难民参与的情况下，由以上政治角色之间的博弈而决定。此种条件下的难民遣返实践难以保障难民自愿遣返的基本权利。[1]

难民遣返尤其受到难民来源国和接收国国内政治的影响。盖伊姆·基布雷布（Gaim Kibreab）在研究非洲东北部国家难民遣返后，发现冷战后难民接收国普遍对难民接收持消极态度。特别是拥有民主选举的国家，为了获得选民的支持，候选人往往将遣返难民作为竞选承诺。而这种行为根植于国家才是保障个人权利的实体的价值观。因此，虽然难民遣返和融入他国两种解决难民问题的方案中最初并无优先性，但是基布雷布指出，在接收国态度消极的情况下，难民遣返依然是非洲东北部最重要的难民解决方案。[2] 类似的，布拉德·K. 布利兹（Brad K. Blitz）、罗斯玛丽·塞尔斯（Rosemary Sales）和丽莎·马尔扎诺（Lisa Marzano）分析了 2003 年英国政府强制遣返 35 名阿富汗难民的案例。他们指出政府推动难民遣返一般基于三种动机：正义（遣返是难民问题的终结）、人力资本（遣返有利于缓解人才流失）、压力缓解（遣返可以缓解难民给难民接收国带来的压力）。然而，基于阿富汗难民被迫遣返的调研发现，难民遣返政策并非基于对难民权利的保护，而是基于难民接收国国内政治的发展。[3]

而霍华德·埃德尔曼（Howard Edelman）和伊拉扎尔·巴肯（Elazar Barkan）则挑战了盛行于 20 世纪 90 年代认为难民遣返是难民来源国建

---

① Barbara E. Harrell-Bond, "Repatriation: Under What Conditions Is It the Most Desirable Solution for Refugees? An Agenda for Research", *African Studies Review*, Vol. 32, No. 1, 1989, pp. 41 – 69.

② Gaim Kibreab, "Revisiting the Debate on People, Place, Identity and Displacement", *Journal of Refugee Studies*, Vol. 12, No. 4, 1999, pp. 384 – 410.

③ Brad K. Blitz et al., "Non-Voluntary Return? The Politics of Return to Afghanistan", *Political Studies*, Vol. 53, No. 3, 2005, pp. 182 – 200.

设和平必要成分的观点。他们认为这种将难民遣返形塑在政治框架之中的做法忽视了难民的基本权利。[1] 理查德·布莱克（Richard Black）则聚焦 20 世纪 90 年代初因波黑战争而逃离家园的波黑难民被欧盟国家遣返的实践。在这次难民遣返中，欧盟国家宣称，波黑难民应该被遣返回"家"。然而，何时、基于何种状况才可以推动安全和合适的遣返，不同的政治角色却有不同的解释，对难民之"家"的解释同样不尽相同。这种政治化的解释导致波黑难民的遣返并非基于难民利益，而是基于政治个体和国家的利益。同时，推动波黑难民回"家"的简单论调也对波黑的战后重建带来了严重负面影响。[2]

由于难民遣返的政治性，难民的各项物质获取受到直接影响。如，奥利弗·贝克韦尔（Oliver Bakewell）重点探讨了安哥拉难民从赞比亚的遣返。他采用实地采访、参与式观察等方法在赞比亚难民聚集的村庄进行调研，提出难民署在判定谁是难民以及谁能得到援助上并非根据难民的实际需要，而是根据难民穿过各层官僚机构并按官僚机构的安排行事的能力。同时，难民遣返的程序并没有对难民进行咨询，而是在各方政治力量的斡旋下简化为技术性操作。因此，他认为难民遣返并非遵循难民的利益，也并非最理想的难民问题解决方案。[3]

更为严重的是，难民遣返的政治性还导致强制性难民遣返的多发。杰夫·克里斯普（Jeff Crisp）聚焦 20 世纪 80 年代初埃塞俄比亚难民的强制性遣返。他指出这次遣返的自愿性备受质疑，由于难民来源国埃塞俄比亚和难民接收国吉布提双方政府达成协议，在难民不愿被遣返的情况下强制实施遣返。[4] 同一时期，约 20 万提格雷难民被从苏丹东部强制遣返至埃塞俄比亚北部。由于这一遣返的强制属性，难民署既不承认也

---

[1] Howard Adelman and Elazar Barkan, *No Return，No Refuge：Rites and Rights in Minority Return*，New York：Columbia University Press，2011.

[2] Richard Black，"Conceptions of 'home' and the Political Geography of Refugee Repatriation：Between Assumption and Contested Reality in Bosnia-Herzegovina"，*Applied Geography*，Vol. 22，Iss. 2，2002，pp. 123 – 138.

[3] Oliver Bakewell，"Returning Refugees or Migrating Villagers? Voluntary Repatriation Programmes in Africa Reconsidered"，*Refugee Survey Quarterly*，Vol. 21，No. 1 & 2，2002，pp. 42 – 73.

[4] Jeff Crisp，"The Politics of Repatriation：Ethiopian Refugees in Djibouti，1977 – 83"，*Review of African Political Economy*，No. 30，1984，pp. 73 – 82.

不支持这种遣返。结果是当地难民在没有外界帮助的情况下自行遣返，其各项权利遭到严重损害。[①]

概括而言，难民遣返是一个涉及各方政治角色交涉的过程，体现出深刻的政治性。其中，难民来源国和接收国国内政治尤其对难民的遣返实践至关重要。由于这种政治性，难民在遣返中的各项权利易受到消极影响，尤其是强制性遣返的频频发生，严重损害了难民的正当权利。

（三）对难民遣返实践困境的探讨

难民遣返不仅是难民人身简单的物理迁移，而是一个包括了遣返、再融合和再调和的过程。[②] 此一过程充斥许多实践上的困难。如，阿塞法瓦·巴里亚加伯（Assefaw Bariagaber）在其论述"非洲之角"（Horn of Africa）国家难民遣返的著述中总结道：流落在城市中的难民遣返相对较难，因为信息的发布和传播难以集中。[③] 约翰·R.罗格（John R. Rogge）和约书亚·O.阿科尔（Joshua O. Akol）对20世纪60年代至80年代末期的难民危机进行了经验描述和总结，其中重点分析了1972—1974年南苏丹难民的遣返。他指出这一难民遣返过程中的一些问题，包括长期在接收国生活导致对原籍国习俗、信念的不适；难民回返后经济基础的缺失；难民回返后政治安全的不确定性等。[④]

难民遣返的实践困境还出现在对难民之"家"的探讨中。丹尼尔·华纳（Daniel Warner）审视了难民遣返所惯用的说辞，即推动难民"回家"存在的问题。他认为难民逃离家园后再次返回原籍国，已经无法找回难民离开前的家园。不仅"家"所暗含的社区、文化纽带因为战争而被切断，而且原籍国本身的变化也使得难民无法真正"回家"。特别对于第二代及以后的难民，返回原籍国意味着返回完全陌生的环境。因此，

---

① Barbara Hendrie, "The Politics of Repatriation: The Tigrayan Refugee Repatriation 1985 – 1987", *Journal of Refugee Studies*, Vol. 4, No. 2, 1991, pp. 200 – 218.

② Ana Garcia Rodicio, "Restoration of Life: A New Theoretical Approach to Voluntary Repatriation: based on a Cambodian Experience of Return", *International Journal of Refugee Law*, Vol. 13, No. 1/2, 2001, pp. 123 – 141.

③ Assefaw Bariagaber, *Conflict and the Refugee Experience: Flight, Exile, and Repatriation in the Horn of Africa*, Burlington: Ashgate Publishing Limited, 2006, pp. 158 – 159.

④ John R. Rogge and Joshua O. Akol, "Repatriation: Its Role in Resolving Africa's Refugee Dilemma", *The International Migration Review*, Vol. 23, No. 2, 1989, pp. 184 – 200.

不能用帮助难民"回家"来推动难民遣返。①

（四）对难民遣返条件的探讨

难民遣返既是难民的基本权利，也是国际社会永久解决难民问题的三大方案之一。为了保障难民遣返中各项权利的获取，已有研究探讨了推动和实施难民遣返的条件。如难民署工作人员瓦尔普加·恩格布雷希特（Walpurga Englbrecht）在描述了难民署对"安全而体面"的遣返的规定后，详细分析了分别发生在波黑、克罗地亚和科索沃的难民遣返行动以及这些行动是否符合自愿遣返的性质等问题。她在文章中称，根据难民署 2002 年发表的有关自愿遣返的文件，自愿遣返的核心要素为安全而体面的遣返，特别是"在身体、法律和物质方面安全"的遣返。②

具体的身体安全指安全遣返的环境，包括行动自由、无骚扰和攻击、无雷区、无陷阱、无未爆炸的军火。具体的法律安全则指享有不受歧视的民政、经济、社会、政治和文化权利；对合法地位及地位变化的承认；不剥夺合法身份；不因为逃离原籍国或在原籍国外居住、逃避兵役、摒弃或参加未获承认的武装力量而被迫害；对财产权的恢复或公平而等价的财产补偿；有效的国籍授予；对难民在原籍国外所获得的学术及职业技能证书、学历的承认。具体的物质安全则指在遣返的早期阶段对生存和基本服务的有效获取，如饮用水、食物、帐篷、健康服务和教育以及后续的保证难民可持续再融入遣返地的保障。③

另外，"体面的"遣返则是指遣返发生的环境。它意味着有关政府不能强加侵害难民遣返权利的条件，也不能让难民处于诱发性遣返或强制性遣返之中，要让难民有序、人道、分阶段地遣返，不能让难民与其

---

① Daniel Warner, "Voluntary Repatriation and the Meaning of Return to Home: A Critique of Liberal Mathematics", *Journal of Refugee Studies*, Vol. 7, No. 2/3, 1994, pp. 160 - 174.

② Walpurga Englbrecht, "Bosnia and Herzegovina, Croatia and Kosovo: Voluntary Return in Safety and Dignity?" *Refugee Survey Quarterly*, Vol. 23, No. 3, 2004, p. 101. 与恩格布雷希特相似，詹斯·维斯特德－汉森（Jens Vedsted-Hanse）认为难民自愿遣返的前提必须是难民来源国国内安全状态的改善，而且保证遣返是安全而体面的。参见 Jens Vedsted-Hansen, "An Analysis of the Requirements for Voluntary Repatriation", *International Journal of Refugee Law*, Vol. 9, No. 4, 1997, pp. 559 - 565。

③ UNHCR, *Global Consultations on International Protection/Third Track: Voluntary Repatriation*, April 25, 2002, EC/GC/02/5.

家庭成员分离，并应受到原籍国政府和遣返社区的尊重和完全接纳。[①]

按照难民署以上有关自愿遣返的政策规定，瓦尔普加·恩格布雷希特详细考察了波黑、克罗地亚和科索沃的难民遣返情况，包括难民遣返的身体安全、法律安全、物质安全以及相关政府和国际社会在难民遣返上的行为。她得出结论，第一，虽然难民自愿遣返难以清晰界定，但最基本的标准是难民的身体和物质安全必须得到保障，而法律安全可以部分保障。第二，难民的重新安置虽然不意味着将难民遣返至难民来源地，但是必须保障难民的权利。第三，为了保障安全而体面的遣返，国家应该进行国家层面的机制建设，而国际社会应该在立法、司法和行政机制建设上予以支持。第四，国际社会应该对难民遣返进行长期承诺。第五，对难民的临时性保护应该适用于仍然需要帮助的难民群体。[②]

总而言之，难民遣返是难民的基本权利，也是国际社会永久解决难民问题的三大方案之一。但是，由于其牵涉多方政治角色，实践中的难民遣返难以确保难民的各项正当权利。难民在遣返之前和之后分别面临融入难民接收国和来源国的挑战。为了更好地保障难民遣返的权利，难民遣返应当设定一定的标准和条件，避免强制性遣返和其他有损难民权利的行为。

二 聚焦难民署难民遣返行为的研究

难民署是联合国机构中专门针对难民保护的人道主义机构，也是敦促各国遵守国际难民法的监督者。它对不推回原则的践行程度直接关系到难民法赋予难民的正当权利的落实。具体而言，它对三大永久解决难民方案之一的"自愿遣返"的实践直接体现其实践不推回原则的立场和态度。现有的关于难民署自愿遣返行为的研究主要聚焦于难民署自建立至今在自愿遣返政策上的历时性行为变化。具体而言，现有研究注意到难民署建立之初，自愿遣返政策在实践中并不被推崇，而在 20 世纪 80 年代后却一跃成为解决难民问题的首选方案，且引发了一系列具有争议

[①] UNHCR, *Voluntary Repatriation*: *International Protection*, 1996, Chap. 2.

[②] Walpurga Englbrecht, "Bosnia and Herzegovina, Croatia and Kosovo: Voluntary Return in Safety and Dignity?" *Refugee Survey Quarterly*, Vol. 23, No. 3, 2004, p. 101.

的遣返。现有研究针对为何难民署会出现如此行为变迁提出了不同的解释，大致可以归纳为以下三种视角。

（一）内部规范演化的研究视角

1. 国际组织的官僚机构特性

这类研究视角将国际组织视为官僚机构。官僚机构是一种独特的社会形式，具有权威性，并具有自身内在的逻辑和行为倾向。这种视角起源于探讨国际组织建构社会角色、利益和目的的社会学理论。马克斯·韦伯的官僚化理论则提供了理论基点。韦伯认为官僚化是人类社会的一大成就。官僚化以稳定、可预测和非暴力的方式服务于社会互动，以此应对现代生活日益增长的技术需求。它是理性的体现并优于先前的规则形式，因为官僚化可以精确、灵活、持续地应对日益复杂的社会任务。[①]但官僚化带来技术和理性成就的同时也带来了巨大的代价。现代生活对理性权威的规范性诉求和官僚机构对专业技术和信息的控制使官僚机构拥有不同于其创造者的自主性且可控制它们所服务的社会。以难民署为例，这种视角认为难民署在保护难民方面的官方地位和丰富经验使其成为难民问题领域的"专家"和权威。这种专业性加之其在监督国际难民机制实施上的角色使得难民署不用咨询难民就可为难民的生死问题做决定，并通过损害部分国家的利益来建立难民营保护难民。[②]

而正是由于官僚机构的这种权威性，它们才表现出自主性和改变周围世界的能力。它们通过制定非人格性规则的能力行使权力，创立崭新的行为范畴，形成新的行为体利益，界定新的共同的国际任务，并且在

---

① David Beetham, *Max Weber and the Theory of Modern Politics*, New York: Polity, 1985, p. 69; John Scharr, "Legitimacy in the Modern State", in William Connolly ed., *Legitimacy and the State*, Oxford: Basil Blackwell, 1984, p. 120; Max Weber, *Economy and Society: An Outline of Interpretive Sociology*, Berkeley, Los Angeles and London: University of California Press, 1978, pp. 956 – 1105; Max Weber, "Bureaucracy," in Hans Heinrich Gerth and Charles Wright Mills, eds., *From Max Weber: Essays in Sociology*, London and New York: Routledge, 2009, pp. 196 – 244.

② Liisa Malkki, "Speechless Emissaries: Refugees, Humanitarianism, and Dehistoricization", *Cultural Anthropology*, Vol. 11, No. 3, 1996, pp. 377 – 404; Kevin Hartigan, "Matching Humanitarian Norms with Cold, Hard Interests: The Making of Refugee Policies in Mexico and Honduras, 1980 – 1989", *International Organization*, Vol. 46, No. 3, 1992, pp. 709 – 730; Barbara E. Harrell-Bond, "Repatriation: Under What Conditions Is It the Most Desirable Solution for Refugees? An Agenda for Research", *African Studies Review*, Vol. 32, No. 1, 1989, pp. 41 – 69.

全球传播崭新的社会组织模式。但是这样做的代价是官僚机构容易被自己的规则困扰，造成无效和自我拆台的结果，从而不能很好地完成其首要使命。整体来看，国际组织这类官僚机构能够成为进步的动力，但也可能会失败。无论是成功还是失败，它们都会随着时间而变迁和发展，承担新的使命和责任。[①]

这种观点的一大贡献是提供了全新的视角来理解国际组织出现的功能紊乱行为，而不是简单地把这些"病症"归结于国际组织对国家利益做出的合理反应。与其他对国际组织功能紊乱行为的解释不同的是，将国际组织视为官僚机构的视角从国际组织本身内部文化入手解释国际组织的病理发生机制。这里，国际组织的"病态行为"指由国际组织内部组织文化所产生的违背了其核心目标的行为。[②] 而现代官僚形式的两大特征则是导致国际组织产生"病态行为"的重要原因。

第一大特征是官僚机构的常规化、程序化。官僚机构围绕着规则、例行公事和标准的运作程序而组织起来。这些规则、例行公事和运作程序促使官僚机构受到环境刺激时做出可预测的反应。很多时候，这种反应是好的。然而，这种常规化、程序化也容易造成仪式化的行为，导致整体的使命和更大规模的社会目标变得模糊不清，并且容易在组织内部建构狭小而与更大的社会环境脱节的规范环境。

第二大特征是官僚机构的专门化和部门化。这种结构将个体置于整体构架中，从而最大限度地利用个体的能力并回避个体的缺陷。但是官僚文化一旦形成，就会对组织内个体的世界观产生重要影响。[③] 组织内部的次级单位也会发展出自身的与整体认知框架不同的认知框架。这种整体和部分的差异也导致组织整体运转的复杂化并逐步偏离整体目标。

---

① ［美］迈克尔·巴尼特、玛莎·芬尼莫尔：《为世界定规则：全球政治中的国际组织》，薄燕译，上海人民出版社 2009 年版，第 3 页。

② Diane Vaughan, *Challenger Launch Decision：Risky Technology, Culture, and Deviance at NASA*, Chicago：University of Chicago Press, 1996；Kenneth Lipartito, "Culture and the Practice of Business History", *Business & Economic History*, Vol. 24, No. 2, 1995, pp. 1 – 41.

③ Diane Vaughan, *Challenger Launch Decision：Risky Technology, Culture, and Deviance at NASA*, Chicago：University of Chicago Press, 1996, p. 64.

2. 国际组织的"病态行为"发生机制

此类视角更具体地归纳出五大导致国际组织这类官僚机构"病态行为"的发生机制。第一，理性化的非理性。如果官僚机构得以运作的原则和程序本身变成其运作的目的，那么官僚机构本身的运作也将由理性变为非理性。因为官僚机构通常并不是设计最适当的规则而是设计使它们的行为最适合现存的、最能为大众接受的规则。[①] 这些规则和程序日益变得根深蒂固而最终使国际组织将这些规则和程序本身变成了目的。

第二，官僚普遍主义。官僚机构会同时配合众多的地方性情况，产生普遍的规则和分类，却容易忽视特殊性问题。这种做法有时是好的，但在普遍性知识不适合特殊情况时就会产生灾难性后果。[②]

第三，越轨行为的正常化。国际组织有时会允许规则的例外情形即越轨行为。而越轨行为随着时间的推移会逐渐变成规则的正常组成部分，最终会提高国际组织失败的概率。[③] 这种情况得以发生是因为最初较小的蓄意越轨行为并不会增加国际组织政策失败的风险。然而，随着时间的推移，越轨行为得以制度化和正常化，加上工作人员的变化，后来的工作人员意识不到此时正常的行为彼时却是冒险的。因此，这种潜移默化的越轨行为悄无声息地侵蚀了国际组织原本的原则和目标。

第四，隔离。国际组织会从其所处环境对其工作的反馈来评估其工作。然而，国际组织若与这种反馈机制长期隔离，并发展出自己内部的文化和程序，那么它将很难推进其初始目标。尤其当国际组织发展出狭隘的世界观时，反馈机制的缺失就会导致国际组织"病态行为"的产生。[④] 具体而言，其一，因为国际组织一般都拥有一般人所不具备的专业知识，而具备相同专业知识和训练人员的集中将更容易创立不同于更大环境的世界观。其二，国际组织一般不面临强大的绩效压力，且成功

① David Beetham, *Max Weber and the Theory of Modern Politics*, New York: Polity, 1985, p. 76.

② Ernest B. Hass, *When Knowledge is Power: Three Models of Change in International Organizations*, Berkeley: University of California, 1990, pp. 51 – 57.

③ Diane Vaughan, *Challenger Launch Decision: Risky Technology, Culture, and Deviance at NASA*, Chicago: University of Chicago Press, 1996.

④ Mary Douglas, *How Institutions Think*, Syracuse University Press, 1986; Paul Starr, "Social Categories and Claims in the Liberal State," *Social Research*, Vol. 59, 1992, pp. 263 – 295.

的绩效可能难以衡量。许多国际组织并非由于绩效而受重视，而是由于其本身所代表的价值受到重视。但同时，缺乏绩效考核会增加国际组织产生"病态行为"的概率。

第五，文化争执。国际组织的次级单位容纳了拥有不同专业训练、工作经验和世界观的人士，因此可能产生各自独特的内部文化。代表不同规范观点的次级单位支持者会为国际组织提出不同的任务和目标，从而导致竞争性观点，并导致国际组织整体产生"病态行为"。①

3. 难民署的难民遣返行为与国际组织"病态行为"

结合以上关于国际组织"病态行为"的理论分析，难民署在难民遣返的问题上经历了从不支持到接受再到积极推动的转变。这种转变即可理解为难民署作为官僚机构的"病态行为"或越轨行为。

难民署在 20 世纪 70 年代晚期仍一直保持"流亡偏见"，很少将遣返作为一种解决难民危机的永久性方案。但是随着难民的地理分布逐渐从欧洲转向发展中国家，难民数量的急剧增加和相关国家与日俱增的不情愿情绪，各国逐步将强制难民遣返作为应对难民问题的最好方式。常理而言，难民署没有什么选择，只能放弃其原则，并尽力为遣返难民提供帮助。这种常理的解释固然可以在很大程度上解释难民署行为的演化，但是当国家施加的压力可以忍受时，难民署仍有做出独立选择的空间，即推动相关国家的意愿抑或打压相关国家强制难民遣返的意愿。②

而事实上，从 20 世纪 80 年代开始，难民署内部逐渐发展出一种"遣返文化"，并将遣返作为难民保护的一种表现形式，尽管这种遣返意味着违背不推回原则的非自愿遣返，也意味着难民保护的最终形式被界定为尽快将难民遣返。在此文化的影响下，即使相关国家不给难民署施加压力，在难民权利受到潜在威胁时，难民署也将偏好采取遣返的方式。突出的案例为 1994—1995 年难民署将罗兴亚人从孟加拉国遣返至缅甸的行为。

这表明难民署从既有的规则中引入了不断增加的越轨行为，相信这

---

① Ernest B. Hass, *When Knowledge is Power：Three Models of Change in International Organizations*, Berkeley：University of California, 1990, pp. 155 – 172.

② ［美］迈克尔·巴尼特、玛莎·芬尼莫尔：《为世界定规则：全球政治中的国际组织》，薄燕译，上海人民出版社 2009 年版，第 113 页。

种暂时性的越轨行为不会提升政策失败的风险。然而随着时间的变化，这种强制遣返的文化逐渐累积并导致了这一越轨行为的正常化。20 世纪 70 年代被认为不可思议的管理遣返的规则到了 20 世纪 90 年代则成为主流做法。其结果是难民署损害了难民享受不推回原则保护的权利，使难民保护变得越来越脆弱。

（二）外部环境变迁的研究视角

这类研究视角将难民署对难民遣返态度和立场的转变归因于难民署所处国际环境的改变。按照这种视角分析，包括难民署在内的国际难民机制在"二战"之后经历了四个阶段的改变。

在第一阶段（1945—1984），即第二次世界大战结束后、冷战期间，自愿遣返虽然原则上被认为是更好的解决难民问题的方案，但实际操作中，第三国安置则是主流方案。这是因为，其一，第三国安置问题被美苏看作争霸竞赛中的棋子，欧洲等发达国家不愿意将因冷战造成的难民推回苏联作筹码，而要把道义上的谴责推给苏联。其二，此时的欧洲主要难民接收国急需大量人口来满足不断扩张和发展的经济。难民的大量流入可以弥补因"二战"造成的劳动力匮乏。[1] 因此，这一阶段的人道主义难民机构在和西方大国达成一致的条件下将大部分精力放在难民第三国安置上，而难民遣返则在实际操作中沦为边缘问题。[2] 换言之，此时国际难民机制并不能塑造西方大国的难民政策，人道主义难民援助的背后其实是非人道主义的因素在起主要作用。[3]

在第二阶段（1985—1993），冷战结束，西方国家为了在冷战中赢得筹码而利用难民的动机逐渐消失。与此同时，西方发达国家不再像第二次世界大战之后那样急需大量劳动力的融入。此时的难民潮也不同于冷战期间主要来自欧洲的难民潮，而是大多来自发展中国家。在此背景

① George Stoessinger, *The Refugee and the World Community*, Minneapolis: The University of Minnesota Press, 1963, p. 114.

② Kim Salomon, *Refugees in the Cold War: Toward a New International Refugee Regime in the Early Postwar Era*, Lund: Lund University Press, 1991, p. 243.

③ B. S. Chimni, "From Resettlement to Involuntary Repatriation: Towards a Critical History of Durable Solutions to Refugee Problems", *Refugee Survey Quarterly*, Vol. 23, No. 3, 2004, pp. 55 - 73.

下，难民署开始推动自愿遣返，不过此时的遣返政策仍强调难民遣返的自愿性。1985 年，难民署出台专门涉及难民自愿遣返问题的政策文件。①这一时期的难民署高级专员绪方贞子甚至宣称 20 世纪 90 年代为"遣返的十年"。②

在第三阶段（1993—1996），随着南方国家难民潮的增多和北方国家不情愿情绪的增强，"安全返回"的概念开始进入国际难民机制的视野。这一阶段为下一阶段的过渡阶段。

在第四阶段（1996 年至今），难民被强迫返回处于非理想安全形势的原籍国的概率大大增加。此一时期，绝大部分难民来源国和接收国都集中在经济发展落后的国家。同时，发达国家不愿与发展中国家在难民问题上进行责任分担，而难民接收经济上逐渐无法承受大规模难民潮带来的压力，因此强迫难民署协助其进行非自愿的难民遣返活动。③

对难民署等国际人道主义援助机构而言，其运转资金大部分来自美国、欧盟等西方大国的政府捐助，在缺乏大国资金支持的情况下，难民署面临着两难选择：其一，难民署坚持不推回原则，坚决不强制或不协助捐助国和接收国在难民的来源国安全局势未得到改善的情况下进行难民遣返。然而，这样做的结果是难民强行被接收国驱赶，其在接收国的生活状况又将是一场人道主义危机。其二，难民署在执行不推回原则上进行妥协，协助接收国和捐助国进行非自愿性难民遣返。这样做虽然会损害难民的正当权利，并在道义上受到国际社会的谴责，但是与任由难民被接收国强行驱赶相比，反而相对保障了难民的安全。因此，难民署在两害相权取其轻的平衡中选择了后者，并在实践中偏离了不推回原则。

（三）外部环境变迁促进内部议题转换的视角

这类研究视角用难民署所处国际环境的变迁导致其内部规范演化的视角来解释难民署在难民遣返中为何越来越偏离不推回原则。随着难民来源

---

① UNHCR Executive Committee, Conclusion No. 40 on Voluntary Repatriation, 1985.

② Sadako Ogata, *The Turbulent Decade: Confronting the Refugee Crises of the 1990s*, New York & London: W. W. Norton & Company, 2005.

③ B. S. Chimni, "From Resettlement to Involuntary Repatriation: Towards a Critical History of Durable Solutions to Refugee Problems," *Refugee Survey Quarterly*, Vol. 23, No. 3, 2004, pp. 55 - 73.

国和接收国日益集中于欠发达国家以及欠发达国家和发达国家对难民接收和捐助问题责任分担的难以协调，非自愿性难民遣返越来越普遍地在现实中发生。对难民署而言，等到难民来源国国内情况完全达到理想状态再推动难民自愿遣返的时间是无法预测的。同时，在现有状态下，难民遣返是迟早会发生的事，与其将难民遣返长期拖延下去不如尽快将难民遣返。①

与此同时，难民署近年来日益将其工作的重点从跨国界的难民保护问题转移到国内流离失所者（internally displaced persons，IDPs）的保护上。事实上，到 2006 年年末，难民署援助人群的一半以上均为国内流离失所者。虽然这一保护领域的扩大在难民署内部引起法律和职责范围方面的争议，然而这一趋势从 20 世纪 90 年代迅速崛起以来已然成为难民署工作的一大重点。这种对国内流离失所者日益增加的关注主要基于以下原因：

第一，西方国家和难民接收国日益不愿对难民进行持久和大量的援助。与第三国安置和就地融合相比，国家更愿意看到难民署在难民来源国内部开展工作，防止难民外流他国以给他国经济、社会、环境造成负担。而难民遣返正契合国家的意愿，因为它将难民的保护和发展限定在难民来源国内部。与第三国安置和就地融合相比，国家更愿意对难民署的难民遣返和在难民来源国内部的保护活动进行支持。②

第二，随着现代国家主权与"保护的责任"相关性的加强，国际社会对无法对其国民进行保护的国家主权的干涉变得更容易接受。主权的概念日益与"保护的责任"挂钩。因此，当难民来源国无法或没有能力对难民及国内流离失所者提供保护时，难民署在难民来源国内部的人道主义援助活动日益得到国际社会的支持。③

换言之，在难民接收国和捐助国越来越不愿为难民接收和难民保护提供更多支持的情况下，国家更愿意看到难民署在难民来源国内部开展难民保护活动，这既可以减轻难民接收国的负担，也可以敦促难

---

① Michael Barnett，"UNHCR and the Ethics of Repatriation"，*Forced Migration Review*，Iss. 10，2001，p. 33.

② Michael Barnett，"UNHCR and the Ethics of Repatriation"，*Forced Migration Review*，Iss. 10，2001，p. 32.

③ David Lanz，"Subversion or Reinvention? Dilemmas and Debates in the Context of UNHCR's increasing Involvement with IDPs"，*Journal of Refugee Studies*，Vol. 21，No. 2，2008，p. 206.

民来源国履行对难民进行保护的责任。国际外部环境的变迁引起难民署关注议题的变化，并导致难民署进行更多的非成熟和非自愿性的难民遣返。

三 关于难民遣返及难民署难民遣返活动的既有研究之评价

以上关于难民自愿遣返的研究基本可以归纳为两大类。

第一类研究为难民遣返的普遍性研究。在此类研究中，研究者或从地区性难民遣返实践出发，探讨了不同地区难民遣返实践的经验和遭遇的问题；或从国际法切入，探讨自愿遣返的具体法律依据，对自愿遣返的条件进行分析和归纳；或从伦理、历史发展和全球主义出发，阐发了难民自愿遣返涉及的道德伦理问题以及国际难民机制的历史发展和全球主义对解决难民问题的新思考。以上研究视角为了解具体的难民遣返实践提供了背景材料和思考维度，然而这类研究多为经验描述性研究，对难民自愿遣返问题的理论思考稍显不足，有必要从理论角度进一步思考为何难民自愿遣返问题在实践中遭遇各种困难以及如何进行改进。

第二类研究为针对难民署自愿遣返政策演化的研究。分别从外部环境变迁和内部规范演化以及议题关注等角度对难民署的难民自愿遣返政策进行解释。这种研究视角突破了传统的经验描述，有明确的研究问题，即为什么难民署的难民自愿遣返政策发生变迁，且越来越偏离不推回原则？同时从三种不同视角对这一问题进行了解释。然而，这种对难民自愿遣返政策的研究依然存在一些有待思考的问题。

具体来说，第一种研究视角，即内部规范演化的研究视角从组织规范演化的角度提供了组织行为方式演化的原因分析。这种研究视角为我们认识难民署等国际组织违背其建立初衷的"越轨行为"提供了启示。一般而言，国际组织越轨行为被认为是缺乏资金支持、被迫接受无法胜任的指令、缺乏绩效考核的机制、工作人员选拔问题或组织问题等造成的，[1] 却

---

① Terry Moe, "The Politics of Structural Choice: Toward a Theory of Public Bureaucracy," in Oliver Williamson ed., *Organization Theory from Chester Barnard to the Present and Beyond*, New York: Oxford University Press, 1990, pp. 116 – 153.

没有意识到难民署等国际组织内部逐渐形成的文化和规范对其行为潜移默化的影响。

然而，这种研究视角忽略的一个问题是，是何因素导致了难民署等国际组织最初出现"病态行为"并将这种"病态行为"常规化？以难民署为例，作为人道主义援助机构，难民署最核心的宗旨是维护难民享受的不推回原则的保护，那么是什么导致它开始违背这种原则而行事？它有没有对不推回原则或难民自愿遣返进行抗争？还是在外部环境发生变化的情况下轻易改变行动纲领？换言之，内部规范演化的研究视角固然提供了观察长时间段内难民署行为变迁的视角，但却忽视了难民署内部对其初始规范的固守和抗争过程。

第二种研究视角，即外部环境变迁的研究视角突出了国家在难民署执行难民自愿遣返政策时的决定性影响。这种分析建立在这样一种事实之上，即难民署是由国家构成的联合国大会建立，它的运转基本依靠美欧等西方大国的资金捐助，因此，难民署理应听从美欧大国的政策指示，使得其行动符合美欧大国的国家利益需求。冷战期间，美欧大国需要将难民作为反苏的砝码，并利用难民为其自身经济发展注入活力，因此，难民署在其指示下积极推动难民第三国安置。冷战结束后，由于新的难民不再为美欧大国提供战略价值，因此，难民署在欧美大国的政策压力下逐渐背离不推回原则，积极推动非自愿遣返。

然而，这种视角的不足之处在于将难民署完全看作被动的"受动者"，而忽视了难民署这类国际组织可能在"自行决断的范围内"自主地决定行动，在国家利益不明确或脆弱的时候推动国家制定政策，甚至不时地推动与某些国家利益相反的政策。[1] 如促使国际社会接受突破时间和地域限制的关于"难民"的界定，推动在他国领土上建立难民营以及在缺乏国际法依据的情况下介入难民来源国内部保护国内流离失所者等。这些并非美欧等大国创立难民署时所能预料到的发展。因此，将国家利益的分析套用在难民署等国际组织行为模式上分析，忽视了难民署等国际组织内部的行为模式和行动空间，不足以全面解释难民署行为的

---

[1] Mark Thatcher and Alec Stone Sweet, "Theory and Practice of Delegation to Non-majoritarian Institutions", *West European Politics*, Vol. 25, No. 1, 2002, pp. 1 – 22.

发展变化。

第三类研究视角，即外部环境变迁促使难民署关注议题转换的视角为理解难民署工作重心的转移以及国家在这种工作重心转移中所起的作用提供了启示。然而，难民署工作重点的转移并不能对难民署进行非自愿性遣返活动提供直接的解释，而只是提供了补充性解释。难民署对国内流离失所者日益增加的关注并不必然导致难民署增加难民非自愿性遣返活动的支持。

总结而言，以上关于难民遣返和难民署自愿遣返政策的研究主要从经验性描述或历史角度对难民自愿遣返这一话题进行了学理探索。在归纳总结以上研究的基础上可以看出难民自愿遣返裹挟的共同问题和特征以及有待进一步探索的问题。

第一，难民自愿遣返是法理问题，需要法理阐释。难民自愿遣返涉及基本的法律界定和解读。一方面，如何定义"难民"，以及何时、何种情况下难民的身份和相应的国际保护可以终止？作为难民，他们享有哪些基本权利？主权国家在保障这些权利上负有怎样的责任？另一方面，在难民自愿遣返问题上，如何界定难民的遣返为"自愿遣返"？应该在何时、何种情况下推动难民的自愿遣返？自愿遣返应该满足哪些条件才可以称为"自愿遣返"？对这些基本概念的梳理和澄清是理解难民自愿遣返问题的根基。

第二，难民自愿遣返是政治问题，需要关注多方政治角色的参与。难民自愿遣返涉及难民群体本身、难民接收国、捐助国、来源国和难民署等主要利益攸关方。对这五个关键角色的分析将为我们理解难民对自愿遣返的态度如何、为何国家迫使难民署进行非自愿性难民遣返、难民接收国如何利用难民群体和难民署在安置和遣返之间斡旋、难民捐助国如何在人道主义援助和摆脱经济负担上平衡、难民来源国会为难民遣返造成什么困难和挑战等问题提供有益的启示。

第三，难民自愿遣返是历史问题，更是现实问题，既需要纵向的历时考察，也需要共时的行为比较，从而更好地理解难民自愿遣返的发展演变和现实困境。既有研究多从历史角度提供了丰富的难民遣返实践的案例材料，或者从历史演变角度探讨了难民署自愿遣返政策的历史演变。然而，关于难民署难民自愿遣返的共时比较研究还较为匮乏，对难民署同一时段内难民遣返行为差异的关注不足。也正是基于这条线索，本书发现现实中的难民署难民遣返行为差异较大，并尝试做出理论解释。

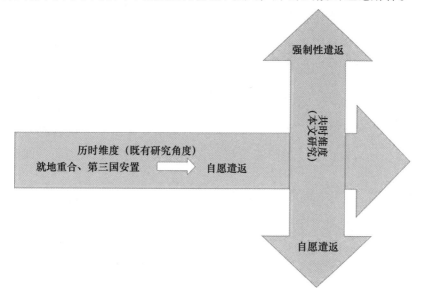

图 1-1 难民遣返研究的不同视角

第三节 解释框架

现有对难民署难民遣返行为的解释性研究重点关注了难民署难民遣返政策的历时性演变和可能的原因，指出难民署这一国际组织内部的行为规范变化和国际政治环境的变化使得难民署越来越倾向于将难民遣返作为难民问题的首选解决方案，同时导致条件不成熟下的难民遣返和对不推回原则的违反现象越来越多。这一历时性考察为我们理解难民署在难民遣返问题上的纵向行为变迁提供了有益的思考方向。

但是，这种研究视角忽略了在当今相对一致的国际政治环境下，难民署的难民遣返行为依然是有差异的。即同样在遣返条件不成熟的情况下，难民署选择在一些难民遣返实践中，积极与国家进行斡旋和讨价还价，尽力维护难民不受强制遣返的权利，在另一些难民遣返实践中，却相对容易地向国家压力妥协。本书依据国际机制复合体理论和实地采访，提出以国家压力和同行竞争两个核心变量来解释难民署在当今难民遣返行为上的差异。

为解释难民署在难民遣返行为上的差异，本书提出两个核心变量：国家压力和同行竞争。国家压力是指主权国家在遣返难民问题上对难民署施加的压力。理解国家压力对难民署重要且直接的影响需要首先理解难民署这类国际组织的权威来源。难民署属于国际政府间组织，即由三个或者三个以上的国家组成的用来制定共同决策的正式组织。① 它的运作机制与一般的国际组织相同或者相似。在主权国家依然是国际社会治理主体的政治环境下，难民署等国际组织的运作根本上要依靠它所获得的权威。而对难民署这类国际组织而言，最重要的权威来源之一即为代理型权威。

但是，这并不意味着国家完全决定了难民署的行为方式。国际组织在国际政治中虽然受到主权国家的直接管辖，但是也享有"一定程度内"的自主性，而这种自主性可以使它们在国家利益不明确的时候推动国家制定政策，甚至不时地推动与某些国家利益相反的政策。② 理解这一点对于理解难民署这类国际政府间组织在实际工作中出现不完全符合成员国愿望的行为具有根本意义。而这种不完全符合成员国愿望的行为从根源上说可以来自其所拥有的法理型权威、道德权威、专业权威和不受委托方控制的代理型权威。

具体在难民遣返问题上，国家压力将对难民署是否推动难民遣返发挥直接作用。但是，即使存在国家压力，难民署依然拥有对国家压力进行正向或负向回应的空间。本书提出同行竞争决定难民署进一步回应国家压力的方式。同行竞争是指在某一特定领域中存在两个或者两个以上的国际组织因从事相同或相似的工作而造成的竞争。同行竞争一定程度上是第二次世界大战后某特定治理领域国际机制细化和增多造成"机制复合体"的体现。③ 机制复合体指某一特定治理领域中一系列部分重叠

---

① Liesbet Hooghe et al., *Measuring International Authority: A Postfunctionalist Theory of Governance*, New York: Oxford University Press, 2017, pp. 14 – 15.

② Mark Thatcher and Alec Stone Sweet, "Theory and Practice of Delegation to Non-majoritarian Institutions", *West European Politics*, Vol. 25, No. 1, 2002, pp. 1 – 22.

③ David W. Leebron, "Linkages", *American Journal of International Law*, Vol. 96, No. 1, 2002, pp. 5 – 27.

且不存在等级关系的国际组织。① 机制复合体的存在将可能会造成其内部各国际组织之间的竞争，并引起这一治理领域缺乏法律一致性。②

以难民机制为例，由于难民治理牵涉多方因素，单纯的难民保护已经满足不了难民问题在难民保护之外其他领域的治理需求。因此，人权机制、发展机制、劳工迁移机制、人道主义机制、安全机制和旅行机制纷纷建立并参与进难民治理相关的领域中来。其中，旅行机制被认为是对难民机制造成了最大的阻力与竞争。③

旅行机制是国家借以管控跨界人口流动的一系列机制性合作。④ 20世纪80年代后，随着国际政治形势的发展，西方发达国家越来越不愿意接收来自欠发达国家的移民，因此创设了越来越多限制跨界人口流动的国际机制，典型的如"地区咨询进程"（Regional Consultative Processes，RCPs）。⑤ 地区内国家通过这一机制制定限制跨界人口流动的协议，将迁移人口拦挡在其国界之外。

由于旅行机制的存在，国家（尤其是难民接收国）在遣返其境内的大量难民和选择进行合作的国际组织时拥有了更大的选择空间（"挑选法院"，forum shopping）。典型地，本书对旅行机制中的核心组织"国际移民组织"（International Organization for Migration，IOM）对难民署难民遣返行为造成的影响进行了深入探讨。

综上，在难民遣返行为上，难民署首先面临着来自国家压力的直接影响，尤其是接收国。在难民来源国条件尚不支持难民遣返的情况下，如果难民接收国不在遣返难民上对难民署施加压力，难民署基于自身对"不推回原则"的监督角色和保护难民的核心使命，将不会推动条件不成熟时的难民遣返。但是当存在国家压力时，即当难民接收国对难民署

---

① Kal Raustiala and David G. Victor, "The Regime Complex for Plant Genetic Resources", *International Organization*, Vol. 58, No. 2, 2004, p. 279.

② Kal Raustiala and David G. Victor, "The Regime Complex for Plant Genetic Resources", *International Organization*, Vol. 58, No. 2, 2004, p. 279.

③ Alexander Betts, "Regime Complexity and International Organizations: UNHCR as a Challenged Institution", *Global Governance*, Vol. 19, No. 1, 2013, p. 74.

④ Rey Koslowski, *Global Mobility Regimes*, Basingstoke: Palgrave Macmillan, 2011.

⑤ IOM, "Regional Consultative Processes", https://www.iom.int/regional-consultative-processes-migration.

推动条件不成熟时的难民遣返施加压力时，难民署则有两种选择。其一，抵制国家压力。其二，向国家压力妥协。同行竞争进一步影响难民署的行为模式。即如果在推动条件不成熟时的难民遣返上不存在同行竞争，难民署将尽力抵制国家压力，反对条件不成熟时的难民遣返。但是，如果在这一问题上存在同行竞争，难民署考虑到自身在难民遣返问题上的"关联性"，将向国家压力妥协。

根据以上分析，难民署难民遣返行为将出现以下三种模式。①

模式一：无国家压力，难民署不面临推动条件尚未达到时难民遣返的压力，无强制性遣返发生。

由于在当今国际政治形势下，国家普遍将难民接收视为负担，因此国家压力是推动条件尚未达到时难民遣返的首要原因。然而，在具体案例中，难民接收国可能出于其他因素的考量，不将难民视为其负担，或者不对在其境内实施难民保护的难民署施加压力。此种情况下，难民署在维护国际难民法核心原则"不推回原则"上无压力，因此不会发生强制性难民遣返。

模式二：有国家压力，无同行竞争，难民署面临推动条件尚未达到时难民遣返的国家压力，与国家对强制性难民遣返进行讨价还价。

当存在国家压力，即难民接收国不愿继续接纳难民且对难民署推动条件尚未达到时难民遣返施加压力时，难民署面临向国家压力妥协或向国家压力讨价还价的选择。同时，如果缺乏同行竞争，难民署出于使命考虑，将与国家在推动条件尚未达到时的难民遣返进行讨价还价。

模式三：有国家压力，有同行竞争，难民署同时面临推动条件尚未达到时难民遣返的国家压力和同行竞争，难民署向原则妥协，强制性难民遣返发生。

在模式二的基础上，如果同时存在国家压力，难民署出于原则考虑，既可以选择抵抗这种压力，也可以选择进行妥协。然而，由于同行竞争的存在，抵抗国家压力意味着国家可以抛弃与难民署在遣返难民上进行

---

① 另一种情景，即"无国家压力，有同行竞争"在本书中未被讨论，是因为虽然现实中两大国际组织在难民遣返之外的领域存在"没有国家压力，却有同行竞争"的情况，但是在本书具体探讨的难民遣返问题上，如果不存在强制遣返难民的国家压力，难民署和国家移民组织则没有必要进行竞争，难民署可以相安无事地从事难民保护，因此缺乏讨论的必要。

合作，而选择其他服从国家意愿的国际组织进行难民遣返，即意味着难民署将失去在难民遣返上的关联性。这对追求生存的国际组织而言是根本性的挑战。因此，出于理性考虑，难民署在同时面临国家压力和同行竞争时，会选择向原则妥协，推动条件尚未达到时的难民遣返。

第四节　研究方法和结构安排

研究目的、研究问题决定研究重点、研究方法以及选用何种理论框架、分析工具。① 本书的研究问题是：在难民遣返的"自愿性"条件尚未达到时，难民署在是否推动难民遣返上为何表现出不同的行为模式？为了有针对性地回答这一问题，本书将采用比较案例分析、文献分析与实地调研相结合的方法。

第一，比较案例分析法。本书将聚焦当下世界最大规模的三大难民危机，即叙利亚难民危机、阿富汗难民危机和委内瑞拉难民危机，进行同时段内的比较案例分析。这是因为目前针对难民署的研究多从历史角度出发，侧重研究难民署的发展史以及其为历次难民危机提供的援助和经历的困境，然而鲜有针对具体问题特定案例的深入分析，特别是对其不同案例中不同的难民遣返行为进行的深入剖析。

本书选择叙利亚难民危机、阿富汗难民危机和委内瑞拉难民危机作为分析案例是因为：首先，三大难民危机是目前世界上最大规模的难民危机，给中东、中亚、南亚、拉美，乃至欧洲、北美和国际社会带来了巨大的人道主义挑战，探究三大难民危机目前面临的遣返困境将为顺利解决三大难民问题提供可供借鉴的思路。其次，难民署等国际人道主义机构发布的官方材料为分析三大难民危机提供了丰富资料。这些机构发布最新的关于难民危机和难民救助的报告为了解这些机构在难民救助和遣返问题上的工作提供了可能。再次，三大难民危机发生在地缘政治极端复杂的地区，难民接收国和来源国在宗教、政治、资源等方面的竞争以及域外大国势力的干涉在难民危机上均有所体现，因此三大难民危机为认识复杂地区政治中的难民治理提供了有益的视角。最后，三大难民

---

① 胡王云：《气候俱乐部的有效性研究》，博士学位论文，北京大学，2018年，第28页。

来源国国内状况均未达到难民自愿遣返的条件，但是难民署在是否推动难民遣返这一问题上却出现不同的行为模式。三个案例具有因果关系上的"同质性"，这符合社会科学求异法的基本要求。①

第二，文献分析法。本书搜集了大量权威文献和实地调研资料，为后期写作提供了有效素材。首先，围绕本书主题的期刊论文和学术专著将是本书重要参考文献来源之一。通过前期搜集和分类，这些文献包括：

1. 难民署及联合国官方文件和声明。这些文献提供了难民署行为的准则和宗旨，发布了最新的难民保护行动的报告和数据分析，对涉及难民问题的核心概念进行了与时俱进的修订，也包括难民署高级专员及高级官员的发言和声明。这些为分析难民署的行为模式提供了分析的初始材料。

2. 学术期刊和专著。在难民研究领域，有众多专业性期刊，包括 *Journal of Refugee Studies*，*Refugee Survey Quarterly*，*International Journal of Refugee Law*，*Georgetown Immigration Law Journal*，*Forced Migration Review*，*European Journal of Migration and Law* 等。这些期刊为了解难民遣返的国际法基础、过往案例和地区问题等方面提供了丰富的素材。

3. 智库出版物。国际上的知名智库持续对三大难民问题给予关注。这些智库出台了相关的报告和政策分析。可供借鉴的主要有：布鲁金斯学会、兰德公司、哈佛大学人道主义研究中心、国际危机组织、查塔姆研究所、以色列国家安全战略研究所等。

4. 新闻报道。本书将密切关注国际知名媒体对三大难民危机最新动态的报道。另外，本书将充分利用作者的语言优势（阿拉伯语、希伯来语），密切关注中东地区报纸对叙利亚难民危机的报道，如约旦的当地报纸 *Al-Ra'i*，*Ad-Dustour*，*Al-Arab Al-Yawm*，黎巴嫩的当地报纸 *Ad-Diyar*，*Al-Balad*，*Al-Binaa*，以色列的当地报纸 *Ha'aretz*。这些当地报纸的新闻报道对了解难民接收国政府及中东地区国家对叙利亚难民危机的态度和政策提供了参考。

第三，实地调研法。由于本书聚焦最新的案例，需要大量的一手资

---

① ［美］斯蒂芬·范埃弗拉：《政治学研究方法指南》，陈琪译，北京大学出版社 2006 年版，第 54—55 页。

料作为支撑。因此，实地调研将是本书的核心研究方法之一。笔者在哈佛大学进行了为期一年的访问学习。哈佛大学国际人道主义研究中心是世界上从事人道主义研究的顶尖学术机构之一，其研究人员来自哈佛大学各个院系，并长期活跃在难民救助的前沿阵地。在这一年的访问学习中，作者充分利用各种机会，收集了美国在难民研究领域的前沿文献，并和相关专家学者保持交流。

此外，笔者有幸作为红十字国际委员会下设的国际人道主义协商中心研究人员前往难民危机相关方进行实地调研。该研究中心基于为难民署、红十字国际委员会、世界粮食计划署、无国界医生和瑞士人道主义对话中心在叙利亚难民遣返问题上从事协商和调解工作的前线工作人员提供交流的平台，并在瑞士召开相关工作会议。作者充分利用调研机会，对活跃在前线的工作人员进行深入采访，收集了相关材料。此外，作者多次前往约旦、黎巴嫩等难民接收国进行实地调研，深入难民接收国社会和难民营，采集第一手资料。

在结构安排上，本书主体部分将分四章展开。第二章介绍了难民的概念界定和国际难民法的基本原则及难民问题解决方案。首先指出难民的含义是不断发展变化的，其涵盖范围越来越广泛。本书讨论的难民概念即是扩大化了的难民。接着介绍国际社会解决难民问题的核心原则——不推回原则。这一原则维护了难民不受强制遣返的基本权利，为解释难民署遣返行为提供了前提条件。本章最后介绍了国际社会为永久解决难民问题提出的三大方案：自愿遣返、就地融合和重新安置，明确了自愿遣返的重要性。

第三章聚焦于国际难民机构的发展。首先介绍了难民署成立之前国际难民机构的基本情况，主要包括"南森护照"、政府间难民委员会、联合国善后救济总署和国际难民组织。接着，重点介绍了本书研究对象难民署的成立和发展。最后，指出其遣返行为的历时和共时的差异，引出本书的研究问题。

第四章搭建研究框架，提出以国家压力和同行竞争来解释难民署遣返行为的共时差异。首先梳理了国家压力与难民署行为的关系，其次提出同行竞争对难民署遣返行为的进一步影响。重点介绍了国际移民组织的建立和发展，并对其与难民署的竞争进行梳理。最后展示同时受国家压力和同行竞争影响的难民遣返行为模式。

第五章为案例分析。以难民署在委内瑞拉难民/移民（2018—2019）、叙利亚难民（2018）和阿富汗难民（2016）遣返问题上的不同行为模式为案例，介绍三大难民危机的来源、难民署的行为模式以及对难民署行为模式的理论分析，验证了国家压力和同行竞争对难民署遣返行为模式的影响。

第六章总结影响难民署遣返行为共时差异的影响因素，提出本书对一般意义上国际组织行为模式研究的启发意义，尤其是在国际组织与主权国家关系、国际组织间的竞争方面。

第五节　研究创新

本书以难民署这一国际人道主义机构为切入点研究难民的自愿遣返问题，以实地调研和比较案例研究为主要研究方法，意在深入剖析国际组织在全球难民治理上的行为模式和现实困境。在国内难民研究相对薄弱的情况下，本书期望对中国在难民治理领域的研究做出补充。具体而言，本书对国内外学界在难民问题和难民署的研究领域做了两个方面创新性的补充。

第一，搭建分析难民署在难民遣返问题上的分析框架。目前国内外针对难民署的既有研究多从历史、组织架构、组织发展等方面对难民署进行剖析，而对难民署在难民遣返问题上的理论研究则非常匮乏。本书在文献阅读与实地调研的基础上提出以国家压力和同行竞争解释难民署在不同地区的难民遣返实践，对既有有关难民署遣返行为的研究做出了有益的理论补充。同时，这一理论不仅适用于难民署这一联合国机构，对国际组织的研究还具有普遍性启示意义。

第二，运用大量最新的一手资料。一方面，本书提供了深入的案例研究，对叙利亚、阿富汗、委内瑞拉等难民遣返问题进行过程追踪式考察。另一方面，本书选择叙利亚、阿富汗、委内瑞拉这世界范围内三个最大规模的难民危机为核心研究案例，需要挖掘大量最新材料佐证，尤其是各方在难民遣返问题上政策的协商和互动以及前线谈判人员的谈判经历。虽然由于研究条件的限制，笔者未能实地前往巴基斯坦和哥伦比亚进行实地采访，但是笔者充分利用在红十字国际委员会工作的机会，前往约旦、黎巴嫩和难民署总部所在地日内瓦进行了为期约 5 个月的实地调研，采访近百人次，获取了大量叙利亚难民遣返以及阿富汗难民遣返和委内瑞拉难民救助的一手资料。

第二章　国际难民法的核心原则和
　　　　难民解决方案

难民的大量涌现是当今世界政治的显著特点之一。早在 20 世纪 80 年代早期，英国学派代表学者赫德利·布尔在《人口与当今世界结构》（*Population and the Present World Structure*）中就指出难民和移民问题对世界政治的重要影响。难民问题牵涉国家主权与边境管控、南北方国家发展不平衡、全球信息网络及长距离交通发展、难民融合与遣返等问题。同时，作为缺乏有效民族国家保护的脆弱群体，难民有权寻求庇护和享有在难民接收国境内的合法权利。难民署作为联合国难民机构，负有难民保护的责任。了解难民的基本法律权利以及难民署在难民保护上的角色对理解难民署遣返行为将有所裨益。

第一节　难民的界定

一　难民的由来

"难民"一词的来源可以追溯到 16 世纪的法国。1573 年，为逃避西班牙统治者迫害从尼德兰逃到法国的加尔文教徒在法语中被称为"难民"（réfugié）。17 世纪后半期，来源于法语的词汇"refugee"开始被广泛使用。① 同时，难民的界定与近代民族国家和国际体系的形成紧密相关。虽然历史上民族国家并非难民保护的唯一提供者，但是难民庇护提供者的主体依然是民族国家，难民保护的出现自然也与民族国家形成的世界体系紧密相关。

---

① 甘开鹏：《欧盟难民政策研究（1957—2007）》，厦门大学出版社 2011 年版，第 17 页。

1648 年《威斯特伐利亚和约》的签署标志着民族国家体系的出现。与之相应，民族国家体系下的难民也因此而出现。① 在此条约中，"你是移民"的概念首次传达出民族国家的公民应享有成为另一个民族国家公民的权利，此即难民的雏形。1685 年路易十四颁布《枫丹白露敕令》，宣布基督新教非法，也因此废除了 1598 年亨利四世颁布的世界近代史上第一份有关宗教宽容的敕令。20 万至 100 万法国胡格诺教徒逃往周边新教国家，如英格兰、荷兰、瑞士、挪威、丹麦和普鲁士。②

18—19 世纪，难民的产生和保护已经成为欧洲国家建构过程中的组成部分。经过革命而新建立的民族国家如意大利、德国、法国在建国过程中造成大量人口逃离，如 1789—1815 年的法国、19 世纪四五十年代的意大利和波兰。③ 同时，这一时期新兴民族国家的难民政策进一步巩固了国家认同。民族国家通过对特定难民群体的接纳以及相应保护措施的提供，树起本国公民与"外国人"之间的界限，并加强了新兴民族国家中央政府的权威。

由于民族国家的建立、巩固和扩张而产生大规模难民的现象在 20 世纪得到延续。随着欧洲政治形势的发展，特别是第一次世界大战的催化，欧洲的哈布斯堡王朝、罗曼诺夫王朝、奥斯曼帝国和普鲁士相继由帝国转变为现代民族国家，原先居住在帝国领土内的大量人口由于语言、地理、种族或宗教信仰等原因而被驱逐，沦为难民。这一时期见证了大规模俄罗斯人逃离俄罗斯、亚美尼亚人逃离奥斯曼土耳其、犹太人逃离欧洲等难民逃亡事件。④ 20 世纪中后期，一系列亚非拉前殖民地国家的独立以及国际政治形势的发展使得大规模的难民潮再次涌现。这同时意味着难民危机已经远远超出欧洲这一地理限制而在全球范围内爆发。这一时期也见证了难民保护国际机制的创立。

---

① Emma Haddad, *The Refugee in International Society*：*Between Sovereigns*, Cambridge：Cambridge University Press, 2008, pp. 49 – 51.

② Emma Haddad, *The Refugee in International Society*：*Between Sovereigns*, Cambridge：Cambridge University Press, 2008, pp. 51 – 54.

③ Emma Haddad, *The Refugee in International Society*：*Between Sovereigns*, Cambridge：Cambridge University Press, 2008, pp. 55 – 56.

④ Michael R. Marrus, *The Unwanted*：*European Refugees in the Twenties Century*, New York and Oxford：Oxford University Press, 1985, p. xii, 414.

冷战时期，世界政治呈现出两极化的特点，美国和苏联纷纷利用难民为其政治利益服务。美国尤其热心于为逃离共产主义世界的难民提供援助和救护，并把难民看作苏联在意识形态和政治上的失败。美苏分别支持和援助意识形态不同的难民群体。因此，这一时期难民沦为美苏争霸的棋子。[①] 同时，在这一时期，由于全球化的快速发展，南北方国家之间的交流空前加强，也为难民从南方国家流入北方国家提供了便利，尤其在非洲与欧洲、北美洲与南美洲之间。在此情况下，难民流入的发达国家开始逐渐收紧难民收容政策。[②]

冷战后的20世纪90年代，即所谓的新型战争时代，大规模难民危机继续在全球范围内爆发。这一时期发生在巴尔干半岛、高加索地区以及撒哈拉以南非洲的冲突导致难民不仅穿过边境线沦为国际难民，同时出现大量逗留在本国的国内流离失所者。难民也逐渐被联合国和国际社会看作"和平和安全的威胁"。[③] 同时，国际社会对难民的保护在这一时期增加了对国内流离失所者的援助。

进入21世纪，难民的大量产生依然构成国际政治的主要特征之一。21世纪之初，"9·11"事件的发生让国际社会对难民的接纳更加保守。不仅发达国家开始进一步收缩其难民收容政策，曾接纳过大量难民的发展中国家也开始对接纳难民产生抵触情绪。难民营军事化问题的出现则让难民接收国政府将难民与潜在的恐怖分子和武装分子相联系。[④] 与此同时，难民的产生和跨境大规模人口流动让国际社会越来越多地关注国际迁移和跨国主义的现象，并引起对民族国家边界新的反思。[⑤]

---

① Gil Loescher, *The UNHCR and World Politics: A Perilous Path*, Oxford: Oxford University Press, 2001, pp. 1 – 19.

② Jeff Crisp, "Refugees and the Global Politics of Asylum", *Political Quarterly*, Vol. 74, No. 1, 2003, pp. 75 – 87.

③ Gil Loescher, *The UNHCR and World Politics: A Perilous Path*, Oxford: Oxford University Press, 2001, pp. 1 – 19.

④ Gil Loecher et al., eds., *Protracted Refugee Situations: Political, Human Rights and Security Implications*, Tokyo: United Nations University Press, 2008, p. 5.

⑤ Alexander Betts and Gil Loescher, eds., *Refugees in International Relations*, New York: Oxford University Press, 2011, p. 10.

难民的发生也开始与国家治理能力相挂钩。脆弱国家和失败国家的概念开始被用于指称伊拉克、阿富汗和索马里等国，难民问题的处理也开始被认为是冲突后重建和建和成功与否的重要指标。尤其是难民的遣返、再融合和复原被众多国际发展组织，如世界银行，看作与难民来源国接触的重要方面。①

这一时期环境难民开始引发越来越多的关注。进入 21 世纪，气候变暖、环境破坏成为全球治理面临的重要挑战。由此引发的环境难民使得传统的以逃避迫害为特征的难民概念已显不足。② 事实上，早在 20 世纪 70 年代，世界观察研究所（Worldwatch Institute）创始人莱斯特·布朗（Lester Brown）就提出环境难民的概念。③ 2008 年以来，由于气候和天气因素导致的流离失所人口达到 2200 多万。④ 有学者估计到 2050 年，全球将有 1000 万左右的环境难民。⑤ 然而，由于环境难民的产生超越了传统难民"畏惧迫害"的特征，且多发生于一国内部，因此对是否存在环境难民以及如何对其进行保护依然存在广泛争议。⑥

总结而言，难民的概念产生于欧洲，尤其是现代民族国家的出现加速了难民的产生。在后来的发展中，难民的产生地域、产生原因和种类均发生了缓慢的变化。在地域上，难民问题已经超越欧洲范围成为全球问题；在产生原因上，传统的由于逃避迫害的难民外延至环境、气候甚至经济等而导致的难民。同时，国内流离失所者和环境难民虽然不符合传统难民的界定，却越来越多地产生，并引起国际社会的关注。

---

① James Milner, *Refugees, the State and the Politics of Asylum in Africa*, Basingstoke：Palgrave Macmillan, 2009, pp. 186－187.

② Norman Myers, "Environmental Refugees", *Population and Environment*, Vol. 19, No. 2, 1997, pp. 167－182；Etienne Piguet, "Climate Change and Forced Migration," *UNHCR Working Paper No. 153*, Geneva：UNHCR, 2008.

③ Richard Black, "Environment Refugees：Myth or Reality？" UNHCR Working Paper No. 34, Geneva：UNHCR, 2001, p. 1.

④ UNHCR, "Environment, Disasters and Climate Change", https：//www. unhcr. org/en-us/environment-disasters-and-climate-change. html.

⑤ Norman Myers, "Environmental Refugees in a Globally Warmed World", *BioScience*, Vol. 43, No. 11, 1993, p. 758.

⑥ 徐军华、李若瀚：《论国际法语境下的"环境难民"》，《国际论坛》2011 年第 1 期。

二 国际难民法中的难民概念

难民的概念并非自始而终、一成不变，而是随着世界政治的发展而不断被修补。1648 年《威斯特伐利亚和约》签订之前的时期，难民被认为是为了躲避政治、宗教或冲突而寻求庇护的人。① 但直到 20 世纪早期，才产生与难民相关的国际法条约，难民在国际法中的概念才得以逐渐被正式确立。在此后的历史发展中，难民的概念不断被修订，以适应新的现实所需。

（一）20 世纪早期国际难民条约中的难民概念

这一时期涉及难民界定的法律文件见表 2 - 1。

表 2 - 1　　　　　　　　　　　20 世纪早期国际难民条约

时间	条约
1922 年 7 月 5 日	《关于确定俄国难民身份证件问题的协议》（*The Agreement with Regard to the Issue of Certificates of Identity to Russian Refugees*）
1924 年 5 月 31 日	《确定亚美尼亚难民身份证件问题的计划》（*Plan for the Issue of a Certificate of Identity to Armenian Refugees*）
1926 年 5 月 12 日	《关于向俄国和亚美尼亚难民颁发身份证件的协议》（*Arrangement Relating to the Issue of Identity Certificates to Russian and Armenian Refugees*）
1928 年 6 月 30 日	《关于俄国和亚美尼亚难民法律地位议定书》（*Arrangement Relating to the Legal Status of Russian and Armenian Refugees*）
1928 年 6 月 30 日	《关于将俄国和亚美尼亚难民享有的特定便利措施扩展到其他种类难民的协议》（*Arrangement Concerning the Extension to Other Categories of Refugees of Certain Measures Taken in Favour of Russian and Armenian Refugees*）
1928 年 6 月 30 日	《关于国际联盟难民事务高级专员代表作用的协议》（*Arrangement Concerning the Functions of the Representatives of the League of Nations' High Commissioner for Refugees*）
1933 年 10 月 28 日	《关于难民国际地位的公约》（*Convention Relating to the International Status of Refugees*）

---

① Alexander Betts and Gil Loescher, "Refugees in International Relations", in Alexander Betts and Gil Loescher eds., *Refugees in International Relations*, New York：Oxford University Press, p. 2.

续表

时间	条约
1935 年 7 月 30 日	《关于确定来自萨尔难民地位的临时协议》（*Plan for the Issue of a Certificate of Identity to Refugees from the Saar*）
1936 年 7 月 4 日	《关于来自德国难民地位的临时协议》（*Provisional Arrangement Concerning the Status of Refugees Coming from Germany，and Annex*）
1938 年 2 月 10 日	《关于来自德国难民的地位的公约》（*Convention Concerning the Status of Refugees Coming from Germany，with Annex*）
1939 年 9 月 14 日	《关于对 1936 年 7 月 4 日和 1938 年 2 月 10 日在日内瓦分别签订的关于来自德国的难民地位的临时协议和公约的附加议定书》（*Additional Protocol to the Provisional Arrangement and to the Convention，Signed at Geneva on July 4ᵗʰ，1936，and February 10ᵗʰ，1938，Respectively，Concerning the Status of Refugees Coming from Germany*）

资料来源：作者自制。

　　20 世纪早期的这些法律文件是国际法界定难民的最初形式，也为后来国际难民法的形成和发展奠定了基础。此前则不存在成文的国际法难民概念。[①] 整体而言，20 世纪早期，条约中的难民指身处原籍国之外，且缺乏原籍国必要保护的人。[②] 其中，最早对难民概念进行界定的是 1926 年《关于向俄国和亚美尼亚难民颁发身份证件的协议》。根据该协议，俄国难民是指"任何来自俄国的不享有或不再享有苏维埃社会主义共和国联盟政府保护并尚未取得新国籍的人"。亚美尼亚难民则是指"任何亚美尼亚民族成员且为奥斯曼帝国的国民，现在不享有或不再享有土耳其共和国政府的保护并尚未取得其他国籍的人"。[③]

　　1928 年《关于将俄国和亚美尼亚难民享有的特定便利措施扩展到其他种类难民的协议》中则进一步将难民的界定扩展到包括土耳其难民、亚述难民、亚述—迦勒底难民和被同化后而形成的叙利亚和库尔

---

　　① 梁淑英：《国际难民法》，知识产权出版社 2009 年版，第 27 页；Claudena M. Skran，*Refugees in Inter-War Europe：The Emergence of a Regime*，Oxford：Clarendon Press，1995，p. 101.

　　② Guy S. Goodwin-Gill and Jane McAdam，*The Refugee in International Law*，Oxford：Oxford University Press，2021，p. 15 – 53.

　　③ League of Nations，Arrangement Relating to the Issue of Identify Certificates to Russian and Armenian Refugees，Treaty Series Vol. LXXXIX，No. 2004，May 12，1926.

德人。其中，对亚述、亚述—迦勒底难民和被同化后而形成的叙利亚和库尔德难民的界定为："任何源自亚述或亚述—迦勒底以及被同化后而形成的叙利亚和库尔德人，现在不享有或不再享有其原属国的保护，并尚未取得新国籍的人。"而土耳其难民则被界定为"任何土耳其人且为前奥斯曼帝国的国民，按照1923年7月24日《洛桑议定书》的条款，不享有或不再享有土耳其共和国的保护并尚未取得其他国籍的人"。①

可以看出，20世纪20年代的这些关于难民身份的法律条约呈现出几点特征：（1）难民概念仅仅用于指涉少数几种特定难民群体，主要包括俄国难民、亚美尼亚难民、亚述难民和土耳其难民；（2）强调难民缺乏其原籍国的保护且尚未取得新国籍，即缺乏民族国家政府的有效保护。因此，这一时期难民概念的指涉范围狭小，也未明确指明难民缺乏原籍国保护和逃离原籍国成为难民的原因。

以上地理上的限制在20世纪30年代签订的《关于难民国际地位的公约》中有所扩展。根据1933年《关于难民国际地位的公约》第1条：本公约适用于1926年及1928年各协议中所规定的俄国、亚美尼亚及被同化而成的俄国和亚美尼亚难民。但在签字或加入时对此定义可能提出修改或补充者不在此限。因此，除了1926年及1928年各协议中规定的俄国、亚美尼亚、亚述、土耳其难民之外，西班牙难民后来也被纳入该条约的适用范围之内。同时，该条约是第一份为难民提供法律保护的有约束力的多边法律文件，也是第一份明确表达难民不应被拒绝入境和不应被强制驱逐的国际多边协定，并对难民所享有的司法、工作、福利、教育、财政等方面的权利进行了较全面的规定。② 然而，由于该条约的缔约国仅局限于比利时、保加利亚、埃及、法国和挪威，同时条约所指涉的难民群体也仅仅局限于数量有限的难民群体，因此在普适性上依然非常薄弱。

---

① League of Nations, Arrangement Concerning the Extension to Other Categories of Certain Measures Taken in Favour of Russian and Armenian Refugees, Treaty Series, June 30, 1928.

② 刘国福：《国际难民法》，世界知识出版社2014年版，第35页；League of Nations, Convention Relating to the International Status of Refugees, Treaty Series Vol. CLIX No. 3663, October 28, 1933.

20 世纪 30 年代中期之后的难民条约与之前的难民条约相比，在难民界定上的转变体现在对难民来源国国内社会和政治动乱的强调。① 同时，这一时期的难民条约在对难民的界定上延续了 20 世纪 20 年代的主要特征。如 1936 年《关于来自德国难民地位的临时协议》中对德国难民的界定为：任何居住在德国且不具有其他国籍，被证实在法律上或事实上均不享有德国政府保护的人。② 这一界定在 1938 年《关于来自德国难民的地位的公约》里被进一步明确为：（1）任何拥有或曾经具有德国国籍并且不拥有任何其他国籍，被证实在法律上或事实上均未能享有德国政府之保护的人；（2）先前的公约及安排未涉及，在德国定居之后从其领土内逃离，被证实在法律上或事实上，均未能享有德国政府保护的无国籍的人。同时，这一公约开始强调由于难民来源国政府的原因而非难民自身的原因不被考虑为难民，"单纯为了私人便利原因而离开德国的人不被考虑为德国难民"。③

类似地，1939 年《关于对 1936 年 7 月 4 日和 1938 年 2 月 10 日在日内瓦分别签订的关于来自德国的难民地位的临时协议和公约的附加议定书》中将"来自德国"的难民界定为：（1）拥有奥地利国籍和仅拥有德国国籍，被证实在法律上或事实上，不享有德国政府保护的人；（2）不被先前的公约和安排所涉及，离开之前建立的奥地利领土，且被证实在法律上或事实上，不享有德国政府保护的无国籍的人。同样，单纯为了私利而离开之前的奥地利的人不在此界定范围内。④

因此，可以看出 20 世纪 30 年代国际法条约中对难民的定义基本延续了 20 世纪 20 年代的特点，即以国别为界定单位，或者说采用"国别

① James C. Hathaway, "The Evolution of Refugee Status in International Law: 1920－1950", *The International and Comparative Law Quarterly*, Vol. 33, No. 2, 1984, p. 361.

② League of Nations, Provisional Arrangement concerning the Status of Refugees Coming from Germany, Treaty Series, Vol. CLXXI, No. 3952, July 4, 1936.

③ League of Nations, Convention Concerning the Status of Refugees Coming from Germany, Treaty Series, Vol. CXCII, No. 4461, February 10, 1938.

④ League of Nations, Additional Protocol to the Provisional Arrangement and to the Convention, signed at Geneva on July 4th, 1936, and February 10th, 1938, respectively, concerning the Status of Refugees coming from Germany, League of Nations Treaty Series, Vol. CXCVIII, No. 4634, September 14, 1939.

分类法",① 分别对各国难民进行界定，这种定义缺乏对普适性的考虑。具体的国别难民界定则由 20 世纪 20 年代的俄国、亚美尼亚、亚述、土耳其等国家延伸至德国和奥地利等国。另外，20 世纪 30 年代难民定义的发展在 20 世纪 20 年代定义的基础上也实现了从客观到主观的转变。20 世纪 20 年代的难民界定关注难民所处异国，仅拥有原籍国国籍，且未获得原籍国政府保护，20 世纪 30 年代的界定则在此基础上补充了难民不能出于个人便利原因而逃离原籍国，这对之后难民定义的发展起到了承前启后的作用。

（二）现行国际难民机制的难民概念

国际机制为某一特定问题领域中的行为体形成一致预期的原则、规范、规则和决策程序。② 现行国际难民机制的形成在 20 世纪中期《关于难民地位的公约》及其 1967 年议定书通过以及联合国难民署建立后才真正建立起来。③ 这是因为虽然在此之前已经出现关于难民的国际条约以及如政府间难民委员会、联合国善后难民救济总署和国际难民组织等国际难民机构，但是这些条约仅仅针对某一或某些国家的难民，而这些国际难民机构也多为临时性解决特定难民问题的机构，缺乏普遍适用性。难民署的建立和《关于难民地位的公约》及其议定书则逐渐发展为现行具有普遍适用性的难民机构和法律，构成现行国际难民机制的核心内容。探究难民署和《关于难民地位的公约》及其 1967 年议定书对理解当今难民问题具有启发意义。

1. 难民署规约中的难民

1950 年 6 月 30 日，国际难民组织（International Refugee Organization，IRO）按计划停止运行，但难民问题并未因此而得到全部解决。为此，1949 年 12 月 3 日，联合国大会通过第 319A（IV）号决议，决定于 1951 年 1 月 1 日建立联合国难民署。同时，1950 年 12 月 14 日通过《联合国难民署规约》（*Statute of the Office of the United Nations High Commissioner for*

---

① 李焕庭：《试论难民地位公约及难民地位议定书》，《中国国际法年刊》，法律出版社 1987 年版，第 387 页。

② Stephen D. Krasner, "Structural Causes and Regime Consequences: Regimes as Intervening Variables", *International Organization*, Vol. 36, No. 2, 1982, p. 186.

③ 严骁骁：《国际难民机制与全球难民治理的前景》，《外交评论》2018 年第 3 期。

Refugees）。① 按照该规约第 1 条第 1 款，难民署的主要功能是：秉承（联合国）大会命令行使职权，在联合国的监管下，对本规约所涵盖的难民提供国际保护，同时通过协助各国政府以及在相关政府允许的情况下，通过协助私人组织促进此类难民的自愿遣返，或同化于其所在新的国家的社区，以期永久解决难民问题。②

同时，规约详细规定了难民署工作所涉及的难民。规约第 6 条第 1 款规定：

（1）根据 1926 年 5 月 12 日和 1928 年 6 月 30 日的协议，或 1933 年 10 月 28 日的公约及 1938 年 2 月 10 日的公约以及 1939 年 9 月 14 日的议定书，或《国际难民组织章程》被确定为难民的人。

（2）由于 1951 年 1 月 1 日以前发生的事情，并因有正当理由畏惧由于种族、宗教、国籍或具有某种政治见解的原因留在其本国之外，并且由于此项畏惧或由于个人便利以外的理由而不能或不愿受该国保护的人；或者不具有国籍并由于上述畏惧，或由于个人便利以外的原因留在其先前经常居住的国家之外，而现在不能或不愿返回该国的人。

同时，规约规定有下列情形的人则被排除在其所管辖的难民之外：

（1）该人已自动接受其本国的保护；

（2）该人于丧失国籍后，又自动重新取得国籍；

（3）该人已取得新的国籍，并享受其新国籍国家的保护；

---

① 这里，"Statute"一词的中文翻译目前国内存在多种版本。梁淑英和刘国福在其各自的专著《国际难民法》中将其翻译为"章程"，参见梁淑英《国际难民法》，知识产权出版社 2009 年版；刘国福《国际难民法》，世界知识出版社 2014 年版。难民署的官方网站虽然未提供该法律文件的完整翻译，但是可以在介绍难民"使命"（mission）的网页内容中看到将"Statute"翻译成"规约"，参见联合国难民署《总办事处》，https://www. unhcr. org/cn/list/about/mission；联合国难民署《对联合国难民事务高级专员公署的评价》，https://www. refworld. org/cgi-bin/texis/vtx/rwmain/opendocpdf. pdf？reldoc＝y&docid＝58908c4b4. 此外，马新民在其论文中则将其翻译为"规程"，参见马新民《政治难民不驱回原则研究》，《比较法研究》1993 年第 3 期。同时，联合国人权高专办的官方网址中也将"Statute"翻译为"规程"，该网址同时提供了 1951 年《关于难民地位的公约》和 1967 年《关于难民地位的议定书》的中文翻译，参见联合国人权高专办《人权：人权与难民—概况介绍第 20 号》，https://www. ohchr. org/Documents/Publications/FactSheet20ch. pdf. 为统一起见，本书将依据难民署官方网站的翻译，一律将"Statute of the Office of the United Nations High Commissioner for Refugees"翻译为"难民署规约"。

② Statute of the Office of the United Nations High Commissioner for Refugees, Chap. I, Article 1, 1950.

（4）该人自愿地在其曾经由于畏惧迫害而离开的国家重新定居；

（5）该人被认定为难民所依据的情况已不复存在，且不能以个人便利之外的理由继续拒绝其原籍国的保护。单纯的经济原因不得被援引拒绝其原籍国的保护；

（6）该人无国籍，由于被确认为难民所依据的情况已不复存在，又可以返回到其以前经常居住的国家，且不能以个人便利之外的理由要求拒绝返回该国。

规约第6条第2款进一步补充了其所管辖难民的涵盖范围：

"其他因现在或以前有正当理由畏惧由于种族、宗教、国籍或具有某种政治见解的原因而受迫害，以致留在其本国之外的人，且由于此项畏惧不能或不愿接受其原籍国政府的保护的人。或对无国籍人而言，留在其以前经常居住的国家之外，不能或不愿返回其以前经常居住的国家。"①

对比难民署规约与之前的国际难民条约，可以发现其具有以下特点：（1）延续了以个人角度进行难民界定的做法，以难民个人在种族、宗教、国籍或政见所受的威胁为根据；（2）突破以国家为界定单位的限制，将难民的界定扩展到基于个人而非地理位置；（3）突破时间的限制，虽然第6条第1款规定难民是由于1951年1月1日之前发生的事情而产生，但是在同条第2款中则做了补充，即只要难民个人受到种族、宗教、国籍、政见上的威胁且无法得到原籍国政府的保护，也是难民署援助下的难民；②（4）突出对无国籍人的保护，与之前的国际难民条约缺乏对无国籍人的关注相比，难民署规约在界定难民时，尤其体现了对无国籍人被纳入难民援助范围的努力。

难民署规约不同于现行国际难民机制中的1951年《关于难民地位的公约》及其1967年议定书，后者的生效对象仅仅包括签署公约及议定书的国家和地区，对未签署的国家则不具有法律效力。相比之下，难民署对难民的界定和保护则不受公约及其议定书的限制，只要符合难民署规

---

① Statute of the Office of the United Nations High Commissioner for Refugees, Chap. II, Article 6, 1950.

② 梁淑英：《国际难民法》，知识产权出版社2009年版，第39页。

约界定的难民，理论上就可以获得难民署的援助。同时，公约及其议定书提供的为法律保护，而难民署规约对应的则是更直接的物质援助。

2. 1951 年《关于难民地位的公约》及其 1967 年议定书中的难民

除了实际从事难民保护的难民署这一联合国机构外，现行国际难民机制的核心内容和根基还包括 1951 年《关于难民地位的公约》及 1967 年《关于难民地位的议定书》两份国际难民法文件。截至 2015 年 4 月，全球范围内有 145 个国家批准了 1951 年《关于难民地位的公约》，146 个国家批准了 1967 年《关于难民地位的议定书》，142 个国家同时批准了这两份文件。① 1951 年公约及其议定书因此成为适用范围最广的难民法文件，同时也获得了之后出现的区域性文件的承认和支持，如 1969 年《非洲难民公约》和 1984 年《卡塔赫纳宣言》。不同于难民署规约，1951 年公约及其议定书还提供了难民所享有权力的法律依据。

根据 1951 年《关于难民地位的公约》第 1 条第（1）款，难民为：

（甲）根据 1926 年 5 月 12 日和 1928 年 6 月 30 日的协议或根据 1933 年 10 月 28 日和 1938 年 2 月 10 日的公约，或 1939 年 9 月 14 日的议定书，或国际难民组织章程被认为难民的人；国际难民组织在其执行职务期间所作关于不合格的决定，不妨碍对符合本款（乙）项条件的人给予难民地位。

（乙）由于 1951 年 1 月 1 日以前发生的事情并因有正当理由畏惧由于种族、宗教、国籍、属于某一社会团体或具有某种政治见解的原因留在其本国之外，并且由于此项畏惧而不能或不愿受该国保护的人；或者不具有国籍并由于上述事情留在他以前经常居住国家以外，而现在不能或由于上述畏惧不愿返回该国的人。

可以看出，1951 年《关于难民地位的公约》规定的难民大体可以归为两类。第一类为此前各项国际难民条约规定的难民及国际难民组织章程认定的难民。第二类为公约新确立的难民。在新确立难民方面，公约继承了之前难民条约的界定方法，将难民个人所受种族、宗教、国籍或政见等方面的迫害作为界定难民的主要依据，同时强调了对无国籍人难

---

① UNHCR, "State Parties to the 1951 Convention relating to the Status of Refugees and the 1967 Protocol", https://www.unhcr.org/cn/list/about/mission.

民身份的界定。

同时，虽然公约的缔约国涵盖了世界大多数国家，是当时涵盖范围最广的难民公约，但是其在界定难民时依然受到时间和地域的限制。在时间上，公约规定，难民的界定应该是由于1951年1月1日以前发生的事情，此时间点之后发生的事情而导致的难民则不被承认；在地域上，公约第1条第（2）款（甲）项规定，"1951年1月1日以前在欧洲发生的事情"一语，应理解为"1951年1月1日以前在欧洲发生的事情"；或者"1951年1月1日以前在欧洲或其他地方发生的事情"；缔约国应于签字、批准或加入时声明为了承担本公约的义务，这一用语应作何解释。① 因此，公约规定的难民主要指由于发生在欧洲的事情所导致的难民。虽然公约规定，缔约各国有权对此项条款作出其他解释，但是由于当时的缔约国基本来自欧洲和北美洲等发达国家，而广大亚非拉等发展中国家尚未取得独立，因此在难民界定上受到了发达国家话语权的控制。

然而，这一定义在20世纪50年代之后却逐渐不再适应难民形势的新发展。难民危机的发生地已经开始超越欧洲范围，向发展中国家转换，尤其是20世纪60年代由于民族独立而频繁发生在非洲的难民危机。因此，联合国于1966年11月通过《有关难民地位的议定书》，对1951年公约进行了补充，删除了难民定义中"时间"和"地域"上的限制，将难民的范围扩大至全球范围，适用至今。②

议定书在其第1条第2款规定："为本议定书的目的，除关于本条第3款的适用外，'难民'一词是指公约第1条定义范围内的任何人。"但该第1条（1）款（乙）项内"由于1951年1月1日以前发生的事情并……"等字和"……由于上述事情"等字视同已经删去。对于地理上的限制，议定书第1条第3款规定："本议定书应由各缔约国执行，不受任何地理上的限制，但已成为公约缔约国的国家按公约第1条（2）款（甲）项（子）目所作的现有声明，除已按公约第1条（2）款（乙）项予以扩大者外，亦应在本议定书下适用。"

---

① 《关于难民地位的公约》，1951年。

② Convention and Protocol Relating to the Status of Refugees, p. 2, http://www.unhcr.org/3b66c2aa10.html.

至此，现行国际难民机制已基本成型：专事难民保护的联合国难民机构以及为难民保护提供法律保障的公约及其议定书。其中，1951 年公约及其 1967 年议定书被认为是国际难民保护制度的核心。① 在难民的界定上，基本依据是难民个人所受种族、宗教、国籍和政见或属于某一社会团体而导致的迫害，且不分难民发生的地域和时间。

三　难民概念的新发展

通过对 20 世纪早期难民条约和现行国际难民机制中难民法律文件的审查，可以看出，难民概念的发展呈现出几点特征：第一，难民的概念是不断扩大的。20 世纪早期的难民文件中，难民被具体地定义为缺乏原籍国保护的某些特定国家的人群；后期的难民概念则逐步扩展，不再受时间和地域的限制。第二，难民的概念是不断具体化的。20 世纪早期的难民文件中，难民仅仅被宽泛地界定为缺乏原籍国保护的人，却并未对因何种原因缺乏原籍国保护进行说明；后期的难民概念则具体指明因种族、宗教、国籍、属于某一社会团体或具有某种政治见解而存在遭受迫害的畏惧逃离原籍国，且不愿或不能得到原籍国保护的人为难民。

自现行国际难民机制在 20 世纪 60 年代逐渐成形以来，难民的概念在界定上又出现一些新发展。第一，地区性难民文件进一步完善适用于地区范围的难民概念。这种难民具体指"根据地区性国际文件规定的扩展后难民定义或者以此为习惯国际法被各国确认为难民，并且有权享受该地区性国际文件规定的各项权利，主张缔约国或者承认该扩展后难民定义为习惯国际法的国家，给予其难民地位的人"②。相应的地区性难民文件主要包括 1969 年《关于非洲难民问题某些特定方面的公约》、1984年《卡塔赫纳宣言》和 2004 年《欧盟难民保护指令》。

与 1951 年难民公约及其 1967 年议定书中对难民的界定相比，这些地区性难民文件普遍扩大了难民的适用情况。如 1969 年《关于非洲难民问题某些特定方面的公约》将难民的界定扩展到涵盖其原籍国受到外来

---

① 联合国难民署、各国议会联盟编：《难民保护：国际难民法指南（中文本）》，2004 年版，前言第 10 页。

② 刘国福：《国际难民法》，世界知识出版社 2014 年版，第 43 页。

侵略、占领、外国统治等大规模危害国家安全和公共秩序的事件，而非单纯以难民个人所受的种族、宗教、国籍或政见迫害为依据。① 美洲《卡塔赫纳宣言》也将除了 1951 年难民公约及其 1967 年议定书规定的难民定义进一步扩展到包括难民来源国一国范围内遭遇的普遍性暴力问题，从而在界定难民时不再是单纯地从难民个人角度出发，而是从难民来源国国内大范围发生的事件的宏观角度出发进行界定。②

第二，越来越多"类难民"开始出现。与之相对应，难民署的使命也因此而扩大。传统的"难民"定义仅仅将难民规定为因"畏惧迫害"而逃离本国的人，在保护这些难民的基础上，难民署将其使命扩大为保护并非由于"畏惧迫害"而产生的其他侵犯人权的行为，主要包括逃离环境灾害和脆弱国家的人。近年来，难民署另一大关注对象为国内流离失所者，③ 即与传统难民一样逃离战争或其他迫害，但却依然留在原籍国国内的人，以及由于自然灾害、经济原因等导致的难民。

此外，难民与移民的混合群体也越发引起国际社会的关注。通常情况下，难民是在受到迫害或原籍国无力提供保护的情况下逃离原籍国的群体，并且享有在入境他国和居留他国等多方面的法律保护，但由于政治事件的复杂性，由同一国国内状况引发的移民可能会与同样情况引起的难民沿着同样的路径逃离原籍国。这种混合现象的出现给难民署的难民治理提出了挑战，亟须其他国际组织的配合。

同时，由于国际法缺乏对"移民"的界定，广义的移民，包括国际移民组织采用的移民概念认为移民可以是任何由于各种原因，暂时或永久性地，且不论是否仍继续留在原籍国还是离开原籍国的，离开他/她的惯常居住地的人。④ 因此，难民与移民之间的界限逐渐模糊，也在一定程度上造成难民署和国际移民组织在难民问题上潜在的工作交叉。与此

---

① 夏吉生：《非洲难民的几个国际法问题》，《中国国际法年刊》，法律出版社 1987 年版，第 86 页。

② 联合国难民署、各国会议联盟编：《国际难民法指南》（中文本），2004 年修订，第 137 页。

③ 这一术语的翻译参照难民署中文官方网站，难民署：《2017 年全球被迫流离失所者超 6800 万，全球契约至关重要》，2018 年 6 月 9 日，https://www.unhcr.org/cn/11714—2017 年全球被迫流离失所者超 6800 万，全球契约至关重要 . html。

④ 同时，国际移民组织接受 1951 年难民公约及其他国际难民法文件对难民的定义。IOM, "Key Migration Terms", https://www.iom.int/key-migration-terms。

相应，近年来，传统的难民研究逐渐演变为"强制移民研究"。

第二节　不推回原则

难民享有国际法所赋予的一系列权利。在尚未被认定为难民并逃离至原籍国之外的国家后，难民即享有不被推回的权利（non-refoulement），不因非法入境而遭任意拘禁和处罚的权利，身体安全的权利，生命权，财产权，家庭团聚权，思想、意识和宗教信仰自由权，受教育权，获取身份和地位权以及获取司法和行政援助权。

在被确认为合法难民后则享有免受驱逐权、居住自由和国内迁移权，以及自谋职业权。在难民已经在原籍国之外的国家合法居留后则享有工作权、发挥专业技能权、接受公共救济和援助权（public relief and assistance）、住房权、知识产权、国际旅行权、自由言论和结社权以及法院援助权。[①]

其中，不被推回权是难民享有的最基本的权利。具体指难民享有的不被所居住国以任何方式推回至其生命和自由因为他的种族、宗教、国籍、属于某一社会团体或具有某种政治见解而受威胁的领土边界的权利。[②] 基于此权利，国际社会在保护难民时遵循的最基本原则为不推回原则。本小节将对不推回原则的具体含义、历史发展、具体内容、适用对象及其习惯国际法地位进行——说明。

一　不推回原则的渊源与含义

不推回原则的渊源可以追溯到政治庇护和政治犯罪者不引渡原则。[③] 18 世纪的欧洲，国家之间为了防止互相引渡政治犯而产生的政治交易，开始规定东道国有权庇护逃往其国的政治犯，不将其引渡至原籍国。这种对政治犯的庇护对后来政治难民的庇护起到启蒙作用。[④] 在国际法中首次出现则是 1933 年的《关于难民地位的公约》中。根据

---

① James C. Hathaway，*The Rights of Refugees under International Law*，Cambridge：Cambridge University Press，2015.

② 刘国福：《国际难民法》，世界知识出版社 2014 年版，第 106 页。

③ 梁淑英：《国际难民法》，知识产权出版社 2009 年版，第 216 页。

④ 李明奇、廖恋等：《国际难民法中的不推回原则》，《学术交流》2013 年第 4 期。

该公约第 5 条：各缔约国都承诺不使用类似驱逐出境或拒绝入境的警力措施将已居住于该国的难民驱除或阻挡其进入，除非因国家安全或公共秩序的理由。① 然而，仅有比利时、保加利亚、埃及、法国和挪威签署了该条约，批准该条约的则仅有比利时、保加利亚、捷克斯洛伐克、丹麦、法国、英国和北爱尔兰、意大利和挪威。因此，该条约的影响力相对有限。

同时，第二次世界大战后国际人权法的发展也促进了对难民的法律保护。1948 年《世界人权宣言》第 14 条规定：人人有权在其他国家寻求和享受庇护以避免迫害；在真正由于非政治性的罪行或违背联合国的宗旨和原则的行为而被起诉的情况下不得援用此种权利。②

这一原则在之后的国际难民条约中得到了秉承。表 2 - 2 梳理了体现这一原则的国际难民条约。

表 2 - 2　　　　　　　　　　**体现不推回原则的国际条约**

国际难民条约名称及条款	有关不推回原则的内容
1933 年《关于难民地位的公约》第 3 条	各缔约国都承诺不使用类似驱逐出境或拒绝入境的警力措施将已居住于该国的难民驱除或阻挡其进入，除非因国家安全或公共秩序的理由；缔约各国允诺在任何情形下不在难民本国边界拒绝其入境③
1936 年《关于来自德国难民地位的临时协议》第 4 条	1. 任何情况下，当难民被要求离开各缔约国领土时，难民应该有权享有做出必要安排的时间； 2. 在不影响任何领土内可能采取的措施的情况下，对已经在一国居住的难民，各缔约国政府不应该驱逐或遣送难民至国境线，除非出于国家安全或公共秩序的考虑； 3. 即使在最后这种情况下，各缔约国承诺不将难民遣送至德国国境线除非已经警告难民且难民在缺乏正当理由的情况下拒绝为进入另一国家做出必要的准备或拒绝利用为他们提供的安排进入另一国家④

---

① League of Nations, Convention concerning the Status of Refugees Coming from Germany, Treaty Series, Vol. CXCII, No. 4461, February 10, 1938.

② 《世界人权宣言》，1948 年。

③ League of Nations, *Convention Relating to the International Status of Refugees*, Treaty Series Vol. CLIX No. 3663, October 28, 1933.

④ League of Nations, *Provisional Arrangement concerning the Status of Refugees Coming from Germany*, Treaty Series, Vol. CLXXI, No. 3952, July 4, 1936.

续表

国际难民条约名称及条款	有关不推回原则的内容
1938 年《关于来自德国难民的地位的公约》第5 条	1. 当难民被要求离开各缔约国领土时，难民应该有权享有做出必要安排的时间； 2. 在不影响任何领土内可能采取的措施的情况下，对已经在一国居住的难民，各缔约国政府不应该驱逐或重新安排难民，除非出于国家安全或公共秩序的考虑； 3. 各缔约国承诺不将难民再次安排至德国领土，除非已经警告难民且难民在缺乏正当理由的情况下拒绝为进入另一国家做出必要的准备或拒绝利用为他们提供的安排进入另一国家①
1949 年《关于战时保护平民之日内瓦公约》第45 条第4 款	男女被保护人在任何情况下不得移送于因其政治意见或宗教有信仰恐惧迫害之理由之国家
1951 年《关于难民地位的公约》第33 条	1. 任何缔约国不得以任何方式将难民驱逐或送回（"推回"）至其生命或自由因为他的种族、宗教、国籍、属于某一社会团体或具有某种政治见解而受威胁的领土边界； 2. 但如有任何正当理由认为难民足以危害所在国的安全，或者难民已被确定判决认为犯过特别严重罪行从而构成对该国社会的危险，则该难民不得要求本条规定的利益②
1967 年《领土庇护宣言》第3 条	1. 凡第一条第一款所述之人，不得使受诸如下列之处置：在边界予以拒斥，或于其已进入请求庇护之领土后予以驱逐或强迫遣返其可能受迫害之任何国家； 2. 唯有因国家安全之重大理由，或为保护人民，例如遇有多人大批涌入之情形时，始得对上述原则例外办理； 3. 倘一国于任何案件中决定有理由对本条第一项所宣告之原则例外办理，该国应考虑能否于其所认为适当之条件下，以暂行庇护或其他方法予关系人以前往另一国之机会
1984 年《禁止酷刑和其他残忍、不人道或有辱人格的待遇或处罚条约》第3 条	1. 如有充分理由相信任何人在另一国将有遭受酷刑的危险时，任何缔约国不得将该人驱逐、推回或引渡至该国； 2. 为了确定是否有这样的根据，有关当局应该考虑到所有有关的因素，包括在适当情况下，考虑在有关国家内是否存在一贯严重、公然、大规模地侵犯人权的情况
1989 年《有效防止和调查法外处决、任意处决和即审即决事件的原则》第5 条	不得强迫遣返或引渡任何人到某一国家，如果有相当理由认为该人在该国将成为法外、任意或即决处决的受害者的话

---

① League of Nations, Convention concerning the Status of Refugees Coming from Germany, Treaty Series, Vol. CXCII, No. 4461, February 10, 1938.

② 《关于难民地位的公约》，1951 年。

国际难民条约名称及条款	有关不推回原则的内容
1997年《关于国内流离失所的指导原则》第15条第4款	有权受到保护，不被强迫遣返至其生命、安全、自由、健康会受到威胁的地方，或被强迫在此种地方重新定居
2006年《保护所有人免遭强迫失踪国际公约》第16条	1. 如果有充分理由相信，将某人驱逐、送返（"遣返"）、移交或引渡到另一国，有造成此人遭受强迫失踪的危险，任何缔约国均不得采取上述行动； 2. 为确定是否存在这种理由，主管当局应斟酌一切有关因素，包括在适用的情况下，考虑有关国家是否存在一贯严重、公然或大规模侵犯人权或严重违反国际人道法的情况

资料来源：作者自制。

其中，1951年《关于难民地位的公约》使不推回原则首次具有普遍的法律约束力，虽然这一公约中的不推回原则是有限制条件的，即只有当难民不对所在国的国家和社会安全构成危害时方可享有不被推回权。[①]该公约第33条规定任何缔约国均不得以任何方式将难民驱逐或送回其生命或自由因他的种族、宗教、国籍、属于某一社会团体或具有某种政治见解而受威胁的领土边界。该公约是目前签署国和批准国最为广泛的国际难民法条约。

此外，不推回原则在区域性国际法律文件中也得到了普遍确认。表2-3梳理了涉及不推回原则的区域性文件。

表2-3　　　　　　　区域性国际法与不推回原则

区域文件及具体条款	关于不推回原则的内容
1969年《非洲统一组织关于非洲难民问题某些特定方面的公约》第2条第3款	成员国对任何人不得采取拒绝入境、送返或驱逐等措施迫使该人返回或留在其生命、人身安全或自由因第1条第1款、第2款所述之由受到威胁的领土内
1969年《美洲人权公约》第22条第8款	如果一个外国人的生命权利或人身自由，在一个国家由于他的种族、国籍、宗教、社会地位或政治见解等原因而正遭到被侵犯的危险时，该外国人在任何情况下都不得被驱逐到或被送回到该国，不论该国是否是他的原居住国

① 刘国福：《国际难民法》，世界知识出版社2014年版，第112页。

区域文件及具体条款	关于不推回原则的内容
1984 年《卡塔赫纳宣言》第 5 条	重申不被推回权与不在边境拒绝作为国际难民保护基石的重要性和意义。不被推回权已经成为习惯国际法，具有强行法的效力
1950 年《欧洲人权公约》第 3 条	任何人不得加以酷刑或使受非人道的或侮辱性的待遇或惩罚，国家有义务在其司法管辖范围内尊重每一个人，不将其驱逐至司法管辖权范围外的绝境
1966 年《有关难民地位和待遇的曼谷原则》① 第 3 条	如果一个外国人的生命权利或人身自由，在一个国家由于他的种族、国籍、宗教、社会地位或政治见解等原因而正遭到被侵犯的危险时，该外国人在任何情况下都不得被拒绝入境、被送回或驱逐到该国
1992 年《阿拉伯世界保护难民和流离失所者宣言》第 2 条	重申禁止将难民送回或驱逐到其生命或自由将处于危险中的国家的原则的重要性，并认为该原则是国际法中的强制性规则
2000 年《欧洲联盟基本权利宪章》第 18 条和第 19 条	寻求庇护的权利必须得到保证。任何人如果在一个国家只要可能被判处死刑、酷刑或其他不人道或有辱人格的待遇或处罚，均不得将其遣返该国

资料来源：作者自制。

可见，不推回原则不仅在国际难民法，尤其是 1951 年《关于难民地位的公约》中得以确立其普遍性的法律地位，同时在地区性法律文件中也得到广泛支持。尤其值得注意的是 1984 年《禁止酷刑和其他残忍、不人道或有辱人格的待遇或处罚条约》规定了绝对的、不存在例外的不推回原则。另外，国际及地区性人权法为作为特殊群体的难民享受不推回权提供了更进一步的保障。这些法律文件的支撑使不推回原则在保护难民上享有特殊的法律地位。

二　不推回原则适用的对象

不推回原则作为难民保护的最核心原则，在适用对象上具有其特殊性。

---

① 此中文版翻译参照联合国官方网站译法。联合国：《难民问题全球契约》，https://www.un. org/zh/documents/treaty/files/A-73-12. shtml。

第一，根据 1951 年《关于难民地位的公约》，不推回原则适用的对象应该是该公约界定的难民，即"由于 1951 年 1 月 1 日以前发生的事情并因有正当理由畏惧由于种族、宗教、国籍、属于某一社会团体或具有某种政治见解的原因留在其本国之外，并且由于此项畏惧而不能或不愿受该国保护的人；或者不具有国籍并由于上述事情留在他以前经常居住国家以外而现在不能或者由于上述畏惧不愿返回该国的人"。1967 年《关于难民地位的议定书》删除了时间和地域的限制，将公约适用的难民范围进一步扩大。

第二，不推回原则适用的对象还包括一般的寻求庇护者。1967 年《领土庇护宣言》第 1 条规定：一国行使主权，对有权援用《世界人权宣言》第 14 条之人，包括反抗殖民主义之人给予庇护时，其他各国应予尊重。凡有重大理由可认为犯有国际文书设有专条加以规定之危害和平罪、战争罪或危害人类罪之人，不得援用请求及享受庇护之权利。庇护之给予有无理由，应由庇护之国酌定之。第 3 条进一步将第 1 条细化，规定：凡第 1 条第 1 项所述之人，不得受诸如下列之处置：在边界予以拒斥，或于其已进入请求庇护之领土后予以驱逐或强迫遣返其可能受迫害之任何国家。唯有因国家安全之重大理由，或为保护人民，例如遇有多人大批涌入之情形时，始得对上述原则例外办理。倘一国于任何案件中决定有理由对本条第一项所宣告之原则例外办理，该国应考虑能否于其所认为适当之条件下，以暂行庇护或其他方法予关系人以前往另一国之机会。①

因此，只要是一般意义上的寻求庇护者，就有权享有不被推回权。这意味着不论寻求庇护者是否被接收国判定为难民都享有该权利。② 因为根据国际法，难民有权离开其原籍国且不应该因为非法进入其他国家或者在其他国家居留而受到惩罚，在进入接收国且尚未被判定为难民之前，他们也享有被接收国政府保护的权利。一个人是否为难民是看他/她是否满足 1951 年难民公约第 1 条的界定，而不是看某国政府的市政程序

---

① 《领土庇护宣言》，1967 年 12 月 14 日。

② Thomas Gammeltoft-Hansen and James C. Hathaway，"Non-Refoulement in a World of Cooperative Deterrence"，*Columbia Journal of Transnational Law*，Vol. 53，No. 2，2015，pp. 237 – 238.

是否把他/她认定为难民。① 难民地位的获得并非由国家授予，而是各国政府理应承认的国际地位。②

根据 1951 年《关于难民地位的公约》第 31 条：（一）缔约各国对于直接来自生命或自由受到第一条所指威胁的领土未经许可而进入或逗留于该国领土的难民，不得因该难民的非法入境或逗留而加以刑罚，但以该难民毫不迟延地自行投向当局说明其非法入境或逗留的正当原因者为限。（二）缔约各国对上述难民的行动，不得加以除必要以外的限制，此项限制只能于难民在该国的地位正常化或难民获得另一国入境准许以前适用。缔约各国应给予上述难民一个合理的期间以及一切必要的便利，以便获得另一国入境的许可。③ 允许尚未被判定为难民的人进入一国国境是唯一可以避免难民遭受不被允许的危险的方法，也是各国难民应该遵守的原则。④

1977 年难民署项目执行委员会第 6 号决议中重申了不推回原则。这一根本原则也在多个国际及地区性国际文件中被提及，并被各国政府广泛接受。同时，该决议强调了遵守不推回原则的重要性，即不论该人群困于一国边境还是位于可能受到迫害的一国境内，也不论该人群是否被正式确认为难民，该人群都应享有不被推回权。⑤

第三，不推回原则适用于基本人权面临侵害的人。⑥ 1984 年《禁止

---

① Elihu Lauterpacht and Daniel Bethlehem, "The Scope and Content of the Principle of Non-Refoulement," in Erika Feller et al., eds., *Refugee Protection in International Law*: *UNHCR's Global Consultations on International Protection*, Cambridge: Cambridge University Press, 2003, pp. 87 – 164.

② Directive 2011/95/EU, of the European Parliament and of the Council of 13 December 2011 on Standards for the Qualification of Third-Country Nationals, 2011 O. J. （L337/9）, preamble 21 （"The recognition of refugee status is a declaratory act"）; James C. Hathaway, *The Rights of Refugees under International Law*, Cambridge: Cambridge University Press, 2015, pp. 158 – 159; Joszef Nemeth v. Minister of Justice, ［2010］S. C. R. 56, 50 （Can.）（"Under the Refugee Convention, refugee status depends on the circumstances at the time the inquiry is made; it is not dependent on formal findings."）; UNHCR, *Handbook on Procedures and Criteria for Determining Refugee Status*, 1979, re-edited 1992.

③ 《关于难民地位的公约》，1951 年。

④ Thomas Gammeltoft-Hansen and James C. Hathaway, "Non-Refoulement in a World of Cooperative Deterrence", *Columbia Journal of Transnational Law*, Vol. 53, No. 2, 2015, p. 238.

⑤ UNHCR Executive Committee of the High Commissioner's Programme, *Non-Refoulement No.* 6 （*XXVIII*） – October 12, 1977, No. 6 （XXVIII）.

⑥ 刘国福：《国际难民法》，世界知识出版社 2014 年版，第 125 页。

酷刑和其他残忍、不人道或有辱人格的待遇或处罚公约》、1949 年《关于战时保护平民之日内瓦公约》、1966 年《公民权利和政治权利国际公约》、1989 年《有效防止和调查法外处决、任意处决和即审即决事件的原则》、1997 年《关于国内流离失所的指导原则》、2006 年《保护所有人免遭强迫失踪国际公约》分别规定了面临酷刑、残忍、不人道或有辱人格的待遇或处罚的人；因宗教信仰而畏惧迫害的人；面临酷刑、谋杀、严重侵犯 1966 年《公民权利和政治权利国际公约》所述权利的人；即将成为法外、任意或即决处决的人；生命、安全、自由、健康受到威胁的国内流离失所者以及遭受强迫失踪危险的人均享有不被推回权。[①]

三 不推回原则适用的地域范围

对于不推回原则适用的地域范围，1951 年《关于难民地位的公约》规定国家不得以任何方式将难民驱逐或推回至其生命或自由因为他的种族、宗教、国籍、参加某一社会团体或具有某种政治见解而受威胁的领土边界。需要注意的是，按照公约规定，不仅不能将难民推回至其生命或自由受到威胁的原籍国，同时也包括非难民原籍国，却同样会使难民的生命或自由受到威胁的其他国家或地区。[②]

然而，不推回原则并不适用于地域范围上的"安全第三国"。接收难民申请的国家为了避免过多的难民申请，会在对难民的身份进行验证之前先对难民的来源国或途经国进行安全鉴定，如果判定难民的来源国或途经国为安全第三国，则可以将难民送回至其来源国或途经国。难民署项目执行委员会 1989 年第 58 号决议指出：难民和寻求庇护者以非正常方式离开已经得到保护的国家，如果能在已经受到保护的国家免遭强制推回，且难民可以被允许在这一已经得到保护的国家居留，且待之以被承认的基本人权标准直到为其找到永久解决方案，则难民可以被遣返

---

① 刘国福：《国际难民法》，世界知识出版社 2014 年版，第 125—126 页。

② 1951 年《关于难民地位的公约》中关于不推回原则适用的空间范围选择的用词为"领土"（territories），而非"国家"（states），因此任何使难民生命或自由遭受威胁的地区都在其涵盖范围内。Elihu Lauterpacht and Daniel Bethlehem, "The Scope and Content of the Principle of Non-Refoulement: Opinion," in Erika Feller et al., eds., *Refugee Protection in International Law*, Cambridge: Cambridge University Press, 2003, pp. 121 – 122.

至这一难民已经受到保护的国家。①

同时，难民署规定，应该在判定第三国为"安全第三国"的情况下才可以将难民推回该国。难民署 1998 年关于国际保护的文件中指出第三国必须是安全的第三国："如果寻求庇护者在没有对第三国的安全状况进行评估的情况下且第三国不允许庇护寻求者进入其领土，也不考虑受理庇护申请时，寻求庇护者将最终面临被遣返至原籍国的危险。"②

四　不推回原则与相关行为

按照 1951 年《关于难民地位的公约》，任何缔约国不得以任何方式将难民驱逐或推回至其生命或自由因其种族、宗教、国籍、属于某一社会团体或具有某种政治见解而受威胁的领土边界。然而，该公约却未明确指明不推回的具体适用情况。一般而言，遵循不推回原则意味着遵守边界不拒绝、域外不推回、不引渡、不驱逐、不推回大规模涌入人员。

（一）边界不拒绝

边界不拒绝是指国家不应拒绝已越过边界进入其边境的难民，且在紧急情况下也不得拒绝难民入境，即使不给予难民长久的庇护，也不得将他们驱赶到其生命和自由受到威胁的领土边界，不论他们是否合法入境和是否被正式认定为难民。③

按照 1951 年《关于难民地位的公约》的英文版本，各国政府不应该"驱逐或送回"难民。但是这两个词却缺乏明确的定义。驱逐可以是任何使非本国人离开的司法、行政，或警力措施，虽然公约第 32 条暗示了这种驱逐可能仅仅用适用于合法居留在一国的难民。④ 而送回的含义则更加模糊。正是因为这种模糊性，各国政府在诠释难民公约第 33 条时出现不同的说法。如在 1951 年难民公约的谈判过程中，瑞士政

---

① UNHCR Executive Committee of the High Commissioner's Programme, *Problem of Refugees and Asylum-Seekers Who Move in an Irregular Manner from a Country in Which They Had Already Found Protection No.* 58 (*XLI*), 1989.

② UNHCR Standing Committee, *Note on International Protection*, EC/48/SC/CRP. 27, May 25, 1998.

③ 梁淑英：《国际难民法》，知识产权出版社 2009 年版，第 153 页。

④ Guy S. Goodwin-Gill and Jane McAdam, *The Refugee in International Law*, Oxford: Oxford University Press, 2021, p. 284.

府代表团将不推回原则仅仅用于指大规模且已经进入一国领土的难民。① 而荷兰政府代表团则将这一原则适用于非大规模且已经存在于一国领土的难民。② 因此，1951 年《关于难民地位的公约》并无统一的关于不推回原则的适用情况的解释，这也许是有意而为之。③ 然而，自从该公约通过至今，各国政府不论在其言论抑或其实践中都承认不推回原则适用于寻求庇护者寻求进入一国之时，不论其处于一国边境还是已经身处一国之内。④ 同时，不推回原则已经包含了不送回和不拒绝两层含义。⑤

边界不拒绝在多个国际法文件中得到确认和支持。

表 2 - 4　　　　　　　　有关边界不拒绝的国际法

文件名称	有关边境不拒绝的内容
1950 年联合国难民署规约第 8 条第 4 款	推动各国允许难民入境，包括一无所有之人⑥
1951 年《关于难民地位的公约》第 33 条	（一）任何缔约国不得以任何方式将难民驱逐或送回（推回）至其生命或自由因为他的种族、宗教、国籍、参加某一社会团体或具有某种政治见解而受威胁的领土边界； （二）但如有正当理由认为难民足以危害所在国的安全，或难民已被确定判决认为犯过特别严重罪行从而构成对该国社会的危险，则该难民不得要求本条规定的利益⑦
1966 年《有关难民地位和待遇的曼谷原则》第 3 条	如果一个外国人的生命权利或人身自由，在一个国家由于他的种族、国籍、宗教、社会地位或政治见解等原因而正遭到被侵犯的危险时，该外国人在任何情况下都不得被拒绝入境、被送回或驱逐到该国⑧

① UN doc. A /CONF. 2/SR. 16，6，1951.

② UN doc. A/CONF. 2/SR. 35，21，1951.

③ Guy S. Goodwin-Gill and Jane McAdam，*The Refugee in International Law*，Oxford：Oxford University Press，2021，p. 284.

④ Guy S. Goodwin-Gill and Jane McAdam，*The Refugee in International Law*，Oxford：Oxford University Press，2021，p. 286.

⑤ Guy S. Goodwin-Gill and Jane McAdam，*The Refugee in International Law*，Oxford：Oxford University Press，2021，p. 286.

⑥ UN General Assembly，Statute of the Office of the United Nations High Commissioner for Refugees，A/RES/428（V），December 14，1950.

⑦ UN General Assembly，Convention Relating to the Status of Refugees，*Treaty Series*，Vol. 189，July 28，1951.

⑧ Asian-African Legal Consultative Organization（AALCO），*Bangkok Principles on the Status and Treatment of Refugees*（"Bangkok Principles"），December 31，1966.

续表

文件名称	有关边境不拒绝的内容
1967 年《领土庇护宣言》第 3 条第 1 款	凡第 1 条第 1 款所述之人，不得使受诸如下列之处置：在边界予以拒斥，或于其已进入请求庇护之领土后予以驱逐或强迫遣返至其可能受迫害之任何国家①
1967 年欧洲理事会部长会议《给予处于迫害危险中人的庇护的决议》第 2 条	各会员国应保证接纳有迫害恐惧者，不使用边境拒绝、驱逐或其他强迫方法，使其返回或者居留在其生命或自由因为他的种族、宗教、国籍、参加某一社会团体或具有某种政治见解而受威胁的领土边界
1969 年《非洲统一组织关于非洲难民问题某些特定方面的公约》第 2 条第 3 款	成员国对任何人不得采取拒绝入境、送返或驱逐等措施迫使该人返回或留在使其生命、人身安全或自由因第 1 条第 1、2 款所述之由受到威胁的领土内②
1984 年《卡塔赫纳宣言》第 5 条	重申不被推回权与不在边境拒绝作为国际难民保护基石的重要性和意义。不被推回权已经成为习惯国际法，具有强行法的效力③
联合国难民署项目执行委员会 1977 年第 6 号决议和 1979 年第 15 号决议	对于不管是否已经被正式认定为难民的人，在边界不拒绝和在本国领土内不推回；各国应该尽力对真正的寻求庇护者给予保护，迫使其返回或推回是各国共同认为的破坏原则的行为④

资料来源：刘国福：《国际难民法》，世界知识出版社 2014 年版，第 118 页。

（二）域外不推回

各国政府应遵守的国际法义务并不局限于一国领土之内。在其领土之外以及被该国国内法判定为国际区的地域内，国家依然应该遵守其国际法义务。如欧洲人权法院（The European Court of Human Rights）规定：欧洲人权法院 50 号文件第 1 条中的"司法权"概念延伸至成员国的领土之外，不论在一国领土范围内还是范围之外行使，只要其政府的行为在其领土之外产生影响。⑤ 具体在适用于难民的不推回原则上，国家不仅

---

① 联合国：《领土庇护宣言》，1967 年 12 月 14 日。

② Organization of African Unity（OAU），*Convention Governing the Specific Aspects of Refugee Problems in Africa*（"OAU Convention"），1001 U. N. T. S. 45，September 10，1969.

③ *Cartagena Declaration on Refugees*，1984.

④ UNHCR Executive Committee of the High Commissioner's Programme，*Non-refoulement No.* 6（*XXVIII*）– October 12，1977，No. 6（XXVIII）；UNHCR，*Refugees Without an Asylum Country*，No. 15（XXX），1979.

⑤ Loizidou v. Turkey（1995）20 EHRR 90，para. 62.

不能将已经到达其国境边界的难民推回，也不能遣返已经居留其国境之内的难民，同时也不应在其领土之外拦截或驱逐难民。①

虽然1951年《关于难民地位的公约》没有具体规定不被推回权仅适用于一国境内难民还是也包括尚未进入该国境内的潜在难民，但是有学者指出，这需要通过1951年难民公约通过的背景、目标来理解。其中，国际人权法为难民法的解释提供了补充性说明：国际难民法的目标是为人权保护提供替代性保护。② 而在国际人权法中，人权适用于任何在一国司法权之内或隶属于一国司法权的地域。联合国人权理事会规定，各国政府应该尊重《公民权利和政治权利国际公约》授予个人的权利，只要此人在该国政府权力和实际控制之下，即使此人不在该国领土范围内。③ 因此，不被推回权这一基本难民权利理应合法，且被认可为软法，并得到多国实践的支持。④

为了逃避接收难民或避免难民入境的义务而又免于直接退出国际难民机制可能带来的问题，某些国家，尤其是发达国家实行多种限制难民接近其国境线的措施，间接推回难民。⑤ 这些措施包括：（1）签证控制⑥、承运制裁⑦以限制试图通过空运抵达发达国家的难民。⑧（2）将机场、港口、海岸线和岛屿宣布为不适用于保护责任的非领土，或"国际

---

① Thomas Gammeltoft-Hansen and James C. Hathaway, "Non-Refoulement in a World of Cooperative Deterrence", *Columbia Journal of Transnational Law*, Vol. 53, No. 2, 2015, p. 258.

② Thomas Gammeltoft-Hansen and James C. Hathaway, "Non-Refoulement in a World of Cooperative Deterrence", *Columbia Journal of Transnational Law*, Vol. 53, No. 2, 2015, p. 258.

③ UN Human Rights Committee, General Comment No. 31 [80], The Nature of the General Legal Obligation Imposed on States Parties to the Covenant, U. N. Doc. CCPR/C/21/Rev. 1/Add. 13, 10, March 29, 2004.

④ Thomas Gammeltoft-Hansen and James C. Hathaway, "Non-Refoulement in a World of Cooperative Deterrence", *Columbia Journal of Transnational Law*, Vol. 53, No. 2, 2015, p. 259.

⑤ Thomas Gammeltoft-Hansen and James C. Hathaway, "Non-Refoulement in a World of Cooperative Deterrence", *Columbia Journal of Transnational Law*, Vol. 53, No. 2, 2015, p. 240.

⑥ 指拒绝批准寻求难民保护的签证申请。

⑦ 指制裁甚至扣押承载无签证人的飞机或船只；另外，即使难民拥有合法签证，也拒绝承认难民旅行和申请保护的权利。

⑧ Frances Nicholson, *Implementation of the Immigration (Carriers' Liability) Act 1987: Privatising Immigration Functions at the Expense of International Obligations*, 46 INT'L & COMP. L. Q., 1997, p. 586; Antonio Cruz, *Shifting Responsibility: Carriers' Liability in the Member States of the European Union and North America*, 1995.

保护区"。① （3）通过公海拦截难民回避接收难民的责任。② 这些措施使得发达国家在表面上不破坏不推回原则的基础上避免了履行不推回原则的责任。近年来，这些传统的域外推回现象不断出现并遭到国际社会的谴责。同时，新型的域外推回措施开始出现，如通过操控与难民来源国或途经国的外交关系、财政支持、物质援助、人员培训等来达成事先阻止难民进入发达国家的目的。③ 事实上，发达国家通过实施这些域外推回措施的确有效防止了难民进入其国境之内且免于履行不推回原则所赋予的责任和义务。发达国家所保护的难民总数不超过世界难民总数的20%，而最为贫穷的发展中国家则承担了绝大多数难民的接收和保护责任。④ 这些均对不推回原则的践行构成严重挑战，也是国际社会谴责的行为。

（三）不引渡

不引渡是指不将难民引渡至其生命或自由因为他的种族、宗教、国

---

① Frances Nicholson, *Implementation of the Immigration（Carriers' Liability）Act 1987：Privatising Immigration Functions at the Expense of International Obligations*, 46 INT'L & COMP. L. Q., 1997, p. 588；Mark B. Salter, *Governmentalities of an Airport：Heterotopia and Confession*, 1 INT'L POL. SOC. 49, 2007；Tugba Basaran, *Legal Borders in Europe：The Waiting Zone*, in Peter Burgess and Serge Gutwirth, eds., *A Threat Against Europe：Security, Migration and Integration*, Brussels：VUB University Press, 2012. 如澳大利亚声称将其3500多个岛屿设为非移民区，后来则延伸至全部澳大利亚大陆。在其所划定的这些领土内，澳大利亚宣称没有义务保护难民，参见 Migration Amendment（Excision from Migration Zone）Act 2001（Austl.）；Migration Amendment（Excision from Migration Zone）（Consequential Provisions）Act 2001（Austl.）；Migration Amendment（Unauthorised Maritime Arrivals and Other Measures）Act 2013（Austl.）。

② Stephen H. Legomsky, "The USA and the Caribbean Interdiction Programme", *International Journal of Refugee Law*, Vol. 18, No. 3/4, 2006, pp. 677, 681, 687；Susan Kneebone, "The Pacific Plan：The Provision of 'Effective Protection？'" *International Journal of Refugee Law*, Vol. 18, No. 3/4, 2006, pp. 696, 709, 710；Andreas Fischer-Lescano et al., "Border Control at Sea：Requirements Under International Human Rights and Refugee Law", *International Journal of Refugee Law*, Vol. 21, No. 2, 2009, pp. 256, 265 – 268. 具体案例如20世纪90年代，美国海岸警卫队在公海领域拦截因推翻拉乌尔·塞德拉斯政权导致的海地难民，约35000名海地难民在没有被检查难民身份的情况下被推回至海地。参见 Carlos O. Miranda, "Haiti and the United States During the 1980s and 1990s：Refugees, Immigration, and Foreign Policy", *San Diego Law Review*, Vol. 32, 1995, pp. 673, 705。

③ Thomas Gammeltoft-Hansen and James C. Hathaway, "Non-Refoulement in a World of Cooperative Deterrence", *Columbia Journal of Transnational Law*, Vol. 53, No. 2, 2015, pp. 248 – 257.

④ UNHCR, *Global Trends* 2012：*Displacement, The New* 21*st Century Challenge*, 2013；Volker Turk, *Address to the* 60*th Meeting of the UNHCR Standing Committee 1*, UN Doc. EC/65/SC/CRP. 101, July 1, 2014, http://www. unhcr. org/53c8d1449. html.

籍、属于某一社会团体或具有某种政治见解而受威胁的领土边界。①
1951 年《关于难民地位的公约》第 33 条规定"不得以任何方式将难民
驱逐或送回（推回）"至其生命或自由受威胁的领土边界，引渡就是被
禁止的一种行为。② 表 2 - 5 列举了有关不引渡难民的法律条例。

表 2 - 5　　　　　　　　　　　有关不引渡的国际法

文件名称	有关不引渡的内容
1957 年《欧洲引渡公约》第 3 条第 2 款	如果被请求引渡国有实质性理由认为一项以普通刑事犯罪为由的引渡请求，其真实目的是为了实施有关种族、宗教、国籍或政治观点等方面的迫害或惩罚，被请求国不得将该人引渡给请求国
1967 年欧洲理事会部长会议《给予处于迫害危险中的人庇护的决议》第 2 条	各成员国应保证接纳有迫害恐惧者，不适用边境拒绝、驱逐或其他强迫方法，使其返回或居留在其生命或自由因为其种族、宗教、国籍、参加某一社会团体或具有某种政治见解而受威胁的领土
1980 年联合国难民署项目执行委员会《关于难民国际保护问题的决议》	难民应该得到保护，避免被引渡到一个他们有正当理由而畏惧由于 1951 年《关于难民地位的公约》第 1 条第 1 款第 2 项中列举的原因而遭迫害的国家；请各国保证在订立引渡条约时和制定有关引渡的法律时，应充分考虑到不被推回权； 不引渡适用于满足难民定义标准以及依据公约第 1 条第 6 款第 2 项被排除在外的人
1981 年《泛美引渡条约》第 4 条第 5 款	如果认为该项引渡涉及对个人种族、宗教、国籍方面的迫害或歧视，不得将该人引渡给请求国
1990 年联合国《引渡示范条约》第 3 条第 2 款和第 6 款	遇下述情况，不得准予引渡：被请求国有充分理由确信，提出引渡请求时为了某人的种族、宗教、国籍、族裔本源、政治见解、性别或身份等原因而欲对其进行起诉或惩处，或确信该人的地位会因其中任一原因而受到损害； 遇下述情况，不得准予引渡：被要求引渡者在请求国内曾受到或将会受到酷刑或其他残忍、不人道或有辱人格的待遇或处罚，或者没有得到或不会得到《公民权利和政治权利国际公约》第 14 条所载的刑事诉讼程序中的最低限度保障
2005 年《中国和西班牙引渡条约》第 3 条第 2 款	应当拒绝引渡的理由： 被请求方有充分理由认为，请求引渡的目的是基于被请求引渡人的种族、性别、宗教、国籍或者政治见解而对该人进行刑事诉讼或者执行刑罚，或者该人在司法程序中的地位将会因为上述任何原因受到损害

资料来源：刘国福：《国际难民法》，世界知识出版社 2014 年版，第 121—122 页。

---

①　刘国福：《国际难民法》，世界知识出版社 2014 年版，第 121 页。

②　Guy S. Goodwin-Gill and Jane McAdam, *The Refugee in International Law*, Oxford：Oxford University Press, 2021, p. 365.

（四）不驱逐

不驱逐是指不将难民驱逐至其生命或自由因为其种族、宗教、国籍、属于某一社会团体或具有某种政治见解而受威胁的领土边界。① 这一规定在 1951 年《关于难民地位的公约》第 33 条加以确认。同时，公约第 32 条对第 33 条进行了补充：（1）除非由于国家安全或公共秩序的原因，否则不得将难民驱逐出境。（2）即使要驱逐难民出境，也只能以按照合法程序作出的判决为根据，并允许难民向有关当局或人员申诉。（3）即使要驱逐难民，也应该给予其寻取合法进入另一国家的时间。②

此外，即使国家基于国家安全和公共秩序对难民进行驱逐，也不应将难民驱逐至其生命或自由受到威胁的领土边界，除非该难民再次适用于 1951 年难民公约第 32 条所述情况。③ 然而，现实中却多次发生破坏不推回原则的驱逐案例。因此，2005 年，难民署执行委员会通过有关国际保护的决议，呼吁各国政府不要采取与不推回原则相违背的驱逐难民的政策。④

（五）"大规模涌入"情况下的不推回原则

对"大规模涌入"进行的法律界定出现在《欧盟临时保护指示》（*EU Temporary Protection Directive*）中："大规模涌入"指来自特定国家或地理区域的大规模的流离失所人口。⑤ 难民署 2000 年出版的有关大规模涌入时的临时保护问题的文件指出，"大规模涌入"所涵盖的人群包括符合 1951 年《关于难民地位的公约》及其 1967 年议定书界定的难民以及由于外部侵略、占领、外国统治或严重扰乱其来源国部分或全部公共秩序而被迫逃出该国的人。

同时，该文件指出"大规模涌入"无法以确切的数字进行界定，而是取决于接收国是否有足够资源接待难民。即如果一国有足够的资源以

---

① 刘国福：《国际难民法》，第 123 页。

② 《关于难民地位的公约》，1951 年。

③ Guy S. Goodwin-Gill and Jane McAdam, *The Refugee in International Law*, p. 263.

④ UNHCR Executive Committee of the High Commissioner's Programme, *General Conclusion on International Protection No.* 102（*LVI*）, October 7, 2005.

⑤ Temporary Protection Directive, Art. 2（d）.

个人为单位对涌入的难民进行核查，则无须特殊的应对"大规模涌入"的方案。但总的来说，"大规模涌入"应符合的特征包括：在短时间内，来自同一国家的由于符合国际保护的原因的人群大规模进入另一国，且由于其规模之大，使得以个体为单位的难民地位鉴定在程序上无法实行。① 2004 年难民署再次对大规模涌入的情形进行界定，指出四点大规模涌入的特征：（1）大规模人群抵达某国际边境；（2）快速抵达；（3）接收国缺乏充足的吸收和应对能力，尤其在紧急情况时；（4）现存的以个体为单位的庇护程序无法应对如此大规模的评估。②

1951 年《关于难民地位的公约》及其 1967 年议定书均未直接提及"大规模涌入"情况下的不推回原则的适用性问题。虽然大规模涌入对难民接收国的应对能力提出了严峻挑战，然而按照国际法，不论大规模难民涌入将对难民接收国的资源、经济或政治造成怎样的影响，该国政府都不应该违反不推回原则。③ 这是因为虽然公约并未直接提及"大规模涌入"情形下不推回原则的适用问题，但是从 1951 年《关于难民地位的公约》起草的目标和目的来看，不推回原则理应适用于"大规模涌入"的情形，除非公约明确指明不适用。④ 这一原则得到 1969 年非洲统一组织《关于非洲难民问题某些特定方面的公约》、1984 年《卡塔赫纳宣言》、难民署执行委员会决议、《欧盟临时保护指示》等多个国际难民法文件的确认。

---

① UNHCR, *UNHCR Commentary on the Draft Directive on Temporary Protection in the Event of a Mass Influx*, September 15, 2000.

② UNHCR Executive Committee of the High Commissioner's Programme, *Conclusion on International Cooperation and Burden and Responsibility Sharing in Mass Influx Situations*, No. 100 （LV）, 2004.

③ Report of the Human Rights Committee, Vol. 1, 1997 – 1998, GAOR, 53rd Session, Supp. No. 40 （A/53/40）, "United Republic of Tanzania," para. 401. See also Global Consultations on International Protection, "Report of the First Meeting in the Third Track", UN doc. EC/GC/01/8/Rev. 1, January 28, 2001, para. 5; Jean-Francois Durieux and Jane McAdam, "Non-Refoulement through Time: The Case for a Derogation Clause to the Refugee Convention in Mass Influx Emergencies", *International Journal of Refugee Law*, Vol. 16, No. 1, 2004, pp. 4, 9, 13; UN Declaration on Territorial Asylum, UNGA res. 2312 （XXII）, December 14, 1967, para. 3 （2）.

④ Elihu Lauterpacht and Daniel Bethlehem, "The Scope and Content of the Principle of Non-Refoulement: Opinion", in Erika Feller et al., eds., *Refugee Protection in International Law*, Cambridge: Cambridge University Press, 2003, pp. 87 – 164.

五　不推回原则的习惯国际法地位

与难民享有的其他权利有所不同,不被推回权是国际法赋予难民最基本和核心的权利。这在很大程度上是因为不推回原则所具有的习惯国际法特性。[①]

参照北海大陆架案中国际法院对习惯国际法的界定,某一法律条约成为习惯国际法要符合几点特征:[②] 第一,成为习惯国际法的法律条约不可以被缔约国保留执行。而不推回原则所具有的人道主义性质使其具有不允许被缔约国保留执行的特征。以 1951 年国际法院在《防止及惩治灭绝种族罪公约》的保留问题的咨询意见为参考,"必须考虑到这样一个公约的目的……(该公约)的目的一方面是保护特定人群的生存,另一方面确认并认可最为基本的道义原则。在这样的公约里,缔约国没有任何自身利益;它们只有共同利益,即实现作为公约存在之理由的那些更高的宗旨"[③]。因此,具有人道主义性质的公约,即使公约本身没有对保留作出规定,从公约的宗旨和目的角度考虑,通常都不允许缔约国对公约特别是其中具有人道主义性质的条款进行保留。[④] 1951 年《关于难民地位的公约》第 42 条就规定了任何缔约国不得对公约第 33 条进行保留。1967年《关于难民地位的议定书》再次重申第 33 条不可保留的要求。

第二,成为习惯国际法的法律条约应该具有创造规范的特征。不推回原则在 1951 年《关于难民地位的公约》通过之前就已经广泛存在于国际难民法律文件中,如 1933 年《难民公约》、1936 年《关于来自德国难民地位的临时协议》以及 1938 年《关于来自德国难民地位的公约》等。1951 年公约通过之后,这一原则逐渐发展成习惯国际法规范。1967年《关于难民地位的议定书》和《领土庇护宣言》、1969 年《非洲难民

[①]　梁淑英:《国际难民法》,知识产权出版社 2009 年版,第 220—227 页;刘国福:《国际难民法》,世界知识出版社 2014 年版,第 115—116 页。

[②]　North Sea Continental Shelf Cases, Judgement, February 20, 1969, https://www. icj-cij. org/files/case-related/51/5537. pdf.

[③]　Elihu Lauterpacht and Daniel Bethlehem, "The Scope and Content of the Principle of Non-Refoulement: Opinion," in Erika Feller et al. , eds. , *Refugee Protection in International Law*, Cambridge: Cambridge University Press, 2003, p. 104.

[④]　梁淑英:《国际难民法》,知识产权出版社 2009 年版,第 221 页。

公约》和《美洲人权公约》、1966 年《有关难民地位和待遇的曼谷原则》、1984 年《卡塔赫纳宣言》以及欧洲理事会的多个文件表明了对不推回原则的支持。此外，多个国际组织对不推回原则的习惯国际法特征进行了确认。国际法院在 1969 年北海大陆架案中申明 1951 年《关于难民地位的公约》第 33 条、1984 年《禁止酷刑和其他残忍、不人道或有辱人格的待遇或处罚公约》第 3 条均已具有"根本性的创造规范的特征，可以被看作形成了普遍法的基础"。①

第三，成为习惯国际法的法律条约的起草应该得到广泛且有代表性国家的参与和批准。对不推回原则而言，截至 2015 年 4 月，全球共有 145 个国家批准了 1951 年公约，146 个国家批准了 1967 年议定书，批准二者之一的国家则达到 148 个。② 此外，有大约 80 个国家对其进行了专门立法或明确将其纳入国内法，125 个国家赋予包含不推回原则的条约以国内法律效力。③ 因此，不推回原则有广泛且有代表性的国家参与和批准。

第四，成为习惯国际法的法律条约应该得到各国广泛且一致的实践。实践证明，1951 年《关于难民地位的公约》通过后，各国在实践上都遵行了不推回原则，即使不存在正式的司法判决。已经通过的联合国大会决议，尤其是有关难民署高级专员年度报告的决议获得了通过。同时，即使对包含不推回原则的决议的不同意见也被允许表达和记录。然而，可以发现相关决议中虽然存在对难民署保护和援助难民活动的反对意见，却没有任何关于反对不推回原则的正式或非正式意见。

此外，难民署的实践也证明了各国政府对不推回原则的认可。难民署曾多次依赖不推回原则的习惯国际法特性与未签署和批准 1951 年《关于难民地位的公约》及其 1967 年议定书的国家进行交涉。结果证明，各国政府，即使是非签署和批准国也接受不推回原则的习惯国际法特征，并试图通过额外的解释或声称有关难民不被其国家认定为难民为缘由来

---

① ICJ Rep. , 1969，p. 3，42.

② UNHCR，"State Parties to the 1951 Convention relating the Status of refugees and the 1967 Protocol"，https://www.unhcr.org/protect/PROTECTION/3b73b0d63.pdf.

③ 梁淑英：《国际难民法》，知识产权出版社 2009 年版，第 225—226 页。

解释已经发生的推回案例。① 因此，国家在实践中普遍遵行了不推回原则的习惯国际法特征。

因此，从不推回原则是否允许缔约国进行条款保留、是否具有创造规范的特征、是否得到了广泛而有代表性的国家的参与以及是否得到广泛且一致的国家实践方面来看，不推回原则符合习惯国际法的特点。这意味着对不推回原则的遵守不仅适用于签署和批准 1951 年《关于难民地位的公约》及其 1967 年议定书的国家，同样适用于少数未签署和批准该公约及其议定书的国家。② 同时，不推回原则不仅禁止基于对难民造成迫害的推回，也禁止对难民进行酷刑、残忍、不人道或有辱人格的待遇或处罚。③

第三节 难民问题的永久解决方案

国际难民机制的根本目的之一是为难民寻求永久解决方案。1950 年难民署规约第 1 条第 1 款写道：联合国难民事务高级专员秉承联合国大会命令行使职权，在联合国的监管下，应当肩负起为满足此规约条件的难民提供国际保护，通过协助各国政府，并在取得各相关国家政府同意后协助私人组织，推动难民的自愿遣返或融入新的国家，以期永久解决难民问题。④ 在实践中，以难民署为核心机构的国际难民机制逐渐形成

① UNHCR, *The Principle of Non-Refoulement as a Norm of Customary International Law. Response to the Questions Posed to UNHCR by the Federal Constitutional Court of the Federal Republic of Germany in Cases 2 BvR 1938/93, 2 BvR 1953/93, 2 BvR 1954/93*, January 31, 1994.

② 同时，有个别国际难民法学者对此普遍观点提出质疑，如詹姆斯·C. 哈撒韦认为不推回原则尚未构成习惯国际法，因为他认为不推回原则在国家实践中存在被违反的现象，James C. Hathaway, *The Rights of Refugees under International Law*, Cambridge：Cambridge University Press, 2005, pp. 36 - 39。然而，这一观点遭到古德温—吉尔和麦克亚当的反驳。他们指出哈撒韦误解了习惯国际法的基本信条。国际法院习惯国际法的创立并不要求每一个国家的实践都与之相符。相反，那些违反公认为习惯国际法的国家实践应该被看作对该习惯国际法的践踏，而非否定该习惯国际法本身是否成立。Guy S. Goodwin-Gill and Jane McAdam, *The Refugee in International Law*, Oxford：Oxford University Press, 2021, pp. 300 - 306.

③ Guy S. Goodwin-Gill and Jane McAdam, *The Refugee in International Law*, Oxford：Oxford University Press, 2021, pp. 300 - 306.

④ UN General Assembly, Statute of the Office of the United Nations High Commissioner for Refugees, A/RES/428（V）, December 14, 1950.

了三大永久解决难民问题的方案：自愿遣返、就地融合和重新安置。①

一　自愿遣返

（一）自愿遣返概述

自愿遣返（voluntary repatriation）指在难民自由表达回国意愿的基础上，将符合条件的人员送回本国。② 虽然自愿遣返在 20 世纪 70 年代的联合国大会决议中被认为是较好的永久解决难民问题的方案，但是直到 1983 年联合国大会才正式认定自愿遣返是"难民问题最理想的和最永久的解决方案"③。自愿遣返首先是一种基本人权。1948 年的《世界人权宣言》虽然不是各国签署的正式条约，但是却成为所有人权法案的根基，其第 13 条第 2 款即写道难民自愿返回原籍国的权利："人人有权离开任何国家，包括其本国在内，并有权返回他的国家。"④

在国际法的规约下，国家有义务允许其本国公民返回原籍国。难民自愿遣返之权利亦得到了其他国际人权法的支持，如《公民权利和政治权利国际公约》（*The International Covenant on Civil and Political Rights*）、⑤《消除一切形式种族歧视公约》（*The International Convention on the Elimination of All Forms of Racial Discrimination*），其他地区性国际人权法和各国人权法等。

1950 年难民署规约将自愿遣返作为难民署的使命进行确定。其后出现的 1951 年《关于难民地位的公约》和 1967 年《关于难民地位的议定书》是国际难民法最重要的渊源，也是国际难民保护的法律基础。⑥ 虽然两者均未直接提及难民自愿遣返的问题，但是 1951 年《关于难民地位的公约》却清晰地指出难民身份是过渡性身份，一旦难民获得或取得实质性的国家保护，难民身份即终止。根据该公约，自愿遣返可以引发难

---

① UNHCR, *Statute of the Office of the United Nations High Commissioner for Refugees*, Art. 1; Louise Holborn, *Refugees: A Problem of Our Time: The Work of the United Nations High Commissioner for Refugees*, 1951 – 1972, Metuchen: Scarecrow Press, 1975, p. 88.

② 刘国福：《国际难民法》，世界知识出版社 2014 年版，第 358 页。

③ UN Doc. A/Res. /38/121, 1983.

④ 联合国：《世界人权宣言》，1948 年。

⑤ 联合国人权高级专员办事处：《公民权利和政治权利国际公约》，1966 年。

⑥ 刘国福：《国际难民法》，世界知识出版社 2014 年版，第 3 页。

民身份的终止。具体地，自愿性国家保护的再次获取、自愿性国籍的再次获取，以及自愿在曾受到迫害威胁的一国生活，均可导致难民身份的终止。①

（二）自愿遣返的特性与条件

20 世纪 80 年代，自愿遣返受到的国际关注与日俱增。联合国大会决议开始频繁出现关于自愿遣返的文件。难民署在联合国的指令下也开始从事越来越多的难民遣返工作，并导致难民署使命范围的扩展。1992年 12 月 23 日的联合国大会决议称："重申当条件允许时，自愿遣返是难民问题最理想的解决方案，号召难民来源国、接收国、难民署办公室和国际社会一道尽其可能使难民能够自由行使安全而体面地返回家园的权利，确保国际保护延伸至他们遣返之时，并在需要时协助难民的遣返和再融合，号召难民署高级专员与相关各国合作促进和帮助难民的自愿遣返，包括对他们在遣返中的安全和健康进行监察。"②

1. 难民署执行委员会决议与自愿遣返

在联合国决议和国际社会的推动下，难民署开始逐渐从自愿遣返的被动接受者向主动推动者转变。同时，由于联合国决议仅仅是政策性指引，而未提出具体的实施策略，因此，难民署执行委员会开始制定内部自愿遣返文件，对自愿遣返的条件和具体操作进行补充。③

1980 年难民署执行委员会第一次详细探讨了自愿遣返的议题。这一年难民署执行委员会通过的第 18 号决议强调了自愿遣返的自愿属性：（1）承认自愿遣返大体上，尤其当一国独立时，构成了难民问题最合适的解决方案。（2）强调必须始终尊重遣返的自愿属性。（3）承认遣返的自愿属性同时适用于个体难民以及大规模遣返活动，在必要时将难民署与这些安排相关联。（4）强调当难民表达遣返的意愿时，其来源国政府以及庇护国政府应该在其国家立法框架内与难民署合作，一起采取必要措施协助他们遣返。（5）承认为难民提供关于其来源国国内状况的信息的重要性，以便促进他们做出自愿遣返的决定；进一步承认个体难民或

---

① UNHCR, Voluntary Repatriation：International Protection, 1996, Chap. 2.

② UN Doc. A/Res. /39/169, 1994.

③ Vincent Chetail, "Voluntary Repatriation in Public International Law：Concepts and Contents", *Refugee Survey Quarterly*, Vol. 23, No. 3, 2004, p. 12.

难民代表回访其来源国以向其他难民提供关于其来源国信息的重要性。难民署应该在此方面给予援助。同时，执行委员会号召：（6）难民来源国政府确保回返难民的安全，强调回返难民得到全面尊重以及回返难民不应因其曾逃离来源国而受惩罚。（7）号召各相关政府为回返难民提供必要的旅行证件、签证、入境许可和交通协助；如果难民丧失国籍，则协助其按照国家法律法规恢复国籍。①

同时，当难民来源国国内情况得到根本改善，难民所惧怕的迫害不再成立时，难民所享有的国际保护也将终止。该公民亦无法拒绝享受其原籍国提供的国家保护。② 但是，国内情况的根本改善强调了难民来源国国内情况改善的程度必须是根本性的，仅仅对于难民个人所惧怕的迫害的改善则不适用于此。即使难民来源国国内情况得到根本改善，但是依然存在可能对难民个体造成迫害的因素时，难民个体也有权利拒绝遣返，其难民身份也将不会被终止。③ 这一原则在难民署执行委员会1991年和1992年决案中均有所强调。④

可以看出，1980年的自愿遣返文件强调了遣返的自愿属性，却尚未提及难民来源国国内状况的改善作为自愿遣返的前提条件。1985年难民署执行委员会决议则在继续强调难民遣返自愿属性的基础上，补充了对难民来源国国内状况的要求：各国对其国民的责任和其他国家推动自愿遣返的义务必须得到国际社会的支持。不论是全球性的还是地区性的利于自愿遣返的国际行动都应该得到所有直接相关国家的全力支持和合作。同样，推动自愿遣返作为难民问题的解决方案需要直接相关国家创造有利于实施这一解决方案的政治意愿。这是各国政府的首要责任。⑤ 这种

---

① UNHCR Executive Committee of the High Commissioner's Programme, *Voluntary Repatriation No. 18 (XXXI)* – 1980, October 16, 1980.

② UNHCR Executive Committee of the High Commissioner's Programme, *Voluntary Repatriation No. 18 (XXXI)* – 1980, October 16, 1980.

③ UNHCR Executive Committee of the High Commissioner's Programme, *Voluntary Repatriation No. 18 (XXXI)* – 1980, October 16, 1980.

④ UNHCR, *General Conclusion on International Protection*, No. 65 (XLII), 1991; UNHCR, *General Conclusion on International Protection*, No. 68 (XLIII), 1992.

⑤ UNHCR Executive Committee of the High Commissioner's Programme, *Voluntary Repatriation No. 40 (XXXVI)* – 1985, October 18, 1985.

对遣返自愿性以及难民来源国国内状况显著改善的要求在之后难民署发布的文件中得到延续。①

2. 难民署有关自愿遣返的专门文件

作为其核心工作之一，难民署先后在 1996 年和 2002 年出台专门性文件对其自愿遣返工作进行详细说明。其中，1996 年关于自愿遣返的文件规定：（1）确保难民遣返的性质是自愿性的。（2）为安全和体面的难民遣返创造有利条件。（3）当条件成熟时推动难民的自愿遣返。（4）协助条件不成熟时难民自发性的自愿遣返。（5）在有利于保护难民利益和生活状况的条件下，同非政府组织和其他组织合作安排回返难民的交通和接待。（6）监控回返难民在难民来源国的状态并在有必要时进行干涉。（7）开展帮助国家解决难民问题的立法和司法能力建设。（8）向捐助国筹款以协助政府开展难民遣返和再融合项目。（9）促进非政府组织、特定发展组织和双边捐助组织对难民再复原的中长期援助。②

2002 年，难民署再次出台有关自愿遣返的文件，强调自愿遣返的核心要素为安全而体面的遣返，特别是"在身体、法律和物质方面安全"的遣返。③ 具体的"身体安全"指安全遣返的环境，包括行动自由、无骚扰和攻击、无雷区、无陷阱、无未爆炸的军火。具体的"法律安全"则指享有不受歧视的民政、经济、社会、政治和文化权利；对合法地位及地位变化的承认；不剥夺合法身份；不因为逃离原籍国或在原籍国外居住、逃避兵役、摒弃或参加未获承认的武装力量而被迫害；对财产权的恢复或公平而等价的财产补偿；有效的国籍授予；对难民在原籍国外

---

① UNHCR, *Discussion Note on Protection Aspects of Voluntary Repatriation*, EC/1992/SCP/CRP. 3, April 1, 1992; UNHCR, *Information Note on the Development of UNHCR's Guidelines on the Protection Aspects of Voluntary Repatriation*, EC/SCP/80, August 3, 1993; UNHCR Executive Committee of the High Commissioner's Programme, *Conclusion on Legal Safety Issues in the Context of Voluntary Repatriation of Refugees No.* 101 (*LV*) – No. 101 (LV), October 8, 2004.

② UNHCR, *Discussion Note on Protection Aspects of Voluntary Repatriation*, EC/1992/SCP/CRP. 3, April 1, 1992; UNHCR, *Information Note on the Development of UNHCRs Guidelines on the Protection Aspects of Voluntary Repatriation*, EC/SCP/80, August 3, 1993; UNHCR Executive Committee of the High Commissioner's Programme, *Conclusion on Legal Safety Issues in the Context of Voluntary Repatriation of Refugees No.* 101 (*LV*) – No. 101 (LV), October 8, 2004.

③ Walpurga Englbrecht, "Bosnia and Herzegovina, Croatia and Kosovo: Voluntary Return in Safety and Dignity?" *Refugee Survey Quarterly*, Vol. 23, No. 3, 2004, p. 101.

所获得的学术及职业技能证书、学历的承认。具体的"物质安全"则指在遣返的早期阶段对生存和基本服务的有效获取，如饮用水、食物、帐篷、健康服务和教育以及后续的保证难民可持续再融入遣返地的保障。①

另外，"体面的"遣返则是指遣返发生的环境。它意味着有关政府不能强加侵害难民遣返权利的条件，也不能让难民处于诱发性遣返或强制性遣返之中，要让难民有序、人道、分阶段地遣返，不能让难民与其家庭成员分离，并应受到原籍国政府和遣返社区的尊重和完全接纳。②

由此可见，在国际难民法中，自愿遣返的基本前提是自愿性和难民来源国国内状况的显著改善。这种规定在其他人权法律文件中得到了支撑。如1969年《非洲统一组织关于非洲难民问题某些特定方面的公约》规定，③ 所谓的"自愿性"，必须基于两方面的考虑：（1）难民来源国国内状况（难民需要对此有充足的信息来判断是否遣返）；（2）难民所在接收国的状况（该国状况应该允许难民对是否遣返做出自由选择）。④ 这意味着影响难民做出是否遣返选择的任何身体、心理和物质的压力都是不被国际难民法所允许的。

除了对自愿性的强调，难民来源国国内情况的根本性改善也是各种法律文件所强调的重要遣返前提。国际人权法学者高桥扫罗认为不应该将难民的自愿性作为推动难民遣返的实践标准，而应该主要以难民来源国国内情况的根本改善作为主要标准，辅之以难民的自愿性原则。⑤ 然而，难民署推动难民遣返的门槛却要低很多。难民署认为要使难民来源国国内情况达到使国际社会可以终止难民保护的条件太高，需要花费的时间也太长。因此，难民署认为只需要难民来源国国内情况得到"普遍改善"，便可积极推动难民遣返。然而，这种标准却不符合难民问题本

---

① UNHCR, *Global Consultations on International Protection/Third Track*：*Voluntary Repatriation*，EC/GC/02/5，April 25，2002.

② UNHCR, *Handbook*：*Voluntary Repatriation*：*International Protection*，1996，Chap 2.

③ 该公约是迄今为止唯一详细阐述自愿遣返原则的国际难民法案。UNHCR, OAU Convention Governing the Specific Aspects of Refugee Problems in Africa, 1969.

④ UNHCR, OAU Convention Governing the Specific Aspects of Refugee Problems in Africa, 1969.

⑤ Saul Takahashi, "The UNHCR Handbook on Voluntary Repatriation：The Emphasis of Return over Protection"，*International Journal of Refugee Law*，Vol. 9，No. 4，1997，p. 604.

身性质所要求的人权标准。①

综上所述，参照国际难民法、国际人权法、联合国决议以及难民署执行委员会决议及其专门针对难民自愿遣返的文件，难民的自愿遣返首先是一项基本人权，各国政府及国际组织应该充分尊重难民要求回返的意愿。同时，还要认识到难民的自愿遣返要求遣返必须是自愿性而非强制性的。本书在参考国际法律文件关于自愿遣返规定的基础上，提出在考察难民遣返的自愿性时应该重点考察两点：（1）主观上，难民表达出遣返的意愿，这意味着难民不应受到来自难民接收国等其他角色的强制；（2）客观上，难民来源国国内状况得到根本性改善。

二　就地融合

除了自愿遣返，就地融合被认为是又一永久解决难民问题的方案。1950年难民署规约第1条第1款写道：联合国难民事务高级专员秉承联合国大会命令行使职权，在联合国的监管下，应当肩负起为满足此规约条件的难民提供国际保护，通过协助各国政府，并在取得各相关国家政府同意后协助私人组织，推动难民的自愿遣返或融入新的国家社区，以期永久解决难民问题。②

就地融合是指难民被授予某种形式的，可以允许其在第一庇护国无限期居留，且全面参与难民接收国的社会、经济和文化生活的永久性法律地位。③根据难民署2002年出台的有关就地融合的专门法律文件，难民的就地融合是一个多维的过程，其中包含了难民的自立。就地融合要求难民在不舍弃其自身文化身份的基础上适应接收国社会。④而对于难

---

① Saul Takahashi, "The UNHCR Handbook on Voluntary Repatriation: The Emphasis of Return over Protection", *International Journal of Refugee Law*, Vol. 9, No. 4, 1997, p. 605.

② UN General Assembly, Statute of the Office of the United Nations High Commissioner for Refugees, A/RES/428 (V), December 14, 1950.

③ James C. Hathaway, *The Rights of Refugees under International law*, Cambridge: Cambridge University Press, 2005, pp. 977 – 978. 芭芭拉·E. 哈雷尔－邦德（Barbara Harrell-Bond）强调难民的就地融合是指接收社区和难民社区能够共生，分享共同的资源，同时未发生比接收社区本身内部冲突更大的冲突，参见 Barbara Harrell-Bond, *Imposing Aid: Emergency Assistance to Refugees*, Oxford: Oxford University Press, 1986, p. 7。

④ UNHCR, *Global Consultations on International Protection/Third Track: Local Integration*, EC/GC/02/6, April 25, 2002.

民接收国而言，难民的就地融合则要求接收国社区对难民持欢迎和积极的态度，要求公共机构有能力应对多样化的人口需求。①

具体而言，难民署指出就地融合具备三个相互关联的侧面。第一，就地融合是一个法律过程。难民被其接收国授予广泛的基本权利。这些权利包括自由活动的权利、受教育的权利、参与劳工市场的权利、获取公共救济和援助的权利、以有效的旅行和身份证件旅行的权利以及与家人团聚的权利。最终，这一过程应该导引难民获取庇护国永久居住权或获取庇护国国籍的权利。② 第二，就地融合是一个经济过程。在此过程中，难民越来越少地依赖接收国和国际人道主义援助，越来越多地树立起自立的能力，逐渐获得长久的生计能力，并最终能为接收国经济生活做出贡献。第三，就地融合是一个社会和文化过程。在此过程中，难民要逐步实现同化，积极参与接收国的经济生活，而接收国社区则需要在不歧视、不剥削的前提下，提供必要的能使难民与接收国人口共同生活的保障。这是一个难民和接收国国民及其政府机构互动的过程。结果应该是使难民融入一个尽管人们之间存在差异，却多样而开放的社会。③

另外，1951年《关于难民地位的公约》也列出了有关就地融合的规定。公约第1条第3款指出，当"该人已取得新的国籍，并享受其新国籍国家的保护"时，该难民将不再享受难民公约所赋予难民的各项权利。因此，与一般的就地融合不同，被赋予新国籍的难民的就地融合过程意味着难民地位的丧失。④

1951年公约第34条进一步列出了接收国政府在促进难民就地融合的具体举措："缔约各国应尽可能便利难民的入籍和同化。他们应尽力加速办理入籍程序，并尽可能降低此项程序的费用。"⑤ 尽管如此，公约

---

① UNHCR, *Global Consultations on International Protection/Third Track*: *Local Integration*, EC/GC/02/6, April 25, 2002.

② UNHCR, *Global Consultations on International Protection/Third Track*: *Local Integration*, EC/GC/02/6, April 25, 2002.

③ UNHCR, *Global Consultations on International Protection/Third Track*: *Local Integration*, EC/GC/02/6, April 25, 2002.

④ James C. Hathaway, *The Rights of Refugees under International Law*, Cambridge: Cambridge University Press, 2015, p. 980.

⑤ The Refugee Convention Relating to the Status of Refugees, 1951, Art. 34.

第 34 条依然仅仅是强调促进难民同化的义务，而非强制国家实现难民同化的结果。[①] 只有当缔约国不允许难民获取公民身份且拒绝提供不授予难民此种权利的解释时，缔约国才违反了该条规定。

然而，这并非意味着第 34 条缺乏法律效力。如国际法学家阿特勒·格拉尔－马德森（Atle Grahl-Madsen）所述：不言而喻，一国必须自己判断同化某一或某些难民是否合适。与此同时，这一决定必须出自善意。比如，如果一个缔约国拒绝难民同化，而且除了不愿意之外给不出其他理由，另一缔约国就有权控诉该国。[②] 因此，可以说，1951 年《关于难民地位的公约》第 34 条旨在促进，而非强制接收国政府同化难民。[③]

三　重新安置

难民的重新安置是指当难民无法被依法遣返或无法自由选择在其来源国恢复生活时，他/她可以去往另一愿意授予其永久性移民地位的国家寻求庇护。[④] 一般情况下，难民寻求重新安置是由于其第一收容国不愿意提供持续性庇护，或者由于难民本人希望在第三国而非第一收容国寻求庇护。1936 年和 1938 年的难民条约中就体现了重新安置的问题，并规定了难民在寻求第三国安置时应该被给予充足的时间。[⑤] 而 1938 年《关于来自德国难民的地位的公约》以及政府间难民委员会和国际难民组织则预设当时难民被第一收容国接收的可能性小，因而第三国重新安置是必需的。[⑥]

[①] James C. Hathaway, *The Rights of Refugees under International Law*, Cambridge：Cambridge University Press，2015，p. 987.

[②] Atle Grahl-Madsen, "Commentary on the Refugee Convention 1951, Articles 2 – 11," UNHCR：1997.

[③] James C. Hathaway, *The Rights of Refugees under International Law*, Cambridge：Cambridge University Press，2015，p. 990.

[④] James C. Hathaway, *The Rights of Refugees under International Law*, Cambridge：Cambridge University Press，2015，p. 963.

[⑤] League of Nations, Provisional Arrangement concerning the Status of Refugees Coming from Germany, Treaty Series, Vol. CLXXI, No. 3952, July 4, 1936；League of Nations, Convention concerning the Status of Refugees Coming from Germany, Treaty Series, Vol. CXCII, No. 4461, February 10, 1938.

[⑥] James C. Hathaway, "The Evolution of Refugee Status in International Law：1920 – 1950", *The International and Comparative Law Quarterly*, Vol. 33, No. 2, 1984, p. 348.

难民的重新安置与国际难民法"不推回原则"所规定的不驱逐规则直接相关。根据 1951 年《关于难民地位的公约》第 31 条：（一）缔约各国对于直接来自生命或自由受到第一条所指威胁的领土未经许可而进入或逗留于该国领土的难民，不得因该难民的非法入境或逗留而加以刑罚，但以该公民毫不迟延地自行投向当局说明其非法入境或逗留的正当原因者为限。（二）缔约各国对上述难民的行动，不得加以除必要以外的限制，此项限制只能于难民在该国的地位正常化或难民获得另一国入境准许以前适用。缔约各国应给予上述难民一个合理的期间以及一切必要的便利，以便获得另一国入境的许可。公约第 32 条则规定了即使出于国家安全和公共秩序的考虑驱逐难民，也应该给予难民一个合理的期间，以便取得合法进入另一国家的许可。

因此，1951 年难民公约对难民寻求第三国安置特别规定了时间上的保护，即难民第一收容国应该给予难民一定时间以准备寻求第三国安置。这个时间需要考虑到难民可能面临的各种情况，包括对于无国籍且具备特定技能或特定年龄的难民申请第三国安置的时间。① 同时，1951 年难民公约第 31 条还规定难民的第一收容国应为难民寻求第三国安置提供一切必要的便利，以便难民获得另一国入境许可。这意味着难民应该在第一收容国享有活动自由，以会见外国使领馆、难民署代表或其他志愿性组织。②

此外，1951 年难民公约明确规定了难民在寻求第三国安置时关于财产转移的权利。根据 1951 年难民公约第 30 条：（一）缔约国应在符合其法律和规章的情况下，准许难民将其携入该国领土内的资产，转移到难民为重新定居目的而已被准许入境的另一国家。（二）如果难民申请转移不论在何地方的并在另一国家重新定居所需要的财产，而且另一国家已准其入境，则缔约国对其申请应给予同情的考虑。需要注意的是，这里规定的难民转移财产的权利并非适用于难民所有财产，而仅仅适用于那些被第三国允许用于重新安置的财产。③

---

① James C. Hathaway, *The Rights of Refugees under International Law*, Cambridge：Cambridge University Press，2015，p. 965.

② James C. Hathaway, *The Rights of Refugees under International Law*, Cambridge：Cambridge University Press，2015，p. 965.

③ James C. Hathaway, *The Rights of Refugees under International Law*, Cambridge：Cambridge University Press，2015，p. 973.

然而，大体上来讲，重新安置作为一项永久解决难民问题方案的地位在 20 世纪八九十年代迅速下降。20 世纪 70 年代末期，重新安置被难民署执行委员会认为是就地融合之外的合理选择，1979 年，世界上约 5%（500 万）的难民被重新安置。① 然而，到了 20 世纪八九十年代，难民署转变对三大解决方案的侧重，重新安置沦为辅助性永久解决方案。②

第四节　小结

难民的概念并非一成不变，而是随着世界政治的发展而不断被修补。现代意义上的难民早在 17 世纪中期现代民族国家建立之后便已存在。而有关难民的国际法和难民保护组织则到 20 世纪早期才逐渐出现。20 世纪早期的国际难民条约对难民的界定大多采用"国别分类法"，缺乏普适性。同时，难民的界定出现从客观到主观、从政府到个人、从宏观到具体的转变。

20 世纪中期难民署的建立以及 1951 年《关于难民地位的公约》和 1967 年《关于难民地位的议定书》的通过使得现行国际难民机制得以确立。难民的界定也突破了时间和地域的限制，涵盖所有"因有正当理由畏惧由于种族、宗教、国籍或具有某种政治见解的原因留在其本国之外，并且由于此项畏惧或由于个人便利以外的理由而不能或不愿受该国保护的人；不具有国籍并由于上述畏惧或由于个人便利以外的原因留在其先前经常居住的国家之外，而现在不能或不愿返回该国的人"。

随着世界政治的发展，难民的含义进一步扩展，难民署保护的对象也随之扩展。近年来，难民署将其保护对象延伸至"类难民"的保护上，包括国内流离失所者、自然灾害难民、难民移民综合体等并非由于"畏惧迫害"但同样无法获取原籍国政府保护的脆弱群体上。此外，世界各大地区还制定了符合本地区特色的难民条约，扩展了难民的地区保护。

---

① John Fredriksson, "Reinvigorating Resettlement: Changing Realities Demand Changed Approach", *Forced Migration Review*, No. 13, 2002, p. 28.

② James C. Hathaway, *The Rights of Refugees under International Law*, Cambridge: Cambridge University Press, 2015, p. 975.

在对难民进行界定的基础上，国际难民法规定了难民保护的核心原则——不推回原则。不推回原则不仅适用于已经进入另一国国境的难民，在进入另一国且尚未被判定为难民之前，他们也享有被接收国政府保护的权利。遵循不推回原则意味着遵守边界不拒绝、域外不推回、不引渡、不驱逐、不推回大规模涌入人员。尤其重要的是，不推回原则具有习惯国际法的特性。这意味着对不推回原则的遵守不仅适用于签署和批准1951年《关于难民地位的公约》及其1967年议定书的国家，同样适用于少数未签署和批准该公约及其议定书的国家。

此外，以难民署为核心机构的国际难民机制逐渐形成了三大永久解决难民问题的方案：自愿遣返、就地融合和重新安置。其中，自愿遣返在后期发展中逐渐成为最受推崇和最常见的解决方案。自愿遣返强调难民遣返的自愿性：（1）主观上，难民表达出遣返的意愿，这意味着难民不应受到来自难民接收国等其他角色的强制；（2）客观上，难民来源国国内状况得到根本性改善。

第三章　国际难民机制与
难民署遣返行为

　　虽然难民问题和为难民提供庇护的历史早已有之,[1] 但现代意义的难民问题则产生于《威斯特伐利亚和约》签署、现代民族国家体系形成之后。此后,直至 20 世纪中叶,国际社会才真正建立起现行国际难民机制,主要包括联合国机构难民署、1951 年《关于难民地位的公约》和1967 年《关于难民地位的议定书》以及联合国决议、难民署执行委员会决议、区域性法律文件、各国国内法等。[2] 本章在第一章介绍难民界定、难民保护的核心原则和难民问题永久解决方案的基础上,进一步介绍有关难民保护的国际难民机构,重点关注难民署这一核心难民机构的发展壮大及其遣返行为的演变。

第一节　20 世纪早期国际难民机构

　　20 世纪早期国际难民机制初步创立。有组织地应对难民问题的国际努力,包括国际难民法律文件和早期国际难民机构都在这一时期出现。虽然这些早期的国际难民保护大多局限于某一特定难民群体,缺乏全球性实践,却为后期国际难民机制的建立和完善提供了历史经验。因此,这一时期既开创了系统性国际难民保护的先河,也为 20 世纪中叶现行国

---

　　① Alexander Betts et al. , *UNHCR: The Politics and Practice of Refugee Protection*, New York: Routledge, 2012, p. 7.

　　② T. Alexander Aleinikoff and Stephen Poellot, "The Responsibility to Solve: The International Community and Protracted Refugee Situations", *Virginia Journal of International Law*, Vol. 54, No. 2, 2014, p. 110.

际难民机制的建立奠定了根基。

一 "南森护照"与俄国难民

　　大规模甚至影响波及整个国家的难民危机在 20 世纪初开始出现。这一时期频繁爆发的地区冲突和战争以及现代民族国家的建立、巩固和扩张导致大批人口由于语言、种族、宗教、居住区域与主体民族不同而被驱逐出原先居住的地方，沦为难民。这一时期，大约 200 万波兰人和 100 万德国人不得不从其先前居住的俄国和奥匈帝国逃回至波兰和德国。[1] 奥斯曼土耳其的瓦解及土耳其共和国的建立及 1914—1919 年对亚美尼亚人的大屠杀造成 50 万—100 万亚美尼亚人死亡，大批亚美尼亚难民被迫逃亡至亚美苏维埃共和国、叙利亚以及欧洲和中东其他国家。[2] 1919—1922 年的希土战争则造成 100 多万希腊和亚美尼亚难民。

　　同时，欧洲现代史上最大规模的难民危机——俄国难民危机也在这一时期爆发。这一难民危机的爆发是多种因素共同作用的结果，包括沙皇俄国的崩溃、俄国内战、俄波战争以及 1921 年俄国大饥荒的爆发。有 100 万—200 万来自俄国的难民逃亡至德国、法国、中国及北美。[3] 同时，苏维埃政府取消了大批人口的身份证件，从俄国逃亡的难民缺乏必要的身份证件和护照，既面临接收国出于种族和国家安全的考虑拒绝提供入境许可的困难，又无法回到苏维埃俄国，因此无限期地在欧洲大陆逃亡。如此大批的俄国难民因此造成欧洲范围内的国家争端，任何国家均无力独自应对俄国难民潮。到 1921 年，自愿性地援助俄国难民的机构也开始无力应对。俄国难民所能依靠的援助主要来源于红十字国际委员会。[4]

---

　　[1] Claudena M. Skran, *Refugees in Inter-War Europe*：*The Emergence of a Regime*, Oxford：Clarendon Press, 1995, pp. 31 – 32.

　　[2] Leo Kuper, *Genocide*：*Its Political Uses in the Twentieth Century*, New Haven：Yale University Press, 1981, pp. 101 – 119.

　　[3] 这些难民大部分是俄国人，也包括参加俄国内战的白俄罗斯军人、逃离新独立的波兰和波罗的海国家的俄罗斯人以及俄国犹太人。Michael R. Marrus, *The Unwanted*：*European Refugees in the Twentieth Century*, New York and Oxford：Oxford University Press, 1985, pp. 53 – 55.

　　[4] Gil Loescher, *The UNHCR and World Politics*：*A Perilous Path*, Oxford：Oxford University Press, 2001, p. 24.

在这种情况下，国联于 1920 年委任挪威探险家弗里乔夫·南森（Fridtjof Nansen）负责遣返俄国难民的谈判。南森一年后被任命为历史上第一位难民高级专员，专门负责处理俄国难民问题。然而，南森领导的专事俄国难民问题的机制仅仅是临时性难民机制，缺乏充足稳定的资金援助，主要依靠特定国家及自愿性机构的捐助。国际社会此时尚未意识到设立永久性难民机构的必要性。尽管如此，南森的任命被认为是国际社会历史上第一次对难民问题的国际责任的承认。[①]

南森对俄国难民最大的帮助来自"南森护照"（Nansen passports）的设立。通过与 51 个国家政府的外交谈判，南森成功说服这些政府成立为无国籍的俄国难民提供有利于其出行的南森护照体系。俄国难民可以凭借"南森护照"在欧洲范围内从无法获得永居居留或被恶意对待的地区继续逃亡至更加友好的地区寻求庇护。此后，在南森的领导下，保加利亚、希腊、土耳其等政府之间还就人口交换达成协议，并将当时处于雏形的国际难民机制扩展到难民安置、难民就业、难民转移和难民经济援助等更广泛的方面。[②] 在难民问题上，南森还认为难民劳工能缓解欧洲的经济疲软。因此，国际劳工组织专门设立了难民部，以便为难民在欧洲国家寻求工作机会。[③]

同时，在南森工作的基础上，国际社会在国际法方面也开始为难民提供稳定和安全的法律地位而努力。这一时期出台了《关于确定俄国难民身份证件问题的协议》《确定亚美尼亚难民身份证件问题的计划》《关于向俄国和亚美尼亚难民颁发身份证件的协议》《关于俄国和亚美尼亚难民法律地位议定书》《关于将俄国和亚美尼亚难民享有的特定便利措施扩展到其他种类难民的协议》《关于国际联盟难民事务高级专员代表作用的协议》《关于确定来自萨尔难民地位的临时协议》《关于来自德国难民地位的临时协议》《关于对 1936 年 7 月 4 日和 1938 年 2 月 10 日在

---

① Gil Loescher, *The UNHCR and World Politics: A Perilous Path*, Oxford: Oxford University Press, 2001, p. 25.

② Claudena M. Skran, *Refugees in Inter-War Europe: The Emergence of a Regime*, Oxford: Clarendon Press, 1995, pp. 121 – 126.

③ Claudena M. Skran, *Refugees in Inter-War Europe: The Emergence of a Regime*, Oxford: Clarendon Press, 1995, pp. 121 – 126.

日内瓦分别签订的关于来自德国的难民地位的临时协议和公约的附加议定书》等多份国际法律条款。1933 年和 1938 年还出台了分别针对俄国、亚美尼亚和德国难民的公约。

南森 1930 年逝世，虽然他为俄国难民的救助提供了多方面的援助，但是由于俄国难民所牵涉的政治问题以及南森所领导的难民救助工作的局限性，俄国难民尽管获得了行动空间上的便利，却依然受到欧洲各国入境方面的限制。① 具体而言，南森对难民的救助极大程度上依赖于捐助国政府的资金援助，捐助国政府是否愿意提供援助则取决于援助俄国难民是否符合其国家利益。此时，援助俄国难民的英法两国出于对其在俄国内战中所支持的白俄罗斯军人的同情，愿意给予援助。而对俄国来说，奉行孤立俄国政策的国联及其难民高级专员对俄国难民尤其是白俄罗斯难民的援助是不能接受的。因此，南森及其早期的难民援助工作从一开始就被政治裹挟。②

二　政府间难民委员会与德国犹太难民

20 世纪 30 年代随着法西斯主义在欧洲的蔓延，大批难民从德国、意大利、葡萄牙和西班牙的法西斯政府逃亡。其中，意大利、西班牙、葡萄牙难民基本在周边国家寻求到庇护。这一时期，逃离意大利墨索里尼政府的大约一万名难民在法国得到庇护，40 万逃离弗朗哥法西斯政府的难民同样得到法国的庇护。然而，纳粹德国统治下被驱逐的犹太难民则难以找到庇护国。③

1933 年希特勒在德国上台执政，两年后通过《纽伦堡法案》（*Nuremberg Laws*），随后 1938 年实施针对犹太人的"水晶之夜"（Kristallnacht）大屠杀。同时，德国纳粹将波兰裔犹太人驱赶至边境，并在吞并波兰后驱赶在纳粹占领区的犹太人。1940 年，德国纳粹开始将德国境内的犹太人驱

---

①　Gil Loescher, *The UNHCR and World Politics: A Perilous Path*, Oxford: Oxford University Press, 2001, p. 26.

②　Gil Loescher, *The UNHCR and World Politics: A Perilous Path*, Oxford: Oxford University Press, 2001, p. 26.

③　Gil Loescher, *The UNHCR and World Politics: A Perilous Path*, Oxford: Oxford University Press, 2001, pp. 28 – 29.

赶至波兰，并于 1941 年 10 月实行"最终解决方案"，试图消灭犹太人。[①]
20 世纪 30 年代早期，犹太难民尚能暂时逃离至毗邻德国的国家，或在
巴勒斯坦及美国寻求长久庇护。[②] 而 20 世纪 30 年代后期的犹太难民则难
以找寻到愿意暂时给予他们庇护的国家。

　　这主要因为：（1）致力于难民保护的国联以及难民高级专员均无力应
对大规模的难民救助；（2）国际社会缺乏对救助难民的国际共识；（3）这
一时期，主要接收难民的西方国家普遍经济萧条，同时普遍认为接收难民
会加重本国的失业率，且无法从接收难民中获取政治利益；（4）由于纳粹
主义的盛行，西方主要大国在与德国对抗上均持保守态度，接收大规模犹
太难民意味着与纳粹德国产生冲突。同时，初期接受犹太难民可能导致更
多犹太难民的涌入。因此，各国均不愿接纳犹太难民。[③]

　　在此情况下，国联在南森去世后先后创建了"南森国际难民办公
室"和"德国难民高级专员"两个机构。为了不引起纳粹德国的反对，
"德国难民高级专员"的工作受到了严格的限制。其一，其工作不能涉
及难民的成因及相关政治问题，而仅仅局限于为犹太难民寻求安置、迁
移、工作和旅行证件保障。其二，由于当时德国仍是国联成员国，因此
德国难民高级专员的设置只能置于国联的正式组织架构之外，且无法获
取国联的行政资助。仅当 1938 年纳粹德国退出国联之后，德国难民高级
专员才恢复至国联正式组织架构之中。[④]

　　此时任命的德国难民高级专员詹姆斯·G. 麦当劳在如此限制之下无
奈选择辞职。[⑤] 1938 年，德国退出国联后，"国际南森办公室"与"德国

---

① Gil Loescher, *The UNHCR and World Politics：A Perilous Path*, Oxford：Oxford University Press, 2001, pp. 28 – 29.

② Gil Loescher, *The UNHCR and World Politics：A Perilous Path*, Oxford：Oxford University Press, 2001, pp. 28 – 29.

③ Gil Loescher, *The UNHCR and World Politics：A Perilous Path*, Oxford：Oxford University Press, 2001, pp. 29 – 30.

④ Gil Loescher, *The UNHCR and World Politics：A Perilous Path*, Oxford：Oxford University Press, 2001, p. 31.

⑤ 在麦当劳的辞职信中，他认为国联和私人组织仅仅起到缓解难民危机的作用。在当时
的经济状况下，欧洲及其他国家吸纳难民的能力有限，如果要避免灾难发生，只能从难民发生
的源头解决。参见 Gervase Coles，"Approaches to the Refugee Problem Today", in Gil Loescher and
Laila Monahan, eds., *Refugees and International Relations*, Oxford：Oxford University Press, 1989,
pp. 409 – 410。

难民高级专员"合并为"第四难民高级专员",赫伯特·爱默生（Herbert Emerson）任高级专员。但是，爱默生面对的机构限制甚至比麦当劳时期更加严峻。他不仅无法以国联的名义作出任何法律承诺，国联也没有责任为其提供法律或财政上的支持。因此，他所领导的难民救护既无法为犹太难民提供法律援助，也无法提供物质援助，对难民的救助沦为空头承诺。①这种空头承诺在 1938 年由美国政府号召召开的"依云会议"上同样表露无遗。②

"依云会议"虽然没有对救助犹太难民达成实质性协议，却设立了国联之外又一从事德国犹太难民的国际机构——政府间难民委员会（Intergovernmental Committee on Refugees）。这一机构与"第四难民高级专员"共同运行，甚至共享基本设施，直至 1946 年共同解散。然而，由于当时各国政府在对待难民问题上的消极态度，政府间难民委员会依然难以在保护犹太难民上取得实质性进展。其主要目标——促使德国政府允许犹太难民携带财产安全出境——亦无法实现。③各国政府不愿对犹太难民敞开大门的态度进一步纵容了纳粹德国的犹太政策，加深了对犹太难民的迫害。因此，政府间委员会在保护犹太难民上是无能为力的。

因此，可以看出，20 世纪 20—30 年代的早期国际难民机构存在几点特征：（1）工作范围局限于特定难民群体，其中主要是来自俄国和德国的难民；（2）工作职能非常有限，局限于为难民取得在迁移方面的协商谈判；（3）受到深刻的政治羁绊，难民救助的人道主义特性被政治裹挟；（4）工作成效低微，绝大多数难民机构无法进行实质性难民援助工

---

① Gil Loescher, *The UNHCR and World Politics：A Perilous Path*, Oxford：Oxford University Press, 2001, p. 32.

② 迫于犹太群体和志愿性组织的压力，美国总统富兰克林·罗斯福号召在法国依云召开"依云会议"，试图为逃离德国和奥地利的犹太难民寻求再安置，然而与会各国由于担心犹太难民对其可能造成的经济、社会负担以及种族和宗教问题，未能就难民安置达成一致意见。参见 Guy Goodwin-Gill, "Different Types of Migration Movements as an International and National Problem", in Goran Rystad, ed., *The Uprooted：Forced Migration as an International Problem in the Post-War Era*, Lund：Lund University Press, 1990, pp. 15 – 45。

③ Gil Loescher, *The UNHCR and World Politics：A Perilous Path*, Oxford：Oxford University Press, 2001, p. 33.

作。然而，这一时期难民机构的工作也取得了一个大的观念性突破：通过约 20 年的努力逐渐使国际社会认可难民是人权侵害的受害者，理应得到国际社会的关注。[1]

三　联合国善后救济总署与战后难民

第二次世界大战的爆发以及战后政治版图的重新划分产生了当时人类历史上最大规模的人口迁移运动。[2] 这些流离失所的人口不仅包括 2000 万到 3000 万在"二战"中失去家园被迫流离的人，还包括大约 950 万战后返回德国的人和 400 多万赶在苏联和同盟国军队到来之前逃亡的战争逃犯。[3] 同时，在东欧，约 1200 多万德国人从中东欧国家逃往英国、法国、美国的军事占领区。[4] 成功躲避纳粹大屠杀而幸存下来的约 6 万犹太难民以及希腊内战和南欧、东欧战后地区冲突产生的新难民也加入这股规模巨大的难民潮。在这种情况下，众多的志愿性难民组织开始涌现。

为了给因"二战"而流亡的人口提供紧急援助，西方主要大国在 1943 年 11 月建立了联合国善后救济总署（United Nations Relief and Reha-bilitation Administration）。[5] 然而，这一机构并非专事难民援助的机构，其救助对象包括所有因为第二次世界大战而流离失所的人口，而非局限于逃离政治迫害的难民。[6] 与现行国际难民机制相比，联合国善后救济总署的工作范围依然相对狭窄。与之前的早期国际难民机构不同的是，

---

[1]　Gil Loescher, *The UNHCR and World Politics: A Perilous Path*, Oxford: Oxford University Press, 2001, p. 34.

[2]　J. P. Clark Carey, "Displaced Populations in Europe in 1944 with Partial Reference to Germany", Department of State Bulletin 12/300, March 25, 1945.

[3]　J. P. Clark Carey, "Displaced Populations in Europe in 1944 with Partial Reference to Germany", Department of State Bulletin 12/300, March 25, 1945.

[4]　Jacques Vernant, *The Refugee in the Post-War World*, New Haven: Yale University Press, 1953, pp. 94 – 95.

[5]　George Woodbridge, *The History of UNRRA*, New York: Columbia University Press, 1950; Kim Salomon, *Refugees in the Cold War: Toward a New International Refugee Regime in the Early Postwar Era*, Lund: Lund University Press, 1991.

[6]　Gil Loescher, *The UNHCR and World Politics: A Perilous Path*, Oxford: Oxford University Press, 2001, p. 35.

联合国善后救济总署得到了其44个成员国充足的资金援助，从1943年11月建立至1947年6月解散的三年多内，其经费达到360万美元，在全球范围内雇员达到27000多人。[①] 其主要工作内容包括：

第一，它无权负责流离失所人口的第三国安置或就地融合，而仅仅局限于为同盟国平民以及同盟国军队解放地区的其他国家的国内流离失所者提供物质援助。此外，它还涉及农业和工业的复原以及基本的社会架构复原，包括公共健康、公共教育以及其他社会服务方面。[②]

第二，它的另一主要工作在于遣返被战争或战后冲突打乱的流离失所人口。此时，与后期难民署所面临的遣返困境不同，联合国善后救济总署认为遣返回来源国理应是流离失所者所渴望的，尚未考虑到难民是否愿意遣返。[③] 因此，战后仅仅五个月内，欧洲范围内四分之三的流离失所者在联合国善后救济总署和同盟国军队的协助下返回来源国。例外是那些无法立即返回来源国的流离失所者，包括国土被苏联吞并的波罗的海人、波兰人、乌克兰人和犹太人。[④]

然而，战后西方国家和苏联的关系快速恶化。西方国家开始越来越不愿将苏联难民遣返。因此，到1946年年底，联合国善后救济总署基本停止了其遣返行动，[⑤] 大约100万难民滞留在难民营中。在东西方对峙的背景下，苏联认为西方国家违反了雅尔塔会议的承诺，教唆其难民拒绝返回苏联。因此，西方国家和苏联在难民遣返问题上进行了艰难的谈判，[⑥] 其中包括是否要为拒绝遣返的难民提供援助的问题。苏联等东方

---

① Gil Loescher, *The UNHCR and World Politics: A Perilous Path*, Oxford: Oxford University Press, 2001, p. 35.

② Gil Loescher, *The UNHCR and World Politics: A Perilous Path*, Oxford: Oxford University Press, 2001, p. 35.

③ Gil Loescher, *The UNHCR and World Politics: A Perilous Path*, Oxford: Oxford University Press, 2001, p. 36.

④ Gil Loescher, *The UNHCR and World Politics: A Perilous Path*, Oxford: Oxford University Press, 2001, p. 36.

⑤ Mark Elliott, *Pawns of Yalta: Soviet Refugees and America's Role in Their Repatriation*, Urbana: University of Illinois Press, 1982, pp. 102 – 132.

⑥ Edith Penrose, "Negotiating on Refugees and Displaced Persons, 1946," in Raymond Dennet and Joseph Johnson, eds., *Negotiating with the Russians*, Boston: Little Brown, 1951, pp. 144 – 147.

国家认为联合国善后救济总署只应该给遣返的难民提供援助，而西方国家则认为不论难民是否遣返，都应该给予其援助。最后，双方达成协议，将援助的提供时间限定在 6 个月之内，不论其是否愿意遣返，同时承诺善后救济总署会做出准备，将难民最终遣返回苏联。[①]

联合国善后救济总署的这种行为却让美国无法接受。美国认为其在遣返问题上对苏联的妥协以及其在东方阵营国家进行的复原项目都帮助苏联加强了其对东欧国家的控制。因此，1947 年，美国拒绝为联合国善后救济总署继续提供援助，致使这一机构最终解散。[②]

四　国际难民组织与东西方对峙

在美国的一手操办下，国际难民组织建立起来，取代了联合国善后救济总署的位置。然而，这一举措得到了苏联为首的东方阵营的反对。东方阵营认为联合国善后救济总署支持难民遣返的政策以及对东欧国家的援助都有利于其国家利益，而美国一手建立的国际难民组织则是西方阵营对抗东方国家的工具。

两大阵营在国际难民组织的工作范围、领导架构以及筹资等基本问题上发生分歧。西方阵营认为国际难民组织的工作范围可以涵盖那些由于有根据的基于种族、宗教、国籍或政治见解而被迫害，以及那些由于被国际难民组织认可的政治原因而拒绝遣返的人。[③] 而东方阵营则认为西方阵营的这一做法是在制造反共产主义的阵营，难民被利用为强制性劳工或雇佣兵。苏联甚至认为西方国家利用国际难民组织从难民中招募针对苏联的间谍及情报专家。因此，苏联及其盟国拒绝为国际难民组织提供任何支持。[④]

在苏联的反对下，美国成为国际难民组织的一把手。美国不仅为其

---

① John Stoessinger, *The Refugee and the World Community*, Minneapolis：University of Minnesota Press，1956，pp. 41 - 42.

② 美国对联合国善后救济总署的资金援助达到该机构运转资金的 70%。Dean Acheson, *Present at the Creation*, New York：Norton，1966，p. 201。

③ IRO，Annex to the Constitution of the International Refugee Organization，Pt. 1, Sec. C, Pt. 1 (a)，December 15，1946.

④ Malcolm J. Proudfoot, *European Refugees*, 1939 - 1952：*A Study in Forced Population Movement*, London：Faber and Faber，1957，p. 401.

提供三分之二的财政支持，控制了其领导阶层，而且将国际难民组织救助难民的行动与意识形态竞争紧密相连。最初，国际难民组织尚要求难民提供其拒绝返回苏联的基于种族、宗教或政治迫害的正当理由，后来随着1948年捷克斯洛伐克共产主义政变后难民的流出，国际难民组织逐渐放宽要求，将其所援助的难民从因为第二次世界大战造成的难民扩展到包括那些逃离东欧共产主义政权的人。①

同时，出于东西方意识形态竞争的考虑，国际难民组织改变了联合国善后救济总署重视遣返的做法，将主要精力放在难民重新安置上。截至1949年，西方国家控制下的区域不再允许遣返东欧难民。②自1946年4月成立至1951年年末，仅仅有5万多难民被遣返回中欧、东欧。同时在这一时间段内，为了弥补西欧国家在接纳难民重新安置上的不足，美国、加拿大、澳大利亚、新西兰、南美以及一些中东国家也开始接纳重新安置的难民。其中，美国接纳了31.7%的重新安置难民，澳大利亚为17.5%，以色列和加拿大也分别接收了约12%的重新安置难民。③仅美国一国就在1949—1954年接纳了约40万重新安置的难民。如此大规模的难民得以重新安置首先得益于东西方冷战的意识形态之争。同时，欧洲战后劳动力的短缺也使得欧洲各国对接纳年轻低端劳动力持欢迎态度。④

然而，尽管国际难民组织在重新安置难民上取得了很大的成就，但是随着冷战的加剧，特别是一系列加剧东西方阵营对峙事件的爆发，如共产主义在捷克斯洛伐克的胜利、苏联第一颗原子弹的成功爆炸、柏林墙的修筑、中国红色革命的胜利、朝鲜战争的爆发、马歇尔计划的出台、北约和华约的相继建立等事件，难民问题并没有因为国际难

① Gil Loescher, *The UNHCR and World Politics：A Perilous Path*, Oxford：Oxford University Press, 2001, p. 39.

② Gil Loescher, *The UNHCR and World Politics：A Perilous Path*, Oxford：Oxford University Press, 2001, p. 39.

③ Gil Loescher, *The UNHCR and World Politics：A Perilous Path*, Oxford：Oxford University Press, 2001, p. 40.

④ 相比之下，专业人才和老弱病残的难民群体则不受欧洲各国的欢迎，这批所谓的"硬核"（hard core）难民直到1947年国际难民组织解体尚未得到重新安置。参见 Gil Loescher, *The UNHCR and World Politics：A Perilous Path*, Oxford：Oxford University Press, 2001, p. 40。

民组织的工作而得到彻底解决，反而越来越呈现出持久化的态势。大批难民依然在中欧、西欧、中国、土耳其、西班牙、葡萄牙和中东的难民营中滞留。①

同时，鉴于难民数量不减反增和随之而来的越来越重的难民重新安置的压力以及难民重新安置花销的增长，② 美国开始改变其极力支持难民安置的政策，转而寻求资助难民接收国直接解决难民问题，而非重新安置难民。因此，从 1950 年开始，美国开始改变其难民政策以及对待国际难民组织的态度，国际性的难民救护行动不再被支持，取而代之的是单边的难民救助活动。同时，不利于美国外交目标实现的国际难民机构无法得到美国的资金援助。

美国政府 1950 年出版的关于难民政策的文件清晰地阐明了其逐渐改变的政策：

> 西欧各国政府自 1945 年以来就习惯了在其领土之上存在的贫困的难民，且在国际资金的支持下救护难民。然而，现在却不愿终止国际难民组织而恢复对这些人的单边救护，同时认为他们应该被继续给予国际援助资金支持。而美国政府则持相反观点：救护难民中的贫困人口的重担不应该如此严重地落在某一个国家上，以证明国际援助资金的合法性。（美国）国会已经清楚表明自此之后不会建议划拨年度款项以实现美国在这一国际援助资金中的贡献。③

与此同时，难民危机开始在印度次大陆、朝鲜半岛、中国、巴勒斯坦等全球范围内爆发，且呈现出持久化的态势。在这种情况下，联合国

---

① Gil Loescher, *The UNHCR and World Politics: A Perilous Path*, Oxford: Oxford University Press, 2001, p.41.

② 国际难民组织的运转资金高达约 4.3 亿美元。这一数字是当时除国际难民组织之外的其他联合国机构预算总和的三倍。美国和英国同时还担心对国际难民组织的依赖将使对难民的第三国重新安置长久化、机制化，给其自身带来重新安置的更大压力。参见 John Stoessinger, *The Refugee and the World Community*, Minneapolis: University of Minnesota Press, 1956, p.145。

③ US State Department, *Refugees and Stateless Persons*, *Foreign Relations of the United States*, Washington, D.C.: US Government Publishing Office, 1950, pp.539 – 540.

大会第三委员会、联合国经济及社会理事会内部开始讨论建立新的联合国机构以取代国际难民组织。1949 年 12 月 3 日，联合国大会通过第 319A（Ⅳ）号决议，决定于 1951 年 1 月 1 日建立联合国难民署。在经过二三十年的难民保护国际实践后，此时的国际社会一致同意应该加强对难民的法律保护，尤其是难民返回来源国的权利、重新安置的权利、不被强制遣返的权利。然而，由于各国政府意见不一，在难民署的存在时间、职责范围和难民的定义等方面仅仅达成了妥协性的意见。最终，难民署被设定为仅存在三年，且仅为救助 1951 年 1 月 1 日以前由于在欧洲范围内发生的事情而沦为难民的人。

总结而言，难民署建立之前的国际难民机构开创了国际社会为难民的国际保护而努力的系统性尝试。自南森担任第一任难民高级专员和为保护俄国难民而出台的"南森护照"，至 20 世纪 30 年代为保护犹太难民而建立的政府间难民委员会和 40 年代为保护纳粹德国迫害的犹太难民以及受美国一手操控的国际难民组织，国际难民保护逐步扩大保护范围和行动，为大批流离失所的人口提供了基本保障。其中尤为重要的是：第一，国际社会开始逐渐树立起难民是人权受到侵害的受害者，理应受到国际保护的意识和规范。第二，早期的难民保护法律文件和机构建设为此后世界范围的难民保护机制的建立铺垫了根基。

然而，这些早期实践同样存在明显的不足，主要包括：第一，难民保护的范围仍然局限于欧洲范围之内，在地域上尚未形成全球格局。第二，受到东西方意识形态竞争的操控，尤其在美苏争霸时期，难民被当作羞辱对方的棋子，难民保护的公平性和正义性存在争议。第三，此时设立的难民机构为临时性机构，无法保证难民的长久保护，尤其对长期滞留接收国且无法返回来源国的难民保护尚未建立起长久保障。这些不足在难民署建立早期仍然未得到解决。

第二节　难民署的建立和发展

20 世纪 50 年代中期，现行国际难民机制得以建立，包括核心机构难民署的建立以及核心国际难民法——1951 年《关于难民地位的公约》的通过。虽然难民署在建立之初仅被赋予三年存在时间和有限的使命范围，然而在其早期高级专员的带领下，难民署得以从与其他国际难民组织的竞争中脱颖而出并逐步赢得了联合国和美国等主要捐助国的信任，扩大了其使命范围和工作内容，成为世界上专事难民援助的联合国机构，并享有国际难民法监督者的角色。因此，难民署自20世纪50年代成立至今的发展过程就是一个"持续变化和适应"的过程。[①] 本节将梳理难民署自成立至今的重要发展节点和难民救助实践，以更好地理解其在难民救助政策上的变化，尤其是其难民遣返行为的变化。

一　处处受限的初期发展（20世纪50年代）

难民署自建立伊始便是各种政治妥协和牵制的结果。因此，最初的难民署受到资金、工作范围、法律权威等方面的限制。不仅苏联及其盟国拒绝参加成立难民署的国际协商，西方阵营国家内部对难民署的态度同样产生了分歧。此时，美国在经过联合国善后救济总署和国际难民组织之后意识到难民救助的昂贵花费以及重新安置难民的压力，因此主张限制难民署的职权范围和运转资金，并将难民署设立为仅为难民提供法律援助而不涉及难民物质援助的临时性机构。[②]

而其他欧洲国家则出于自己国家利益的考量，主张不同的观点：接收了大量东欧难民的法国、比利时、荷兰和卢森堡等国反对美国的观点，主张对难民署进行大规模资金援助，以缓解其接收难民的压力。同样接收大量难民的德国、意大利和奥地利由于是"二战"战败国而在联合国内部缺少话语权。英国等由于地理限制因素而不面临难民压力的国家则主张将难民的援助限制在接收国内。其他非欧洲国家，尤其是面临大规模难民危机的印度和巴基斯坦则主张建立长久性、具有强大行动力的难民署，且可以自愿性为基础筹集资金。[③]

---

① Antonio Guterres, "Foreword", in Alexander Betts et al. , *UNHCR：The Politics and Practice of Refugee Protection*, New York：Routledge, 2012, p. xx.

② Gil Loescher, *The UNHCR and World Politics：A Perilous Path*, Oxford：Oxford University Press, 2001, p. 43.

③ Gil Loescher, *The UNHCR and World Politics：A Perilous Path*, Oxford：Oxford University Press, 2001, p. 43.

　　争论的结果是美国及其支持者英国的意见占了上风，早期的难民署因此是一个各方面均受到极大限制的难民机构。这些限制主要体现在：第一，其存在时间被限定为三年。第二，运转资金和工作人员匮乏。第一任难民署高级专员荷兰籍的杰瑞特·戈德哈特（Gerrit Jan van Heuven Goedhart）1951 年赴任时，难民署是一个仅仅有"三间空房间、一个秘书，一切从零开始"的机构，[1] 其最初运转的年度资金仅为 30 万美元。[2]第三，美国的敌视。在难民署建立初期，美国曾尝试安排受其操控的国际难民组织总管——美国人唐纳德·金斯利（Donald Kingsley）出任难民署高级专员，却未能如愿以偿。[3] 美国意识到难民署很难成为像国际难民组织一样完全为美国的外交政策服务的难民机构，因此不仅拒绝为难民署提供资金援助，同时尽可能排挤戈德哈特的工作。第四，激烈的同行竞争。在难民署存在的最初几年内，美国为了弥补其无法完全操控难民署的遗憾，选择绕开难民署在联合国系统内建立难民署之外的难民援助机构和以美国政府为依托的单边难民援助机构。首先，受美国操控的国际难民组织在 1952 年解散前与难民署在难民救助上存在工作重叠，两者之间的竞争让难民署最初的工作受到排挤。[4] 其次，美国为了防止共产主义在巴勒斯坦和朝鲜半岛的蔓延，分别在联合国内部建立了单独的难民组织——联合国近东巴勒斯坦难民救济和工程处（UNRWA）和联合国韩国重建局（UNRKA）来专门从事这两处事关美国国家利益的难民

---

　　① UNHCR Archives, HCR/INF/21. Statement of the United Nations High Commissioner for Refugees at the Meeting of the Third Committee during General Assembly VIII, October 3, 1953, p. 3. 由于缺乏捐助国资助，难民署最初的运转资金仅仅依靠联合国大会划拨的有限运转经费和一小笔"紧急资金"，但是它却被指定为逾百万的难民提供援助，戈德哈特因此不得不卖掉当时"南森国际难民办公室"获得的诺贝尔和平奖的金条以筹措难民署最初的运转资金。在难民署成立的第一年年末，其工作人员不过 33 人，因此在 1951 年圣诞聚会上，办公室的所有工作人员都可以聚在一起唱圣诞颂歌，而高级专员戈德哈特则为大家弹奏钢琴。参见 Gil Loescher, The UNHCR and World Politics: A Perilous Path, Oxford: Oxford University Press, 2001, p. 50.

　　② 相比之下，受美国操控的国际难民组织的年度资助却高达 1.5 亿美元。

　　③ British Public Records Office, Foreign Office Files, FO 371/95942, June 28, 1951.

　　④ 国际难民组织的难民保护部职员由于与主管办公室在难民保护上意见相左，因此大部分跳槽到难民署工作，这也引起两个组织之间的敌视。国际难民组织拒绝向难民署交接其在德国的工作，因此难民署最初无法在德国开展有效的难民保护行动。参见 British Public Records Office, Foreign Office Files, FO 371/95935, March 8, 1951。

保护工作。[①] 最后，美国担心欧洲由于人口迁移导致人口过剩且进一步影响欧洲经济发展，给共产主义的蔓延提供可能，因此决定建立新的国际移民组织"政府间欧洲移民委员会"（Intergovernmental Committee for European Migration, ICEM）来取代国际难民组织，以把过剩的人口转移至技术人口缺乏的拉美、澳大利亚、加拿大等国家和地区。[②] 为了接纳逃离社会主义者，美国甚至还在 1952 年 4 月专门建立了"美国逃亡者项目"（United States Escapee Program, USEP），专门负责将这些逃亡者再次安置到美国。[③] 美国的单边行动极大地孤立了难民署，压缩了其行动空间。更重要的是，美国不愿对难民署进行资助，而将资金投给其单边机构。

在这种情况下，难民署只能通过极其有限的资源求生存。在戈德哈特的带领下，难民署在 20 世纪 50 年代重重限制中开始寻求自己的发展之路。第一，独立募集资金并成功践行柏林难民住房援助。1952 年 2 月 2 日，在难民署的极力争取下，联合国安理会通过决议，给予难民署 300 万美元援助资金，同时授权难民署向各国政府筹集活动资金。[④] 同年 7 月，难民署成功获得福特基金会 290 万美元的资金援助，用于西欧难民接收国的难民就地融合项目以及协调难民署与非政府组织的合作。[⑤] 福特基金的获取对难民署的发展起到了关键作用。一方面，在难民署存在的第一年中由于资金短缺，其工作范围仅限于为难民提供法律援助，而福特基金

① Edward H. Buehrig, *The United Nations and the Palestinian Refugees：A Study in Non-Territorial Administration*, Bloomington：Indiana University Press, 1971；David Forsythe, "UNRWA, the Palestinian Refugees, and World Politics", *International Organization*, Vol. 25, 1971, pp. 26 – 45；David Forsythe, "The Palestine Question：Dealing with a Long-Term Refugee Situation", *Annals of the American Academy of Political and Social Sciences*, Vol. 468, 1983, pp. 89 – 101；Howard Adelman, "Palestine Refugees, Economic Integration and Durable Solutions", in Anna Bramwell, ed., *Refugees in the Age of Total War*, London：Unwin-Hyman, 1988；Benny Morris, *The Birth of the Palestinian Refugee Problem：1047 – 1949*, Cambridge：Cambridge University Press, 1987.

② 这一组织最初名为"欧洲移民运动临时政府间委员会"（Provisional Intergovernmental Committee for the Movement of Migrants from Europe, PICME）。与难民署不同，这一组织属于联合国之外的国际组织，受美国的支持和操控。参见 Gil Loescher, *The UNHCR and World Politics：A Perilous Path*, Oxford：Oxford University Press, 2001, pp. 57 – 59。

③ Gil Loescher and John Scanlan, *Calculated Kindness：Refugees and America's Half-Open Door, 1945 to Present*, New York：The Free Press, 1986.

④ United Nations General Assembly Resolution 538B（VI）, 1952, para. 1.

⑤ Louise Holborn, *Refugees：A Problem of Our Time：The Work of the United Nations High Commissioner for Refugees, 1951 – 1972*, Metuchen：Scarecrow Press, 1975.

会的捐助却让难民署得以开辟新的工作领域——对难民进行实质性物质援助。这与其他国际难民组织着重难民的紧急援助和第三国重新安置明显不同，突出了难民署对难民的特殊保护。同时，难民署利用这笔资金委托非政府组织协助其工作，这也成为难民署与非政府组织合作模式的最初形式。另一方面，福特基金的获取向国际社会，尤其是西方大国展示了其行动力和存在的价值，提高了其保护难民的国际声誉。在获取福特基金会支持后的一年后，难民署再次获得近 800 万美元的其他援助。因此，当 1953 年早期，柏林因接收过多难民而导致难民住房危机爆发时，戈德哈特立即向 60 余个政府发送电报呼吁向柏林难民提供住房援助，并获得成功。①

第二，成功领导匈牙利难民援助，并以此赢得联合国和美国的认可。随后，世界范围内第一次大规模难民危机——1956 年 11 月匈牙利难民危机爆发。苏联军队入侵匈牙利导致约 20 万难民逃往邻国奥地利和捷克斯洛伐克。奥地利政府随即请求难民署代表其向国际社会求助。难民署迅速建立起包括政府间组织和非政府组织的协调小组，其在奥地利和捷克斯洛伐克的当地办公室也立即做出回应，管理和分配当地难民救助基金。在快速和良好的协调之下，难民署顺利获得联合国安理会授权成为应对匈牙利难民危机的"领导机构"。同时，为了突破 1951 年难民公约对难民在时间上的限制，新上任的难民署高级专员奥古斯特·林德特（Auguste Lindt）② 辩解道：匈牙利难民危机爆发的缘由可以追溯到 1951 年之前，因此符合难民署对难民的定义。难民署对此次难民危机的处置还突破了之前以个体为单位进行难民鉴定的限制，成功地让国际社会承认来自匈牙利的大批难民为紧急情况下的难民。③ 因此，在难民署的领导下，匈牙利难民接收国得到了及时的国际援助，难民也成功被重新安置到第三国或自愿遣返至匈牙利。匈牙利难民的成功救助使得难民署逐渐获得美国的认可，为美国后来成为其最大捐助国奠定了基础。

因此，总结难民署 20 世纪 50 年代的建立和发展可以看出，其建立之初面临存在时间短暂、资金匮乏、人员匮乏、大国仇视、同行竞争等

---

① UNHCR Archives, HCR/G/XV. L /13/6a, Geneva Chron.：27，February 3，1953.

② 戈德哈特于 1956 年猝然离世。

③ Alexander Betts et al.，*UNHCR：The Politics and Practice of Refugee Protection*，New York：Routledge，2012，p. 23.

各种限制性因素。但是在第一任、第二任难民高级专员的带领下，难民署在 20 世纪 50 年代末逐渐通过其主动性突破这些限制，逐渐在联合国和国际社会中树立起难民援助领域领导者的角色，从一个临时法律援助机构成功转型为同时提供法律和物质援助的机构。然而，截至 20 世纪 50 年代末，难民署的工作范围仍然仅局限于欧洲范围内，这一限制在 60 年代的发展中得到突破。

二　走进第三世界（20 世纪 60—70 年代）

20 世纪 60—70 年代见证了难民署从仅对欧洲范围内难民负责的临时性机构向全球范围扩展工作的过程。在这一阶段，难民署不仅延续了 50 年代争取其规约之外工作的主动性，更重要的是在实现全球化的基础上奠定了其在人道主义援助领域的中心角色。在这一过程中，反殖民的独立浪潮为难民署走向第三世界提供了可能，阿尔及利亚难民的救助是其向第三世界扩展的关键开端，1967 年《关于难民地位的议定书》为其全球化提供了法律支撑，富有进取心的难民高级专员则扮演了催化者的角色。

第一，广大亚非国家的反殖民独立运动为难民署扩展工作范围提供了客观条件。与 20 世纪 50 年代难民危机多爆发于欧洲范围不同，60 年代一系列反殖民运动以及独立后建设新的民族国家的浪潮将难民问题的重点转移到亚非地区。[1] 在此过程中，大量人口由于战乱和政府变换而逃往邻国，沦为难民。战争结束后，难民将面临返回来源国并重新融入来源国的挑战。这种世界范围政治形势的改变为难民署扩展其在欧洲之外的行动提供了可能性。同时，美苏之间的冷战进一步转移到新独立的亚非拉国家，双方均看到利用难民署的非政治人道主义特性来为其外交政策服务、拉拢新独立国家站在其阵营一侧的机会。因此，难民署得以利用美苏两方的政治博弈，争取双方为其在亚非拉地区的难民保护行动提供资金支持。[2] 难民署因此在得到主要大国资金和政治支持的情况下

---

[1]　Aristide Zolberg et al. , *Escape from Violence：Conflict and the Refugee Crises in the Developing World*, New York：Oxford University Press, 1989, p. 27.

[2]　US National Archives, Diplomatic Branch, 320. 42/8 – 1159, August 11, 1959；Cecilia Ruthstrom-Ruin, *Beyond Europe：The Globalization of Refugee Aid*, Lund：Lund University Press, 1993.

顺利扩展其工作范围。最后，新独立的亚非国家愿意或请求难民署帮助其解决逃亡难民援助和难民遣返问题。这主要是因为，新独立国家迫切渴望融入国际社会，得到国际社会的认可，塑造良好的国际形象，而难民署具有的法理型、道德和专业权威让其在难民问题上得以向新独立国家传播保护难民的国际规范。① 新独立国家和难民署在此阶段形成良好的合作关系。

第二，阿尔及利亚难民救助为难民署突破难民救助的地理界限提供了良好开端和先例。② 阿尔及利亚是接受难民署援助的第一个非西方国家，因此也标志着难民署的工作开始走向全球。③ 早在 20 世纪 50 年代中后期，阿尔及利亚就爆发了反对法国殖民的独立战争并导致 100 万穆斯林被杀，大批难民逃往邻国摩洛哥和突尼斯。刚刚脱离法国殖民统治的突尼斯于 1957 年 5 月请求难民署对其境内的 85000 多名难民进行援助。这是难民署第一次接到第三世界国家的请求。然而，阿尔及利亚难民的援助使难民署面临前所未有的政治挑战。

一方面，难民署规约和 1951 年公约中规定的难民仅限于欧洲范围内的难民，而阿尔及利亚难民则超越了这一限制。另一方面，如果将阿尔及利亚难民宣布为难民，则意味着法国是造成难民的迫害者。法国是联

---

① 其中，国际组织所具有的法理型权威指对非人格的法律义务、程序和规则的遵从，通常通过服务他者而获得；道德权威指国际组织因被创建以服务于超越主权国家之上的更广泛的群体利益而获取的权威；专业权威指国际组织的工作人员经过专门训练，在某一特定领域因其专业能力而获取的权威。参见吴昊昙《主要捐助国利益与国际组织行动空间：基于联合国难民署 20 世纪 90 年代难民保护行动的考察》，《国际政治研究》2019 年第 5 期；Andrew T. Guzman, "Doctor Frankenstein's International Organization", *Berkeley Program in Law and Economics*: *Working Paper Series*, 2012, pp. 1 – 48; Roger Smith and Brian Wynne, eds., *Expert Evidence*: *Interpreting Science in the Law*, New York: Routledge, 1989; Liisa Malkki, "Speechless Emissaries: Refugees, Humanitarianism, and Dehistoricization", *Cultural Anthropology*, Vol. 11, No. 3, 1996, pp. 377 – 404; Kevin Hartigan, "Matching Humanitarian Norms with Cold, Hard Interests: The Making of Refugee Policies in Mexico and Honduras, 1980 – 1989", *International Organization*, Vol. 46, No. 3, 1992, pp. 709 – 730; Barbara E. Harrell-Bond, "Repatriation: Under What Conditions Is It the Most Desirable Solution for Refugees?" *African Studies Review*, Vol. 32, No. 1, 1989, pp. 41 – 69。

② 这一时期，非洲难民的救助成为难民署的核心工作，因此，学界广泛认为阿尔及利亚难民救助是难民署走向全球的重要转折点。参见 Gil Loescher, *The UNHCR and World Politics*: *A Perilous Path*, Oxford: Oxford University Press, 2001, p. 97。

③ Gil Loescher, *The UNHCR and World Politics*: *A Perilous Path*, Oxford: Oxford University Press, 2001, p. 97.

合国五大常任理事国以及难民署执行委员会成员国之一，其在欧洲范围内接纳了大量难民，且一向支持对难民的国际援助。这一宣判无疑将对法国的国际声誉和影响力造成负面影响，进而影响其对难民署工作的支持。[①] 为了解决上述问题，难民署灵活应对。由于联合国大会的临时决议可以授权难民署对其规约之外的工作进行授权，因此难民署高级专员林特首先寻求并得到时任联合国秘书长达格·哈马舍尔德（Dag Hammarskjold）的同意，其次获得美国的支持，[②] 最后通过法国外交部部长的默许得以在突尼斯与红十字国际委员会（International Committee of the Red Cross）、红十字社会联盟（League of Red Cross Societies）一道对阿尔及利亚难民进行援助。[③]

1958 年 12 月，联合国大会通过允许难民署代表难民在突尼斯和摩洛哥开展工作的决议。[④] 一年后又通过决议允许难民署不用每次都寻求联合国大会的许可就可对新的难民群体进行援助。这意味着难民署不再需要使用"斡旋"的概念对每一个新的难民群体向联合国大会寻求许可，而从此可以自主决定哪些难民群体虽然超越欧洲范围但依然可以在"斡旋"的框架下得到难民署的援助。随后 20 世纪 60 年代初期，在继任难民署高级专员菲利克斯·施奈德（Felix Schnyder）的带领下，难民署与法国政府以及阿尔及利亚临时政府达成遣返难民的三方协议，并在 1962 年 5—7 月三个月内成功将大批难民从摩洛哥和突尼斯遣返回阿尔及利亚。[⑤] 之后，难民署还领导了难民遣返后融入来源国社会的重建工作。这对难民署未来的工作都产生了深远的示范效应。

第三，1967 年《关于难民地位的议定书》的通过为难民署走向全球

---

① Gil Loescher, *The UNHCR and World Politics：A Perilous Path*, Oxford：Oxford University Press, 2001, p. 97.

② 出于对苏联意识形态输出的担忧，美国早在 1956 年就对阿尔及利亚难民进行了双边援助。

③ 法国外交部长在看到难民署对突尼斯境内的阿尔及利亚难民境况的调查后认为难民需要国际援助，但要求难民署不要制造多余的麻烦（"don't make too much of a fuss"）。参见 Gil Loescher, *The UNHCR and World Politics：A Perilous Path*, Oxford：Oxford University Press, 2001, p. 100。

④ United Nations General Assembly Resolution 1286（XIII）, December 5, 1958.

⑤ Gil Loescher, *The UNHCR and World Politics：A Perilous Path*, Oxford：Oxford University Press, 2001, p. 107.

化提供了法律支撑。20 世纪六七十年代的世界政治聚焦点向大批新独立的发展中国家转移，难民危机的发生地也发生了相似的变化。在这种情况下，1951 年《关于难民地位的公约》对难民的定义已经不再适应新的政治形势。虽然难民署利用"斡旋"的概念多次获取联合国大会对其在欧洲范围外难民的救助工作进行授权，然而这仅仅是建议，而无法对各国政府产生法律效力。① 因此，时任难民署高级专员菲利克斯·斯奈德以及难民署执行委员会开始了争取修改 1951 年难民公约对难民界定的努力，并在下一任难民署高级专员萨德鲁丁·阿卡汗（Sadruddin Aga Khan）在任时得以实现。1967 年《关于难民的议定书》正式删除难民界定在地理和时间上的限制。从此，1951 年难民公约与难民署规约将难民的界定推向全球范围，并不受时间地域限制。难民署在广大非洲和亚洲新独立国家的难民救助工作将不再面临法律上的阻拦。

第四，富有进取心的难民高级专员在难民署走向全球化中发挥了催化作用。在世界政治和难民危机爆发地向广大亚非国家转移的背景下，难民署高级专员及执行委员会如果抓不住发展机会，保守地坚持其最初的工作范围将不会有难民署向全球扩展的后期发展。其中，20 世纪六七十年代的三位难民署高级专员以其灵敏的政治嗅觉、将难民署工作向全球化扩展的决心以及娴熟的外交技巧极大地促进了难民署向第三世界扩展。

早在奥古斯特·林德特面临是否要对阿尔及利亚难民危机做出响应时，他便坚定地认为他不想仅仅成为"欧洲难民的高级专员"，而认为难民署规约中的难民应该是普适性的，因此有必要对阿尔及利亚难民做出回应。② 这一援助行动开启了难民署走向第三世界最重要的一环。这一思想的转变在其继任者菲利克斯·施奈德任期中得到沿承。在施奈德上任当天举行的记者发布会上，他就坦言难民署的工作"应该将关注点向其他大洲（欧洲之外的大洲）转移"。③ 在他的带领下，难民署极大地

---

① Alexander Betts et al. , *UNHCR: The Politics and Practice of Refugee Protection*, New York: Routledge, 2012, p. 30.

② Pierre Coat, "Material Assistance: Some Policy Problems Reviewed in Light of Robert Chambers' Evaluation Reports", Geneva: UNHCR, 1977.

③ UNHCR Archives, Press Release, No. Ref. 638, Geneva, February 1, 1961.

扩展了其在非洲的工作，并开创了难民署将难民接收国的发展与难民援助相结合的工作方针。① 在施奈德之后继任难民署高级专员一职的萨德鲁丁·阿卡汗更是将难民署真正发展成为全球性的人道主义机构。他利用自身广泛的人脉资源和灵活的外交策略不仅将难民署的工作扩展至巴基斯坦、乌干达、苏丹、智利、阿根廷、中南半岛等地区，还逐渐在联合国中确立了难民署作为人道主义危机"焦点"机构的地位。②

在以上几点因素的共同影响下，难民署在 20 世纪六七十年代实现了快速扩张。其一，运转资金急速增加。1970 年至 1975 年，其年度项目支出从 830 万美元上升到近 7000 万美元。其特殊项目运转资金在 1966 年至 1975 年也实现了 30 倍的增长。③ 其二，难民署从纯粹的难民法律援助机构实现了向人道主义机构的转变。这一阶段难民重新安置再次成为难民署解决难民问题的重要方案之一。④ 难民署还从事了多次大规模难民遣返活动，如 1972 年东孟加拉地区难民遣返和 1973 年苏丹难民遣返。在这些基本工作的基础上，难民署被联合国大会请求对遣返难民的重新融合和再次安置进行援助。因此，在 20 世纪 70 年代的难民保护实践中，难民署基本形成了难民遣返加难民遣返后对难民来源国进行长期发展援助的综合援助体系。这一体系在后来难民署的发展中基本得到延承。

三　关注难民营援助（20 世纪 80 年代）

20 世纪 70 年代难民署快速发展，然而到了 80 年代，随着国际政治形势新的变化和其他国际人道主义组织的出现，难民署的发展受到阻碍。

---

① Alexander Betts et al. , *UNHCR：The Politics and Practice of Refugee Protection*，New York：Routledge，2012，p. 29.

② Gil Loescher, *The UNHCR and World Politics：A Perilous Path*，Oxford：Oxford University Press，2001，p. 157.

③ Alexander Betts et al. , *UNHCR：The Politics and Practice of Refugee Protection*，New York：Routledge，2012，p. 33.

④ 这与这一时期人权规范的兴起有很大关系。20 世纪 70 年代，乌干达、越南、阿根廷等多地爆发的军事政变以及政治压迫催生了国际社会对人权的关注。同时，美欧等西方国家对人权问题的关注上升，并将人权问题纳入其外交和国家安全政策之内。这种情况下，各国对难民重新安置的接受度有所提升。参见 Alexander Betts et al. , *UNHCR：The Politics and Practice of Refugee Protection*，New York：Routledge，2012，p. 33。

南北方国家对接待难民的意愿均有所降低，难民署的权威下降，由此造成各国政府为难民寻求永久解决方案的意愿降低，大量难民长时间滞留在难民营中依靠国际人道主义组织的援助维持生活。

第一，难民署的发展遇到的阻碍首先来自国际政治形势的变化以及各国政府随之而改变的难民政策。20 世纪 70 年代末 80 年代初，世界经济发展放缓，保守型政府纷纷上台，使得"二战"后对人权的强调不再合时宜，难民署对难民保护的呼吁不再得到各国积极的响应。与此同时，难民数量快速增长，给各国政府带来越来越大的压力。美苏争霸在世界范围内展开，各自支持其在当地的代理人发动内战，在中南半岛、阿富汗、中美洲、非洲之角和非洲南部造成大量难民。1977 年，世界范围内的难民数量为 300 万人，到 1982 年这一数字已经增长到 1000 万人，[1] 到 80 年代末，这一数字则达到 1700 多万人。[2] 不同于之前，这一时期还出现了大量"机会主义"难民，他们不是前一时期逃离西方所谓共产主义迫害的难民，而是自发前往或利用人口贩运机构逃往西方发达国家以追求更好的生活。不断增多的难民数量让西方国家不再对他们持欢迎态度。

一方面美国和西欧国家对待难民的态度发生转变。仅在 1980 年一年，美国就重新安置了 80 万难民和移民，此外还有不计其数的非法移民进入美国。如此大规模的难民重新安置在美国国内激起不满。[3] 在此情况下，美国开始对难民采取限制措施，并实施了在公海拦截难民、拘留庇护寻求者、拒绝对难民身份进行核查，以及驱逐难民出境等富有争议性的难民行动。[4] 同样在西欧，先前较为自由开放的政策在 20 世纪 80 年代演变为限制难民入境的政策。寻求庇护的人数急速上升，从 1976 年的

---

① Alexander Betts et al. , *UNHCR：The Politics and Practice of Refugee Protection*，New York：Routledge，2012，p. 38.

② Gil Loescher, *The UNHCR and World Politics：A Perilous Path*，Oxford：Oxford University Press，2001，p. 227.

③ 这些难民包括古巴人、海地人、萨尔瓦多人、危地马拉人、伊朗人、尼加拉瓜人、埃塞俄比亚人，等等。参见 Alexander Betts et al. , *UNHCR：The Politics and Practice of Refugee Protection*，New York：Routledge，2012，p. 35。

④ 此时在任的难民署高级专员保罗·哈特林（Poul Hartling）为了保障美国对难民署的资金援助，对美国极富争议的拦截难民行动进行公开支持，引起难民署内部的强烈不满。参见 Gil Loescher, *The UNHCR and World Politics：A Perilous Path*，Oxford：Oxford University Press，2001，p. 235。

2 万人上升为 1980 年的近 16 万人，[①] 到 1990 年，这一数字则达到了每年 45 万人。[②] 其中，大多数难民来自遭受内战和政治动乱的亚洲、非洲和中东。面对如此大规模的难民和移民，西欧国家认为最好的方法是防止这些难民和移民入境。因此，各国纷纷开始出台限制难民和移民入境的法律文件。[③]

另一方面，接收大量难民的发展中国家在 20 世纪 80 年代也开始对难民的入境持越来越消极的态度。此前，发展中国家在接纳因反殖民，争取独立的过程中产生的难民持欢迎态度，但是由于大量难民对接收国带来的政治、经济、安全、环境等方面的压力，加之 20 世纪 70 年代末期的经济危机和国际财政组织（International Financial Institutions，IFIs）对发展中国家经济结构调整和经济自由化的改革要求，众多欠发达的难民接收国开始将难民保护与其得到的国际援助和难民重新安置比例相关联，使难民保护越来越难。[④]

第二，难民署这一时期的发展还受到其他国际人道主义组织的竞争影响。这一时期，各国政府普遍收紧了难民入境和接收的政策，甚至出现公海拦截难民以及降低难民保护标准等行为，难民署对这些行为进行了督查和批评。然而，难民署的这一行为却招致各国政府的不满。他们指责难民署干涉其内政，并尝试将难民署排除出其难民政策的讨论中。在西欧，为了取代难民署的工作，"欧洲共同体的共同司法与内政事务"（European Community's Common Justice and Home Affairs）、"关于移民、庇护和难民问题的政府间协商"（Intergovernmental Consul-

---

① 这一时期西欧难民急速增加的主要原因包括：（1）波兰的政治和经济动乱；（2）德国与其他国家拒绝为寻求加入其国籍的劳工（主要是土耳其人）授予国籍，这些人因此寻求庇护；（3）由于第三世界安全形势的恶化，导致来自这些国家的留学生尝试延长其在西欧的居留期限。参见 Philip Rudge，"Fortress Europe"，in *World Refugee Survey*：1986 *in Review*，Washington，DC：US Committee for Refugees，1987，pp. 5 – 12。

② Jonas Widgren，"Europe and International Migration in the Future," in Gil Loescher and Laila Monahan，eds.，*Refugees and International Relations*，Oxford：Oxford University Press，1989，pp. 49 – 51.

③ Alexander Betts et al.，*UNHCR：The Politics and Practice of Refugee Protection*，New York：Routledge，2012，pp. 36 – 37.

④ James Milner，*Refugees，the State and the Politics of Asylum in Africa*，Basingstoke：Palgrave MacMillan，2009，pp. 18 – 38.

tations on Migration，Asylum and Refugees，IGC）等机构得以建立，并提供了难民署之外欧洲难民接收国讨论其难民政策的空间。同时，国际移民组织（International Organization for Migration，IOM）与难民署之间的竞争加剧。这三大组织对难民署的工作造成挤压。到 20 世纪 80 年代末期，难民署几乎被排除出欧洲庇护政策的讨论中，其在欧洲的权威和自主性达到新低点。①

除了政府间难民机构的竞争，20 世纪 80 年代还开始涌现出大量难民救助的非政府组织。与难民署等联合国机构相比，非政府组织受到的政治牵制较少，能够更灵活地应对难民援助。这些非政府组织与难民署一道争取相同或相似的捐助国政府捐助，因此进一步挤压难民署争取资金捐助的空间。这一趋势在后来难民署的发展中延续。受制于越来越激烈的竞争和捐助国逐渐收紧的难民政策，难民署对每位难民的平均援助额在 1980 年至 1989 年下降了一半以上。②

在这种政治形势的影响下，这一阶段难民的显著特点是长时间滞留在难民营中。一方面，传统的三大难民解决方案，即就地融合、重新安置和自愿遣返在这一阶段由于花费高昂，得不到西方发达国家的支持。将难民临时安置在远离接收国社会的难民营内是相对低廉且对接收国社会造成较小影响的举措。因此，大多数难民由于得不到长久性方案的安排而无限地居留在难民营内。另一方面，将难民安置在难民营中有利于难民署等人道主义组织对难民营中的难民进行物质援助和管理。难民集中在难民营中也便于向外界宣传难民的艰难处境以求得更多的援助。然而，难民被集中在难民营中也使得难民营内的军事化问题在这一阶段成为困扰国际社会的重要挑战，尤其是流亡政府和其他政治架构得以在难民营中维系并产生一系列外溢效应。③

与此同时，继任的难民署高级专员开始逐渐意识到西方国家缺乏长

---

① Alexander Betts et al.，*UNHCR：The Politics and Practice of Refugee Protection*，New York：Routledge，2012，p. 37.

② *World Refugee Survey*，Washington，D. C.：US Committee for Refugees，1989.

③ 这一阶段，在阿富汗、柬埔寨、中非、非洲之角、巴勒斯坦和南非的难民营中均爆发了不等程度的难民营军事化问题。参见 Alexander Betts et al.，*UNHCR：The Politics and Practice of Refugee Protection*，New York：Routledge，2012，p. 39。

久解决难民问题的意愿，就地融合和重新安置均难以推行。相比之下，只有自愿遣返相对可以使难民得到长久安排且可使难民免于难民营的临时性安排。因此，在 1986 年上任的难民署高级专员简－皮埃尔·胡可（Jean-Pierre Hocke）的带领下，难民署内部逐渐发展出认为自愿遣返是长久解决难民问题最佳方案的新思维，甚至在难民来源国国内情况并非理想的情况下。因此，在 20 世纪 80 年代末期，难民署积极推动了泰米尔人遣返回斯里兰卡和萨尔瓦多人遣返回萨尔瓦多。

20 世纪 80 年代末期，难民署已在全球范围内开展难民救助，其融合和发展项目预算和工作人员不断增加。如此庞大的开支使得遭受经济危机的西方国家不再愿意为其提供持续的大规模资金援助，难民署开始面临严重的财政危机。

四　"遣返的十年"（20 世纪 90 年代）

1990 年至 2000 年，难民署高级专员绪方贞子领导下的难民署从 80 年代的低谷中再次崛起，成为全球瞩目的人道主义机构。绪方贞子利用国际社会对地区和国际安全的关注以及难民在国际安全中的角色成功地吸引了国际社会对难民的关注。难民署得以扩大其工作范围至国内流离失所者、无国籍人和广义受战争影响的人，已全然从纯粹的联合国难民机构全面转向广义的人道主义机构。然而，这种工作范围和机构的扩张也带来了代价。这一时期，难民署对难民保护的强调进一步降低，难民仅成为其所关心人口中的一部分。难民署虽然得到了扩张，其核心使命却不断被削弱，其权威也因此受到损害。

难民署行为模式在 20 世纪 90 年代的转变首先起因于国际政治形势的改变。冷战中，难民被认为是东西方阵营争取意识形态胜利的棋子。然而，随着苏联的解体和冷战的结束，国际社会对难民的看法发生了转变。1992 年联合国安理会的发言曾指出"来自经济的、社会的、人道主义的和生态领域的非军事的不稳定因素已经成为国际和平和安全的威胁"。[①] 其

---

① UN Security Council, "Statement by the President of the Security Council," S/PRST/1992/5, January 31, 1992.

中，难民被认为是对国际安全造成威胁的主要不稳定因素。① 20 世纪 90 年代的十年时间内，难民问题也成为联合国安理会、北约和地区性国际组织讨论得越来越多的话题。②

与此同时，国际社会对他国内政的干涉产生了"新思维"。冷战期间，在他国内部对其国内流离失所者以及受战争影响的人口进行援助被广泛认为是侵犯他国主权，因此被联合国机构视为禁忌。然而，冷战后，国际社会认为对那些没有能力或不愿意为其境内的大规模流离失所人口提供保护的国家可以进行干预。特别是当其境内的难民被认为对其所在地区和国际社会的安全造成威胁时，国际社会有权根据联合国宪章第七章对其实施干预。③ 因此，在联合国安理会或西方大国的授权下，国际干预被用于伊拉克北部、索马里、前南斯拉夫、海地、非洲大湖地区、西非、巴尔干半岛以及东帝汶。④

在国际干预被广泛授权的情况下，各国政府，尤其是西方大国开始进一步收紧难民接收政策，并试图从源头上阻止难民流出来源国。与冷战时期西方国家推崇就地融合和重新安置相比，这一时期，主要西方大国提出通过"冲突解决""建和"和"维和"等概念，以在难民来源国内部解决难民问题。具体到难民政策上，则支持快速的难民遣返以及救助难民来源国国内流离失所者来阻止难民外流。同时，这一时期媒体的快速发展将难民的处境向世界范围广泛传播。西方发达国家作为人权、自由的宣扬者，背负着对难民进行救助的道义和舆论负担。⑤ 因此，西方大国开始寻求联合国机构以及非政府组织在难民进入其国境线之前进行援助。

---

① Adam Roberts, "Refugees and Military Intervention", in Alexander Betts and Gil Loescher, eds., *Refugees in International Relations*, New York: Oxford University Press, 2011, pp. 213 – 236; Anne Hammerstad, *The Rise and Decline of a Global Security Actor: UNHCR, Refugee Protection, and Security*, New York: Oxford University Press, 2014.

② Adam Roberts, "Humanitarian Action in War", Adelphi Paper 305, London: International Institute of Strategic Studies, 1996.

③ Alan Dowty and Gil Loescher, "Refugee Flows as Grounds for International Action", *International Security*, Vol. 21, No. 1, 1996, pp. 43 – 71.

④ Alexander Betts et al., *UNHCR: The Politics and Practice of Refugee Protection*, New York: Routledge, 2012, p. 56.

⑤ 吴昊昙：《主要捐助国利益与国际组织的行动空间——基于联合国难民署 20 世纪 90 年代难民保护行动的考察》，《国际政治研究》2019 年第 5 期。

在这种急剧变化的国际政治形势下，绪方贞子看到了使难民署进一步壮大、增强其影响力的机会。在绪方贞子的领导下，难民署开始从人权角度强调难民保护的重要性，转向指出从国际安全角度强调难民保护的必要性。因此，自1992年起，绪方贞子开始向国际和地区性组织汇报难民危机对国际安全可能造成的潜在影响。如她在1998年联合国安理会上就强调了科索沃境内的塞尔维亚族暴力及其引起的大规模流离失所人口给国际安全带来的严重消极影响。① 通过这种方式，绪方贞子及其领导下的难民署在20世纪90年代与各国政要建立了密切联系。在一方面利用这种关系为难民署的扩张和发展服务的同时，难民署也逐步改变了其行为模式，使其行动向西方大国的利益诉求倾斜，导致难民的国际保护进一步被削弱。②

具体而言，难民署主要通过两种方式使其在国际人道主义机构中的角色得到极大提升。第一，推动难民遣返。自绪方贞子1990年上任伊始，她就将难民的遣返作为难民署的主要工作目标。③ 据难民署估计，1991—1996年，全球范围内大约有900万难民被遣返回其原籍国。④ 绪方贞子因此将20世纪90年代称为"遣返的十年"。⑤ 这一时期的大规模难民遣返行动见表3-1。

为了推动难民遣返，难民署不惜牺牲自愿遣返所应遵循的自愿性原则，参与了强制性难民遣返，如1994年孟加拉国对其境内的罗兴亚难民的强制遣返以及1996年坦桑尼亚对其境内卢旺达难民的强制遣返。此时难民署甚至认为难民的法律权利和人道主义需求必须考虑受影响国家的国家利益。⑥

---

① Sadako Ogata, *The Turbulent Decade*: *Confronting the Refugee Crises in the 1990s*, New York: W. W. Norton, 2005, pp. 50 – 171.

② Gil Loescher, *The UNHCR and World Politics*: *A Perilous Path*, Oxford: Oxford University Press, 2001, pp. 324 – 326.

③ Gil Loescher, *The UNHCR and World Politics*: *A Perilous Path*, Oxford: Oxford University Press, 2001, pp. 280.

④ 相比之下，1985—1990年仅有120万左右难民被遣返。UNHCR, *The State of the World's Refugees*: *A Humanitarian Agenda*, Oxford: Oxford University Press, 1997, p. 143.

⑤ Sadako Ogata, *The Turbulent Decade*: *Confronting the Refugee Crises in the 1990s*, New York: W. W. Norton, 2005.

⑥ UNHCR, Note on International Protection, UN doc. A/AC. 96/799, 1992, paras. 38 and 39.

表 3 - 1   20 世纪 90 年代的大规模难民遣返

时间	遣返难民数量（人）	遣返目的国
1991 年	约 100 万	埃塞俄比亚、厄立特里亚
1992—1993 年	约 37 万	柬埔寨
1992—1996 年	约 170 万	莫桑比克
1992—1996 年	约 270 万	阿富汗

资料来源：作者自制。参见 Alexander Betts et al. ，*UNHCR：The Politics and Practice of Refugee Protection*，New York：Routledge，2012，p. 51。

　　难民署实现职能扩张的第二种方式是扩大其工作对象。其一，针对不断增加的难民遣返项目，难民署认为难民遣返回来源国后面临发展问题，如果不加以解决将造成新的难民潮。因此，难民署开始提出"回返者援助和发展"（returnee aid and development） 战略，即由难民署来为难民提供紧急援助，而回返难民的后期发展问题则由国际发展援助机构负责。然而，这一提议并未得到国际发展援助机构的支持，因为他们的援助对象并非局限于流离失所人口。因此，难民署不得不将其经费的一部分用于冲突后难民的再融合项目。这种对发展援助的涉足亦引起国际发展援助机构的不满。[1] 其二，难民署将其保护和援助对象扩展至无国籍人和国内流离失所者。苏联、南斯拉夫和捷克斯洛伐克解体造成大量人口失去前国籍，而又不被新成立的国家所承认。[2] 因此，难民署执行委员会以及联合国大会授权难民署为这些无国籍人提供援助。无国籍人在20 世纪 90 年代成为难民署的工作对象之一，难民署中专门从事无国籍人保护的官员数量在这一时期也明显增加。[3]

　　这一时期难民署涉足并扩展工作的另一新对象为国内流离失所者。由于国内冲突的增多，20 世纪 90 年代国内流离失所者呈现快速增长。

---

　　① Alexander Betts et al. ，*UNHCR：The Politics and Practice of Refugee Protection*，New York：Routledge，2012，p. 52.

　　② 例如此前居住在拉脱维亚和爱沙尼亚的俄罗斯族人在这两地脱离苏联独立后不被承认为公民而沦为无国籍人。

　　③ Alexander Betts et al. ，*UNHCR：The Politics and Practice of Refugee Protection*，New York：Routledge，2012，p. 53.

1982 年，世界范围内的国内流离失所者约有 120 万，这一数字到了 1992 年则迅速增加到 2400 万。① 与难民不同，国内流离失所者由于仍处于国境线之内，这一群体一直缺乏正式国际机制的保护。② 难民署在这一阶段以非正式性的机制介入国内流离失所者的保护并将这一做法延续至今。

此外，难民署的救助对象还扩展到广义上受战争影响的人。因此，20 世纪 90 年代难民署的工作对象得到大幅扩大。世界范围内接受难民署援助的人口由 1990 年的 1500 万增长到 1996 年的 2600 万。随之增加的是难民署预算的飞速增长。仅在绪方贞子在任的前两年内，难民署的预算翻了三倍，超过 10 亿美元。③ 然而，其最初工作对象——难民仅仅占到这一数字的一半左右。这意味着难民署对难民的保护削弱了。④ 而难民署是否是提供这些援助的合适机构也遭到了广泛的质疑。⑤

最终，虽然绪方贞子领导下的难民署利用西方大国的政治关切扩大了难民署在国际人道主义援助中的地位和影响力，却牺牲了对难民的保护。难民署在这一时期也经历了多次失败的难民保护，尤其是在 1994 年卢旺达大屠杀以及随后 1996 年卢旺达难民被强制遣返，伊拉克库尔德难民被土耳其拒绝接收，罗兴亚难民被强制遣返等事件中的表现受到了国际社会的广泛批评。难民署在保护难民权利上的独立性和权威受到消极影响。

五　国内流离失所者和自然灾害难民的保护（21 世纪以来）

21 世纪以来的难民署继续扩展了其工作对象所包含的范围，并参与 2005 年开始的联合国机构改革进程。随着难民和其他关注人群数量的增

---

① Report of the Representative of the Secretary-General on Internally Displaced Persons, Submitted Pursuant to Commission on Human Rights Resolution 2002/56, January 21, 2003.

② 1992 年，时任联合国秘书长布特罗斯·加利任命弗朗西斯·邓（Francis Deng）为国内流离失所者的联合国秘书长代表。

③ Gil Loescher, *The UNHCR and World Politics: A Perilous Path*, Oxford: Oxford University Press, 2001, p. 273.

④ Gil Loescher, *The UNHCR and World Politics: A Perilous Path*, Oxford: Oxford University Press, 2001, p. 273.

⑤ Guy Goodwin-Gill, "Refugee Identity and Protection's Fading Prospect", in Frances Nicholson and Patrick Twomey, eds., *Refugee Rights and Realities: Evolving International Concepts and Regimes*, Cambridge: Cambridge University Press, 1999, pp. 220 – 252.

加，难民署试图通过不同的倡议和计划呼吁各国政府对难民和其他受其关注的人群开放大门。然而，在各国日益收紧的难民政策以及越来越激烈的竞争下，难民署的发展依然受到诸多因素的限制。

国际难民政策进一步收紧。尤其是 2001 年"9·11"事件的发生使得各国政府更多地将难民与恐怖分子相联系。西方发达国家纷纷采取各种限制难民入境的举措，如欧盟设立了"欧盟边境管理局"以加强欧盟东部和南部的军事巡逻，防止难民非法入境。国际移民组织也协助欧洲国家防止撒哈拉以南非洲的难民通过北非和地中海进入欧洲。而澳大利亚和数个欧洲国家则实施了公海拦截、异地审理难民身份、强制拘留陆路入境难民等举措。①

在越来越受限制的难民政策背景下，这一时期难民涌现出的新特点之一是"庇护—移民联合"群体的出现。由于常规且合法的难民寻求庇护路径受到各国政府越来越多的阻挠，越来越多的难民和移民开始寻求相同的避开西方国家边境管控的人口贩运渠道，以求进入西方国家。因此难民和移民往往相互混杂，难以区别。

2001 年吕德·吕贝尔斯（Ruud Lubbers）接替绪方贞子成为难民署高级专员。与绪方贞子时期相比，吕贝尔斯领导的难民署放弃了全球扩张的快速发展路线，转而寻求相对微小的调整，其在任期间，难民署发起了"国际保护的全球磋商"（Global Consultations on International Protection）的倡议以及"公约加"（Convention Plus）倡议，然而均以失败告终。② 这种失败除了受到国际难民政策收紧的影响，还受到难民署自身领导层的影响。吕贝尔斯在任期间，难民署明显地过于向少数几个欧洲国家政府倾斜，却忽视了南方国家的声音。同时，吕贝尔斯虽然发起数个试图增强难民国际保护的倡议，然而这些改革举措缺乏清

---

① Gil Loescher and James Milner, "The Missing Link: The Need for Comprehensive Engagement in Protracted Refugee Situations", *International Affairs*, Vol. 79, No. 2, 2003, pp. 595 – 617.

② 其中，"国际保护的全球磋商"倡议最终归于失败主要是因为：（1）过于宽泛，缺乏对具体问题的深入探讨；（2）缺乏法律约束力，尤其是难民署之前享有的法律和道德权威在这一时期受到广泛质疑的情况下；（3）未在难民署内部获得一致支持，它被认为是绪方贞子时期遗留的项目且主要由难民署内部的国际保护部，而非难民署整体发起。"公约加"倡议由吕贝尔斯发起，最终由于南北方国家之间不可协调的意见鸿沟同样归于失败。参见 Alexander Betts et al., *UNHCR: The Politics and Practice of Refugee Protection*, New York: Routledge, 2012, pp. 64 – 67。

晰连贯的战略，通常是临时性倡议，大多以失败告终。① 吕贝尔斯离任时，难民署不仅面临着严重的财政危机，还面临着内部员工的分裂以及难民捐助国和接收国政府愈发萎缩的资助问题。

2005 年，葡萄牙前总理安东尼奥·古特雷斯（Antonio Guterres）接替吕贝尔斯任难民署高级专员。在他的一系列改革下，难民署扩展了其保护对象和工作范围，再次增强了捐助国政府及国际社会对难民署的信任。在古特雷斯任上，难民署进一步增强了对国内流离失所者和因自然灾害而导致的难民等脆弱人群的保护。

第一，难民署进一步加大对国内流离失所者的援助。在其上任初期，西方发达国家接收的难民数量迅速减少，如 2004 年欧盟接收的难民庇护请求比 2001 年平均减少 36%。② 然而，与难民数量减少相比，同一时期国内流离失所者的数量反而呈快速增长态势，达到 2500 万。因此，在上任伊始，古特雷斯就把对国内流离失所者和其他脆弱的移民群体作为其上任后的工作重点。③ 这与联合国此时对国内流离失所者的关注同步。国内流离失所者自 20 世纪 90 年代初开始引起国际社会的关注，至 1998 年，在国内流离失所者特别代表弗朗西斯·邓和难民问题专家罗伯塔·科恩（Roberta Cohen）的游说下，"国内流离失所指导原则"（Guiding Principles on Internal Displacement）获得联合国人权理事会的批准，成为指导国内流离失所者援助的正式机制性安排。对国内流离失所者的保护进程在 2005 年联合国首脑峰会正式通过"保护的责任"这一新的国际规范后获得进一步发展。

随后，在联合国人道主义事务协调厅（OCHA）尝试协调联合国内部在国内流离失所者上的努力无果而终之后，联合国内部发起由个体联合国组织通过"聚类法"负责对国内流离失所者的保护。④ 在这一改革

---

① 吕贝尔斯 2005 年因被指性骚扰而卸任难民署高级专员一职，参见 Alexander Betts et al.，*UNHCR：The Politics and Practice of Refugee Protection*，New York：Routledge，2012，p. 68。

② UNHCR，*The State of the World's Refugees：Human Displacement in the New Millennium*，Oxford：Oxford University Press，2006，p. 14.

③ ICVA，"Talk Back，Vol 7 – 2a"，April 14，2005，https://www. icvanetwork. org/system/files/versions/TB%207 – 2a. pdf.

④ 关于联合国内部人道主义改革进程和"聚类法"的讨论，参见 UNHCR，"Cluster Approach（IASC）"，https://emergency. unhcr. org/entry/61190/cluster-approach-iasc。

进程下，2005 年机构间常设委员会（Inter-Agency Standing Committee，IASC）指派难民署为国内流离失所者的保护、帐篷、难民营协调和管理这一领域的领导机构。因此，难民署从多个方面加大了对国内流离失所者的关注。截至 2009 年年末，难民署为 1500 多万国内流离失所者提供了援助。这一数字比 2005 年首次其被机构间常设委员会指派为国内流离失所者保护的领导机构时增长了近一倍。①

第二，难民署开始从事因自然灾害而导致的难民的保护。2004 年印度洋海啸、2005 年巴基斯坦地震和 2010 年巴基斯坦洪水及海地地震均导致大规模需要紧急援助的流离失所人口。为了应对这种因自然灾害导致的大规模人口迁移问题，难民署在古特雷斯任上逐渐将其在自然灾害难民保护中的角色正式化。自 2005—2010 年，难民署参与了 18 次因自然灾害导致人口流离失所的救助。② 2010 年 12 月，机构间常设委员会批准难民署承担为期 12 个月的保护因自然灾害而流离失所人口的援助协调者角色。难民署在保护自然灾害难民方面的角色逐渐获得国际社会的认可。

总结而言，难民署在新的发展时期不仅延续了以往的主要工作，如难民的遣返，③ 还进一步将其工作范围扩展至国内流离失所者和自然灾害难民的保护。难民署的保护对象从难民和庇护寻求者扩大到广义的"难民署关注人群"，古特雷斯更是将难民署工作对象扩大为"移动人口"。④ 同时，古特雷斯任上，难民署的预算得到提高，从 10 亿美元增长到 18 亿美元，还改善了难民署与主要捐助国和接收国的关系。⑤ 然而，尽管在机构发展上难民署再次获得长足的进步，但越加扩大的工作

---

① UNHCR, *Statistical Yearbook* 2009, Geneva, 2010, p. 1.

② Bryan Deschamp et al., *Earth, Wind and Fire: A Review of UNHCR's Role in Natural Disasters*, UNHCR Policy Development and Evaluation Service, PDES/2010/06, June 2010.

③ 2005—2009 年，难民署协助遣返 33 万难民至南苏丹。2002—2009 年，530 万阿富汗难民在难民署的协助下从巴基斯坦和伊朗返回阿富汗。参见 UNHCR, *Global Report* 2009, Geneva, 2010, p. 59; UNHCR, *Statistical Yearbook* 2009, Geneva, 2010, p. 29。

④ Alexander Betts et al., *UNHCR: The Politics and Practice of Refugee Protection*, New York: Routledge, 2012, p. 77.

⑤ Alexander Betts et al., *UNHCR: The Politics and Practice of Refugee Protection*, New York: Routledge, 2012, p. 78.

范围却让其核心角色——难民保护受到越来越多的质疑。[1]

第三节　难民署遣返行为的历时与共时差异

难民署的难民遣返行为在历时和共时维度上都呈现出差异性。一方面，难民署在成立之初及发展前期，将就地融合和第三国重新安置作为解决难民问题的首选方案。然而随着 20 世纪 80 年代后国际政治形势的改变及难民署对这一形势做出的反应，自愿遣返逐渐代替就地融合和第三国重新安置成为其解决难民问题的首选方案。另一方面，在自愿遣返已经成为难民署解决难民问题首选方案的前提下，难民署在不同国家和地区的难民遣返实践亦呈现出差异性。本节将对难民署历时的遣返行为演变和共时的地区性遣返行为差异进行介绍。

一　作为次优选项的难民遣返（20 世纪 50 年代初期至 80 年代中期）

20 世纪 50—80 年代，自愿遣返虽然是难民署规约中明确提出的永久解决难民问题的方案之一，然而由于当时的冷战背景以及难民署有限的行动空间，自愿遣返在其实践中并未获得重视。即使在某些情况下，难民不得不遣返，却也拥有决定何时遣返以及在何种条件下遣返的话语权。难民署一方面维护难民自由选择遣返与否的权利，另一方面当难民遭遇非自愿性遣返时谴责相关方的不当行为。

第一，在政策上，难民署将难民的自愿遣返视为永久解决难民问题的方案之一。1950 年难民署规约将自愿遣返作为难民署的使命进行确定。规约第 1 条第 1 款写道：联合国难民事务高级专员秉承联合国大会命令行使职权，在联合国的监管下，应当肩负起为满足此规约条件的难民提供国际保护，通过协助各国政府，并在取得各相关国家政府同意后协助私人组织，推动难民的自愿遣返或融入新的国家社区，以期永久解决难民问题。[2] 其后出现的 1951 年《关于难民地位的公约》和 1967 年

---

① Alexander Betts et al. , *UNHCR: The Politics and Practice of Refugee Protection*, New York: Routledge, 2012, pp. 133 – 145.

② UN General Assembly, Statute of the Office of the United Nations High Commissioner for Refugees, A/RES/428（V）, December 14, 1950.

《关于难民地位的议定书》是国际难民法最重要的渊源，也是国际难民保护的法律基础。[①] 虽然二者均未直接提及难民自愿遣返的问题，但是1951年《关于难民地位的公约》却清晰地指出难民身份是过渡性身份，一旦难民获得或取得实质性的国家保护，难民身份即终止。

同时，"二战"之后人权规范的发展也促进了国际社会对难民自愿遣返的尊重。1948年《世界人权宣言》第13条第2款即写道难民自愿返回原籍国的权利："人人有权离开任何国家，包括其本国在内，并有权返回他的国家。"[②] 在国际法的规约下，国家有义务允许其本国公民返回原籍国。难民自愿遣返之权利亦得到了其他国际人权法的支持，如《公民权利和政治权利国际公约》（*The International Covenant on Civil and Political Rights*）[③]《消除一切形式种族歧视公约》（*The International Convention on the Elimination of all Forms of Racial Discrimination*），其他地区性国际人权法和各国人权法等。因此，这一时期，难民自愿遣返被看作难民最基本的人权之一，难民有权在自愿性的基础上选择遣返回原籍国。

然而，在难民署的实践中，自愿遣返却是解决难民问题的"次优选项"。在冷战初期，难民被看作意识形态之争的棋子，接收来自东方阵营的难民意味着抹黑共产主义阵营。[④] 因此，在关于建立难民署的讨论中，是否将难民的自愿遣返作为永久解决难民问题的解决方案之一遭到美国和法国的反对。[⑤] 同时，战后欧洲急需年轻劳动力，而廉价的难民劳动力则可以有效弥补这一缺口。尤其在难民署成立初期，难民多来自东欧国家，具有融入欧洲市场相对合适的劳动技能和文化适应能力，因此重新安置或就地融合成为欧洲政府以及难民署解决难民问题的首选项。

至20世纪六七十年代，难民已扩展至发展中国家和地区，且大多由

---

① 刘国福：《国际难民法》，世界知识出版社2014年版，第3页。

② 《世界人权宣言》，1948年。

③ 联合国人权高级专员办事处：《公民权利和政治权利国际公约》，1966年。

④ UNHCR, *The State of the World's Refugees：Human Displacement in the New Millennium*, Oxford：Oxford University Press, 2006, p. 129.

⑤ Louise Holborn, *Refugees：A Problem of Our Time：The Work of the United Nations High Commissioner for Refugees*, 1951 – 1972, Metuchen：Scarecrow Press, 1975, pp. 325 – 327.

于其来源国反抗殖民和争取独立的运动而逃离原籍国成为难民。虽然与来自东欧的难民相比，其在欧洲的受接纳度有所降低，但是这类难民被国际社会广泛认为是逃离殖民主义的人权受害者，且其来源国不适合将其遣返，因此就地融合和第三国安置政策依然是 20 世纪六七十年代难民问题的首选方案。①

在这种政治形势下，难民署逐渐发展出"流放偏见"的思维，即认为难民问题唯一可行的解决方案就是永久性地使其定居在来源国之外。②对自愿遣返政策的质疑也出现在早期难民署高级专员的公开言论中。1955 年，第一任难民署高级专员杰瑞特·戈德哈特在诺贝尔研究所的演讲中提到自愿遣返已经不再是解决难民问题的重要方案，仅仅代表着百分之一难民的解决方案，并表示难民署并没有将难民的自愿遣返当作其真正的使命。③ 1957 年，难民署高级专员奥古斯特·林德特也表示他不认为难民的自愿遣返是解决难民问题的真正方案。④ 以至十年后，在难民署执行委员会委员的请求下，林德特也难以拿出关于难民遣返概览的文件。⑤ 事实上，难民署在 20 世纪 80 年代之前的难民遣返实践也远少于就地融合和第三国重新安置的实践。仅在 1955—1962 年，难民署仅直接协助遣返 251 名难民，却协助了 16000 多名难民的重新安置和 53000 多

①　B. S. Chimni, "From Resettlement to Involuntary Repatriation: Towards a Critical History of Durable Solutions to Refugee Problems", *New Issues in Refugee Research*, Working Paper No. 2, Geneva: UNHCR, 1999, pp. 55 – 58.

②　Gervase Coles, "Approaching the Refugee Problem Today", in Gil Loescher and Laila Monahan, eds., *Refugees and International Relations*, Oxford: Oxford University Press, 1989, pp. 389 – 390.

③　Gervase Coles, "Solutions to the Problem of Refugees and the Protection of Refugees: A Background Study", prepared for the Round Table on Durable Solutions and the Protection of Refugees, convened by the Office of the High Commissioner for Refugees in conjunction with the International Institute of Humanitarian Law, 1989, p. 105.

④　Gervase Coles, "Solutions to the Problem of Refugees and the Protection of Refugees: A Background Study," prepared for the Round Table on Durable Solutions and the Protection of Refugees, convened by the Office of the High Commissioner for Refugees in conjunction with the International Institute of Humanitarian Law, 1989, pp. 109 – 110.

⑤　Ibid., p. 149. Gervase Coles, "Solutions to the Problem of Refugees and the Protection of Refugees: A Background Study," prepared for the Round Table on Durable Solutions and the Protection of Refugees, convened by the Office of the High Commissioner for Refugees in conjunction with the International Institute of Humanitarian Law, 1989, p. 149.

名难民的就地融合。①

在这一时期的难民署遣返实践中，难民署遵循了难民遣返的自愿性原则，且成功抵御了难民来源国的殖民者力量。例如在 1962 年难民署在阿尔及利亚难民的遣返中，难民署虽然面临着来自殖民者法国对遣返逃往摩洛哥和突尼斯的阿尔及利亚难民的反对，但是难民署成功利用外交手段以人道主义援助的名义避免了对法国的羞辱，成功在三个月的时间内完成了 18 万多阿尔及利亚难民的遣返，因此在国际上赢得了中立公正的良好声誉，与非洲新独立国家建立了友好关系。②

20 世纪 70 年代的主要难民危机爆发地转移到南部非洲。难民署在这一地区的难民遣返实践同样践行了难民自愿性原则。1974 年，难民署成功地遣返了逃往塞内加尔和冈比亚的几内亚比绍难民。同年，随着莫桑比克的独立，大批逃往马拉维、坦桑尼亚、赞比亚等国的难民开始自发返回莫桑比克，难民署则为自发返回的难民以及预期返回的难民提供了 700 万美元的援助。虽然同时期安哥拉难民的遣返遭遇了多方政治势力的阻挠，但难民署依然为自愿遣返的难民提供了有效援助。③

可以看出，20 世纪 50 年代至 80 年代初期，由于冷战的国际背景，西方主要难民接收国和难民署主要捐助国把难民遣返看作将难民推回共产主义阵营，不利于其意识形态之争，因此，主张就地融合和第三国安置难民。同时，在非洲大陆广泛爆发的反殖民争取独立运动也让国际社会意识到将难民遣返回来源国有违反人权规范的嫌疑，因此，这一时期来自非洲的难民依然享受就地融合或第三国重新安置的权利。与之相应，难民署永久解决难民问题的方案也主要聚焦于就地融合或第三国安置，难民的自愿遣返在实践中并未获得重视。

二 作为最优选项的难民遣返（20 世纪 80 年代中期至今）

难民署重视难民就地融合和第三国重新安置的政策在 20 世纪 80 年

---

① UNHCR, "The Meaning of Material Assistance," *UNHCR Reports*, No. 24, May-June 1963, p. 1.

② Gil Loescher, *The UNHCR and World Politics: A Perilous Path*, Oxford: Oxford University Press, 2001, pp. 106 – 108.

③ Gil Loescher, *The UNHCR and World Politics: A Perilous Path*, Oxford: Oxford University Press, 2001, pp. 161 – 164.

代中期开始发生变化。一方面，20 世纪 80 年代难民危机广泛发生于非洲和拉丁美洲等发展中国家和地区，数量上与前一时期相比不减反增，西方发达国家的重新安置压力增大，纷纷削减接收难民重新安置的份额。同时，西方国家注意到这一时期来自发展中国家的难民更多的是为了寻求更好的经济条件而非由于逃离共产主义而寻求庇护，西方国家认为这是不合理的难民庇护申请。① 另一方面，接收大量难民的发展中国家也越来越不愿意接受更多的难民在其国内融合同化。因此，难民只能滞留在临时的难民营中。而国际社会，尤其是西方大国缺乏从源头解决难民问题的政治谈判，而是代之以临时性的难民营资助。这种项目资助随着时间的推移逐渐使捐助国出现"捐助国疲劳"。②

在此情况下，难民署面临调整解决难民问题思维的困境。难民署内部开始出现思想主张的分野："原则派"和"实用派"。原则派多是难民署法律和国际保护部门的工作人员。他们认为难民署存在的宗旨就是保护难民的权利，其中最重要的是不被推回的权利。难民署只有当难民表达自愿遣返的意愿和难民返回来源国后不会面临迫害的情况下才能协助难民遣返，否则难民署作为难民利益维护者的公正、独立的形象就会受损，难民署工作所依靠的道德权威也将受到消极影响。实用派则认为不应简单地以采用难民权利的视角来看待难民遣返，而应以实用的思维看待此问题。当难民接收国无法或不愿为难民提供相应的援助，或当难民营让难民的生活同样遭受伤害时，难民署如果一味坚持原则只能让难民继续处于艰难的境地，甚至遭到接收国的强制遣返和迫害。③ 因此，难民署应该灵活地对待原则。

在这一论辩发生的同时，难民署在 20 世纪 80 年代开始面临严重的

---

① Claudena Skran, "International Refugee Regime: The Historical and Contemporary Context of International Responses to Asylum Problems", in Gil Loescher, ed., *Refugees and the Asylum Dilemma in the West*, University Park: Pennsylvania State University Press, 1992, p. 8; Michael Barutciski, "Involuntary Repatriation When Refugee Protection is No Longer Necessary", *International Journal of Refugee Law*, Vol. 10, No. 1/2, 1998, pp. 241 – 242.

② Alexander Betts et al., *UNHCR: The Politics and Practice of Refugee Protection*, New York: Routledge, 2012, pp. 39 – 41.

③ Michael Barnett and Martha Finnemore, *Rules for the World: International Organizations in Global Politics*, Ithaca: Cornell University Press, 2004, pp. 96 – 97.

财政危机。这主要是由于难民数量的急剧增长，且捐助国政府无法提供与之匹配的资金援助。至 1989 年，难民署执行委员会不得不停止为难民署的预算授权，并减少了其 25% 的项目和 15% 的员工。① 难民署与主要捐助国的关系也逐渐恶化，难民署亦开始担心与主要捐助国之间恶化的关系将影响其生存。因此，在多种因素的综合作用下，难民署高级专员为首的领导层开始转变看待难民遣返的思维，并将之付诸实施。

这种思维和实践的转变发生在难民署高级专员简-皮埃尔·胡克时期。在其上任伊始，胡克在牛津大学的演讲中就提道：

> 我们必须认识到难民问题越是被拖延，解决难民问题的方案也将变得更加困难。我们已经观察到在很多难民情形下，难民在经过一段时间的拖延后会变为整体政治问题不可分割的一部分，因此阻碍任何解决难民问题的方案。如果人的问题得不到解决，就会产生加剧政治冲突的真正危险。如果人道主义问题被忽视，国家只会在之后付出更高的代价。②

因此，在胡克看来，推动难民遣返是唯一切实可行的方案。在他的带领下，难民署执行委员会 1985 年通过决议，鼓励难民署寻求机会推动难民遣返。③ 决议称，难民署在推动难民遣返方面的角色应该包括：推动主要相关方之间的对话并促进他们之间的交流，扮演他们之间的中间人或者交流渠道的角色；无论何时，建立与主要相关方之间的联系，熟悉他们的观点。在难民危机爆发伊始，难民署高级专员就应该积极关注将全部或部分难民遣返的可能性，并积极推动这一方案

---

① Lawyers Committee for Human Rights, *UNHCR at 40: Refugee Protection at the Crossroads*, New York: LCHR, 1991, pp. 87 – 89, 135.

② Jean-Pierre Hocke, "Beyond Humanitarianism: The Need for Political Will to Resolve Today's Refugee Problem", in Gil Loescher and Laila Monahan, eds., *Refugees and International Relations*, Oxford: Oxford University Press, 1989, p. 48.

③ UNHCR, Conclusions on the International Protection: Adopted by the Executive Committee of the UNHCR Programme 1975 – 2017 (Conclusion No. 1 – 114), pp. 77 – 79. 事实上，早在 1980 年，难民署执行委员会就通过了首份讨论难民自愿遣返的文件，但是难民遣返的大规模实践则是在胡克时期显著增加。

的实施。①

在这一方案的指导下，胡克带领难民署在非洲之角和中美洲开展了大规模的难民遣返行动。主要包括 1985 年乍得难民的遣返，1986 年埃塞俄比亚难民的遣返，20 世纪 80 年代末期萨尔瓦多难民的遣返以及印度的斯里兰卡泰米尔难民的遣返。② 然而，胡克领导下难民署所从事的难民遣返行动却引起国际社会的质疑。这主要是因为：第一，难民来源国国内状况仍然处于政治冲突之中，不能满足难民遣返的安全条件；第二，在遣返过程中，难民署未能为难民提供有关其原籍国安全状况、难民地位中止、回返后安全和保护等方面的信息，且动用了强制性或鼓励性手段推动难民遣返。③

胡克的继任者索弗尔德·斯图尔滕伯格和绪方贞子延续并扩大了难民署的遣返行动。斯图尔滕伯格 1990 年 10 月 1 日在难民署执行委员会的演讲中就提到其最大的抱负即是让难民署抓住所有实施自愿遣返的可能机会，并认为自愿遣返是难民最好的解决方案，最有效利用资源的方式，以及对和平和稳定的切实贡献。④ 之后的绪方贞子更是将自愿遣返看作是难民署的首要工作，并将 20 世纪 90 年代定为"遣返的十年"。⑤

实践上，难民署 1991—1996 年遣返的人数达到 900 万人，而 1985—1990 年却仅有 120 多万难民被遣返。⑥ 绪方贞子带领下的难民署在这一时期所从事的主要遣返行动包括 42000 多名纳米比亚难民的遣返、约 100 万埃塞俄比亚和厄立特里亚难民的遣返、37 万柬埔寨难民的遣返、

①　UNHCR, Conclusions on the International Protection: Adopted by the Executive Committee of the UNHCR Programme 1975 – 2017 (Conclusion No. 1 – 114), pp. 77 – 79.

②　Gil Loescher, *The UNHCR and World Politics: A Perilous Path*, Oxford: Oxford University Press, 2001, pp. 252 – 255.

③　Guy Goodwin-Gill, "Voluntary Repatriation: Legal and Policy Issues", in Gil Loescher and Laila Monahan, eds., *Refugees and International Relations*, Oxford: Oxford University Press, 1989, pp. 255 – 291; Jeff Crisp, "Refugee Repatriation: New Pressures and Problems", *Migration World*, Vol. 14, No. 5, 1986, p. 18.

④　Lawyers Committee for Human Rights, *UNHCR at 40: Refugee Protection at the Crossroads*, New York: LCHR, 1991, p. 138.

⑤　Speech by High Commissioner Sadaka Ogata, June 26, 1992.

⑥　UNHCR, *The State of the World's Refugees: A Humanitarian Agenda*, Oxford: Oxford University Press, 1997, p. 143.

170 万莫桑比克难民的遣返以及 270 多万阿富汗难民的遣返。① 对难民遣返的重视同样体现在难民署用于难民遣返的预算上。1984 年之前，难民署用于难民遣返的预算占其全部预算的约 2%，而在 1990—1997 年，这一比例已经增长到约 14%。②

难民署不仅在实践中越来越多地从事难民遣返，而且在看待自愿遣返的观念上越发趋于实用主义，而对难民保护的强调则越发宽松。难民署开始认为在其他方案不可取的情况下，只有推动难民遣返，让难民尽早返回原籍国才是对难民合适的保护，即使难民来源国的国内状况尚不允许难民的自愿遣返。③ 因此，与之前的遣返政策相比，难民署不再被动地被请求协助难民的遣返，而是开始主动寻求难民遣返的机会。④

为了推动难民遣返的进程，难民署还提出了指导难民遣返的新概念。第一，自愿遣返由三大持久解决难民问题的方案之一逐渐变为难民署最倾向的方案和唯一的持久方案。20 世纪 70 年代之前，自愿遣返和重新安置（包括第三国重新安置和就地融合）地位相差无几。然而，70 年代初期之后，自愿遣返逐渐与其他两种方案相分离，其重要性也被突出。在 1983 年的文件中甚至直截了当地阐述道：强调自愿遣返是解决难民问题和难民署所关注的流离失所人口的最理想和最持久的方案。⑤ 在难民署阐述自愿遣返的地位时，自愿遣返逐渐变为持久（durable）解决方案，而非永久解决方案。在 1950 年难民署规约中，难民署的使命被设定为：联合国难民事务高级专员秉承联合国大会命令行使职权，在联合国的监管下，应当肩负起为满足此规约条件的难民提供国际保护，通过协助各国政府，并在取得各相关国家政府同意后协助私人组织，推动难民

① Gil Loescher, *The UNHCR and World Politics: A Perilous Path*, Oxford: Oxford University Press, 2001, p. 281.

② Jeff Crisp, "Mind the Gap! UNHCR, Humanitarian Assistance and the Development Process", *International Migration Review*, Vol. 35, No. 1, 2001, pp. 168 – 191.

③ UNHCR, Note on International Protection, Geneva, July 15, 1986; Marjorleine Zieck, *UNHCR and Voluntary Repatriation of Refugees: A Legal Analysis*, The Hague: Martinus Nijhoff, 1997.

④ Gil Loescher, *The UNHCR and World Politics: A Perilous Path*, Oxford: Oxford University Press, 2001, p. 283.

⑤ Marjorleine Zieck, *UNHCR and Voluntary Repatriation of Refugees: A Legal Analysis*, The Hague: Martinus Nijhoff, 1997, p. 81.

的自愿遣返或融入新的国家社区，以期永久解决难民问题。[①] 然而，第五任难民署高级专员保罗·哈特林则开始单独将自愿遣返（而非重新安置）阐述成持久解决方案。这一说法向潜在的难民接收国表明接收难民将不是永久性的，接收国可以在情况允许时遣返难民。[②]

第二，难民署对自愿遣返条件的界定。1951 年难民公约并没有明确提及难民遣返的自愿性原则，但是公约第 1 条第 3 款第 5 项明确说明：如果造成难民的情况不再存在，且难民不再能继续拒绝接受其原籍国的保护，难民的地位应该终止。[③] 难民所享有的国际保护也应该终止，难民接收国有权将其遣返。难民署在其 1979 年关于认定难民地位的文件中说明，应该限制性地解读此条款，且不能通过类比的方法来引出任何撤销难民地位的缘由。[④] 在 1992 年提交给难民署执行委员会国际保护支委全体人员的文件中，难民署更是强调，判定难民原籍国是否使得难民地位得以终止的条件包括：国内民主发展的水平、对国际人权文件的遵守、对独立的国际或国家组织自由开展人权监管的许可等。[⑤] 这意味着如果难民来源国国内情况发生可以终止难民地位的改变，难民则可以被遣返，不论遣返是否是自愿性的。

然而，如果难民来源国国内情况尚不支持难民地位的终止，则其遣返必须是自愿性的，否则在难民来源国国内情况尚不支持遣返的情况下遣返难民就违反了"不推回原则"。同时，按照字面意思理解，难民署应该确保每个难民的遣返都是出于自愿，但是这在大规模难民危机的情况下难以操作。因此，难民署将难民的主观性意愿替代为客观性的标准。而决定难民来源国是否符合难民自愿遣返的客观标准的工作同样由难民署来承担。这意味着难民署可以自己决定难民来源国的情况是否符合自

① UN General Assembly, Statute of the Office of the United Nations High Commissioner for Refugees, A/RES/428（Ⅴ）, December 14, 1950.

② Michael Barnett and Martha Finnemore, *Rules for the World: International Organizations in Global Politics*, Ithaca: Cornell University Press, 2004, p. 99.

③ The 1951 Convention Relating to the Status of Refugees, 1951, Art. 1C（5）.

④ UNHCR, *Handbook on Procedures and Criteria for Determining Refugee Status*, Geneva, 1979, reedited 1992, p. 116.

⑤ UNHCR, *Handbook on Procedures and Criteria for Determining Refugee Status*, Geneva, 1979, reedited 1992, p. 116.

愿遣返的条件，而非出于难民的自主意愿。①

因此，在 20 世纪 80 年代之前，难民署对自愿遣返的立场是，只有当四个条件都满足时难民署方可介入难民的遣返：难民来源国国内情况的根本性改变；难民在遣返上的自愿决定；难民署、难民接收国、难民来源国三方之间的三方协议；安全而体面的遣返。② 然而，随着国际政治形势的改变，难民署面临越来越多不成熟条件下的遣返。难民署也因此开始弱化其在难民遣返自愿性问题上的立场。1996 年，难民署国际保护部主任丹尼斯·麦克纳马拉坦言道：难民可以在其原籍国情况尚不理想的情况下被强制遣返。③

难民署 20 世纪八九十年代发生的这种对自愿遣返在实践和思维上的转变一直持续到今天。同时，由于对自愿遣返的重视，难民署还不断扩大对已遣返难民的发展和保护，以此使其工作范围外沿不断扩展。然而，这种不断扩大的工作范围使得难民署在其核心使命——难民的国际保护问题上不断萎缩，遭到国际社会的质疑和批评。④

总结而言，自 20 世纪八九十年代之后，难民署在自愿遣返上的实践和思维均发生重要转变。自愿遣返从三大永久解决难民问题的方案之一转变为最受难民署青睐的方案。这种转变从根本上归因于冷战末期国际政治形势的变化以及难民署随之而做出的实践和思维上的调整。对难民自愿遣返的过度重视意味着对其他两个方案的忽视以及难民所享有权利和国际保护的缩减。

三　难民署遣返行为的共时差异

难民署的难民遣返行为不仅在纵向的时间维度上发生了转变，在成

---

① Michael Barnett and Martha Finnemore, *Rules for the World: International Organizations in Global Politics*, Ithaca: Cornell University Press, 2004, p. 100.

② Michael Barnett and Martha Finnemore, *Rules for the World: International Organizations in Global Politics*, Ithaca: Cornell University Press, 2004, p. 100.

③ B. S. Chimni, "From Resettlement to Involuntary Repatriation: Towards a Critical History of Durable Solutions to Refugee Problems", *New Issues in Refugee Research*, *Working Paper No. 2*, Geneva: UNHCR, 1999, p. 63.

④ B. S. Chimni, "From Resettlement to Involuntary Repatriation: Towards a Critical History of Durable Solutions to Refugee Problems", *New Issues in Refugee Research*, *Working Paper No. 2*, Geneva: UNHCR, 1999, pp. 68 – 73.

为解决难民问题的最优方案之后，在不同地区的遣返行为亦呈现出差异性。从难民署的发展历史来看，其在欧洲范围的难民遣返基本不受难民接收国的强制压力，大量难民被就地融合或第三国重新安置。而其在处理非洲、亚洲、中美洲等地区的难民危机时，面临接收国强制遣返的压力则大大增加，成千上万的难民在难民来源国情况尚不允许自愿遣返的情况下依然受到强制遣返。①

同时，在今天自愿遣返已经转变为难民署解决难民问题的最优方案的情况下，难民署是否会协助和推动难民的遣返也并未呈现出清一色的妥协。笔者对难民署总部官员以及难民接收国前线官员的采访揭露了难民署对难民遣返的更深层考虑。当被问及难民署对待难民遣返的态度时，难民署总部负责难民国际保护的高级官员称：

> 虽然难民署在其成立至今的时段内，越来越多地从事和参与难民的遣返工作，但是我们无法认同难民署在难民的自愿遣返上发生了规范认同上的变化。难民署的确越来越多地从事难民的自愿遣返工作，有些的确遭到了广泛的批评。但是这些情况的发生大部分不是因为难民署认为尽管条件不达标，也要推动难民遣返，而是迫于各方压力不得已而为之。但是在不存在这种压力的情况下，难民署完全没有理由推动难民的遣返，尤其是强制性遣返。（笔者对难民署国际保护部高级官员的采访，日内瓦，2018 年 10 月 5 日）

这种说法体现在当前难民署在不同地区的难民遣返实践上。根据难民署最新数据，2018 年仅有 8 万难民得到第三国重新安置，而遣返回原籍国的难民却达到约 60 万。② 因此，难民遣返是目前难民署解决难民问题最突出的方案。在数不胜数的遣返实践中，难民署在保护不推回原则的行为上不尽相同。如在约旦、黎巴嫩、土耳其等接纳叙利亚难民的地

---

① Gil Loescher, *The UNHCR and World Politics: A Perilous Path*, Oxford: Oxford University Press, 2001.

② UNHCR, "Global Trends: Forced Displacement in 2018", https://www.unhcr.org/global-trends2018/.

区,① 在接纳布隆迪难民的坦桑尼亚②以及接纳尼日利亚难民的加麦隆等地，难民署坚定地与要求强制遣返难民的国家压力做抵抗，拒绝条件尚未达到时的难民遣返。但在另一些难民遣返实践中，难民署却参与了难民的强制性遣返，违反了不推回原则，如巴基斯坦的阿富汗难民遣返,③肯尼亚的索马里难民遣返,④ 孟加拉国的罗兴亚难民遣返等。⑤

因此，从历史上看，难民署在自愿遣返行为上展现出越来越多的妥协，但是通过对难民署从事难民遣返的地理考察，难民署在是否参与和推动不成熟的难民遣返上呈现出更深层的复杂性。然而，这一研究问题在难民研究领域尚未得到充足的研究和探讨。因此，本书在充分考察难民署在自愿遣返问题上的历史流变基础上，重点关注难民署在同一时段内的遣返行为差异并提出相应的理论补充。

第四节　小结

为了应对日益扩大的难民危机，国际社会早在 20 世纪早期就建立了一系列难民机构，包括最初的"南森护照"、政府间难民委员会和 20 世纪中期建立的联合国善后救济总署及国际难民组织。然而，这些早期实践存在明显的不足，主要包括：第一，难民保护的范围仍然局限于欧洲范围之内，在地域上尚未形成全球格局；第二，受到东西方意识形态竞争的操控，尤其在美苏争霸时期，难民被当作羞辱对方的棋子，难民保护的公平性和正义性存在争议；第三，此时设立的难民机构为临时性机构，无法保证难民的长久保护，尤其对长期滞留接收国且无法返回来源国的难民保护尚未建立起长久保障。

---

① UNHCR, "Syria Emergency", https://www.unhcr.org/syria-emergency.html.

② Sylivester Domasa, "UN Opposes Forced Repatriation of Refugees to Burundi", *AP News*, August 28, 2019, https://apnews.com/fdba0813bdc8423db1165160b34e9a43.

③ "UN Accused of Failing Afghan Refugees 'Forced' to Return Home from Pakistan", *The Guardian*, February 13, 2017, https://www.theguardian.com/global-development/2017/feb/13/un-accused-of-failing-afghan-refugees-forced-to-return-home-from-pakistan.

④ "Ethical Questions Around Return Dadaab Refugees 'Home'", *The Conversation*, https://theconversation.com/ethical-questions-around-returning-dadaab-refugees-home-116209.

⑤ Michael Barnett and Martha Finnemore, *Rules for the World: International Organizations in Global Politics*, Ithaca: Cornell University Press, 2004, pp. 73 – 120.

难民署这一现行国际难民机制核心机构的成立则进一步促进了难民的国际保护。其发展过程是一个"持续变化和适应"的过程。20 世纪50 年代初难民署创立伊始面临资金匮乏、人员匮乏、大国仇视、同行竞争等限制因素。但是在第一任、第二任难民高级专员的带领下，难民署在 50 年代末逐渐通过其主动性突破这些限制，在联合国和国际社会中树立起难民援助领域领导者的角色，从一个临时性法律援助机构成功转型为同时提供法律和物质援助的机构。

20 世纪六七十年代难民署经历了从仅对欧洲范围内难民负责的临时性机构向全球范围扩展工作的过程。20 世纪 80 年代，随着国际政治形势新的变化和其他国际人道主义组织的出现，难民署的发展受到阻碍。1990—2000 年，难民署高级专员绪方贞子领导下的难民署从 80 年代的低谷中再次崛起成为全球瞩目的人道主义机构。21 世纪以来的难民署继续扩展了其工作对象所包含的范围，从难民和庇护寻求者扩大到广义的"难民署关注人群"，甚至更加宽泛的"移动人口"上。尽管在机构发展上，难民署再次获得长足的进步，其愈加扩大的工作范围也让其核心功能——难民保护受到越来越多的质疑。

难民署的遣返行为也在机构自身发展变化的过程中呈现出历时和共时的差异。一方面，难民署在成立之初及发展前期，将就地融合和第三国重新安置作为解决难民问题的首选方案。然而随着 20 世纪 80 年代后国际政治形势的改变及难民署对这一形势做出的反应，自愿遣返逐渐代替就地融合和第三国重新安置成为其解决难民问题的首选方案。另一方面，在自愿遣返已经成为难民署解决难民问题首选方案的前提下，难民署在不同国家和地区的难民遣返实践亦呈现出差异性。在某些地区，难民署能够较好地履行难民遣返的自愿性原则，与要求强制遣返难民的国家讨价还价，但在另一些地区却向不推回原则和自愿性原则妥协，参与甚至推动难民的强制性遣返。这种共时的差异在已有研究中鲜有涉及，也是本书研究的核心问题。

第四章 国家压力、同行竞争与
难民署遣返行为模式

　　难民署遣返行为在不同地区呈现出的差异主要受到两方面因素的影响：难民接收国对难民署在遣返难民上所施加的压力；难民署在一地区遣返难民上所面临的同行竞争。总体而言，难民署在遣返难民上如果不存在来自接收国的压力，难民署可以较好地监护不推回原则的实施，保护难民不受强制遣返的权利。然而，如果难民署在遣返难民上面临接收国方面的压力，难民署则面临着向难民接收国压力妥协或者抗争的双重选择。此时，难民署在这一地区或国家所面临的同行竞争会对其遣返行为造成更进一步的影响。

　　若难民署面临强大的同行竞争，并继续抵抗国家压力，则会面临在难民遣返问题上被边缘化的风险，而若难民署不面临强大的同行竞争，难民署则在保障自己在遣返问题上的核心角色基础上存在同国家压力抗争的空间。因此，国家压力和同行竞争塑造了难民署在难民来源国国内情况尚不支持难民遣返的情况下不同的行为模式。本章将对国家压力和同行竞争对难民署遣返行为造成的影响进行理论梳理，并搭建解释难民署难民遣返行为在同一时间段内差异的框架。

第一节　国家压力与难民署遣返行为模式

　　难民署在不同地区的遣返行为差异首先受到国家压力的影响。在难民来源国尚未达到难民自愿遣返的条件时，难民署理应拒绝推动难民的自愿遣返。但是难民接收国政府如果对难民署推动条件尚未达到时的难民遣返施加压力，难民署则不得不对其进行正向或负向回应。这种国家与难民署的互动行为根源于主权国家和国际组织之间的代理与被代理关系。本节将对难民署这类国际组织与主权国家互动模式进行理论梳理。

一 代理型权威与国际组织行动空间

难民署属于国际政府间组织，即由三个或者以上的国家组成的用来制定共同决策的正式组织。[①] 它的运作机制与一般的国际组织相同或者相似。对难民署遣返行为的探讨可归根于对国际组织行动空间的探讨。国际组织行动空间则是指国际组织开展活动的空间。[②]

在主权国家依然是国际社会治理主体的政治环境下，难民署等国际组织的行动空间从根本上而言取决于它所获得的权威。权威则是一种关系。与罗伯特·达尔关于"权力"的定义相似，A通过一些行动对B施加权威。简言之，权威即合理性权力 (legitimate power)。[③] 因此，拥有权威即拥有权力，但是拥有权力并不必然拥有权威。因此，与权力的实施不需要对其目的的认可不同，权威的实施必须得到被施者对施加者命令合理性的认可。而这种认可则有多种来源，如韦伯提及的卡理斯玛型权威、传统型权威和法制型权威 (legal authority) 等。[④]

而对难民署这类国际组织而言，最重要的权威来源之一即为代理型权威。这里，代理指"两个或两个以上的国家授予某国际组织权威，以制定决策或实施行动"[⑤]。通过这一定义，可以看出，代理型权威的几点

[①] Liesbet Hooghe et al., *Measuring International Authority*：*A Postfunctionalist Theory of Governance*，New York：Oxford University Press，2017，pp. 14 – 15.

[②] 吴昊昙：《主要捐助国利益与国际组织的行动空间：基于联合国难民署20世纪90年代难民保护行动的考察》，《国际政治研究》2019年第5期。

[③] Liesbet Hooghe et al., *Measuring International Authority*：*A Postfunctionalist Theory of Governance*，New York：Oxford University Press，2017，pp. 17 – 18.

[④] ［德］马克斯·韦伯：《韦伯作品集Ⅱ——经济与历史：支配的类型》，康乐等译，广西师范大学出版社2004年版，第297—380页；Max Weber，"The Three Types of Legitimate Rule"，Translated by Hans Gerth，*Berkeley Publications in Society and Institutions*，Vol. 4，No. 1，1958，pp. 1 – 11。

[⑤] Curtis A. Bradley and Judith G. Kelley，"The Concept of International Delegation"，*Law and Contemporary Problems*，Vol. 71，No. 1，2008，p. 3；Darren G. Hawkins et al.，eds.，*Delegation and Agency in International Organizations*，Cambridge：Cambridge University Press，2006，p. 4；Robert L. Brown，"Measuring Delegation"，*Review of International Organizations*，Vol. 5，No. 2，2010，pp. 142 – 143.

特征。第一，这种权威是一种"委托方对代理方附带条件性的权威赋予，即意味着，被赋予权威的后者要为了前者行事"①。因此，不难理解，被国家赋予权威的国际政府间组织有为成员国行事的义务。第二，代理型权威是借贷式权威，即意味着，代理方必须维持委托方对其实现使命的信任。② 因此，为了解决特定问题，成员国创立了国际政府间组织，而这些国际政府间组织要在完成其使命上符合成员国的期望，方可长久存在和运行下去。

以难民署为例，其创立和管理架构即决定了成员国对其行为将产生最直接且关键的影响。难民署由联合国大会（United Nations General Assembly，GA）创立，并由联合国大会及联合国经济与社会理事会（Economic and Social Council，ECOSOC）直接管辖。难民署执行委员会的85名成员国每两年对其执行项目和预算进行审批。③ 因此，与难民治理领域的众多非政府组织相比，难民署的行为受到成员国政府的直接管控，在难民治理问题上只能尽力呼吁"主权国家的分权管理，但却没有任何有效的命令机制"④。

成员国对难民署的另一重要影响来自资金捐助。难民署作为联合国难民机构，其财政预算和运转严重依赖捐助国政府的捐助，⑤ 其中，美国和欧洲国家的捐助占捐助额的绝大部分。⑥ 国家对难民署资金捐助的增多或减少将直接影响难民署开展活动的范围和程度。

国家对难民署的直接影响还来自难民署实施难民保护所依据的国际

---

① Darren G. Hawkins and Wade Jacoby, "Agent Permeability, Principal Delegation and the European Court of Human Rights", *Review of International Organizations*, Vol. 3, No. 1, 2008, p. 2.

② Michael Barnett and Martha Finnemore, *Rules for the World: International Organizations in Global Politics*, Ithaca: Cornell University Press, 2004, p. 22.

③ UNHCR, "Governance and Organization: How the UNHCR is Run and Structured?", Dec 14, 2016, https://www.unhcr.org/ceu/147-enabout-usgovernance-and-organization-html.html.

④ Charles Lipson, "Is the Future of Collective Security Like the Past?" in George W. Downs, ed., *Collective Security beyond the Cold War*, Ann Arbor: University of Michigan Press, 1994, p. 114.

⑤ Gil Loescher, "The UNHCR and World Politics: State Interests vs. Institutional Autonomy", *The International Migration Review*, Vol. 35, No. 1, 2001, p. 39.

⑥ 1995—2005 年，难民署的捐助国及捐款情况参见 Steven D. Roper and Lilian A. Barria, "Burden Sharing in the Funding of the UNHCR: Refugee Protection as an Impure Public Good", *Journal of Conflict Resolution*, Vol. 54, No. 4, 2010, pp. 632–634；2012—2018 年期间，难民署的捐助国及捐款情况参见 UNHCR, "Donor Profiles", http://reporting.unhcr.org/donor-profiles。

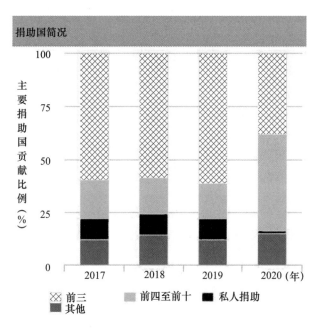

图 4 - 1　难民署资金来源

资料来源：UNHCR，Financials，http://reporting. unhcr. org/financial # tabs-financial-con-
tributions（图中前三名捐助国指美国、欧盟、德国）。

法缺乏执行力。目前，在保护难民不受强制遣返上所能依据的国际法主
要包括 1951 年《关于难民地位的公约》、难民署规约、难民署多个执行
委员会决议（1980 年、1985 年等）以及 1969 年《非洲统一组织关于非
洲难民问题某些特定方面的公约》等。然而，这些国际法的签署国和批
准国未能涵盖所有的难民接收国。[①] 因此，在难民保护领域，虽然有国
际法的法律支撑，但是这种约束力缺乏广泛的适用性，也缺乏保障和监
督法律实施的执行力。国家依然对难民署这一国际难民机制实体机构在
其主权范围内的行为构成最直接和重要的影响。

---

① 如叙利亚难民的主要接收国黎巴嫩和约旦均未签署 1951 年《关于难民地位的公约》，
参见 UNHCR，"State Parties to the 1951 Convention Relating to the Status of Refugees and the 1967 Pro-
tocol"，April 2015，https://www. unhcr. org/en-us/protection/basic/3b73b0d63/states-parties-1951-
convention-its-1967-protocol. html。

国家给予国际组织的代理型权威取决于国家通过国际组织获取的国家利益的大小。国家利益有多种不同的形式和维度。古典现实主义认为，国家最重要的利益是生存，① 而在新现实主义和新自由主义理论中，国家利益则被主要界定为安全和财富。② 建构主义学者则提出国家利益不是物质的和静止的，而是通过社会互动建构的，并受到所在社会和制度背景的显著影响。③ 不论从哪一层面界定国家利益，其对国家授予国际组织代理型权威的影响都是直接而至关重要的。因此，国际组织获取更多的代理型权威的途径之一便是使国家通过其行为获取更多的国家利益。

来自创建国的代理型权威赋予了国际组织最初的行动空间，即国际组织行动空间受制于其获取国家代理型权威的大小，但是国际组织也享有"一定程度"的自主性，而这种自主性可以使它们在国家利益不明确或脆弱的时候推动国家制定政策，甚至不时地推动与某些国家利益相反的政策。④ 本书把这种基于国际组织自主性之上的行动空间定义为国际组织的自主行动空间，即国际组织不受国家控制而自主做出决策的空间。⑤ 理解这一点对于理解难民署这类国际政府间组织在实际工作中出现不完全符合成员国愿望的行为差异具有根本意义。

以下原因可以导致国际组织在主权国家管辖的情况下依然拥有自主行动空间。第一，即使是代理型权威，代理方依然可以获得委托方预想

① 参见［美］汉斯·摩根索《国家间政治》，徐昕等译，北京大学出版社 2005 年版。

② ［美］玛莎·芬尼莫尔：《国际社会中的国家利益》，袁正清译，上海人民出版社 2012 年版，第 19—20 页。

③ ［美］玛莎·芬尼莫尔：《国际社会中的国家利益》，袁正清译，上海人民出版社 2012 年版，第 I 页。

④ Kenneth Abbott and Duncan Snidal, "Why States Act through Formal International Organizations", *Journal of Conflict Resolution*, Vol. 42, No. 1, 1988, pp. 3 – 32; Mark Thatcher and Alec Stone Sweet, "Theory and Practice of Delegation to Non-majoritarian Institutions", *West European Politics*, Vol. 25, No. 1, 2002, pp. 1 – 22.

⑤ Robin R. Churchill and Geir Ulfstein, "Autonomous Institutional Arrangements in Multilateral Environmental Agreements: A Little-Noticed Phenomenon in International Law", *American Journal of International Law*, Vol. 94, No. 4, 2000, pp. 623 – 659; Kenneth Abbott et al., eds., *International Organizations as Orchestrators*, Cambridge: Cambridge University Press, 2015; Yoram Z. Haftel, "Commerce and Institutions: Trade, Scope, and the Design of Regional Economic Organizations", *Review of International Organizations*, Vol. 8, No. 3, 2013, pp. 389 – 414.

不到的自主行动空间。① 这是因为：（1）成员国为了获得国际组织可以为其带来的授权收益而允许国际组织具有一定的独立性制度安排，这种独立性制度安排使国际组织拥有自主性。（2）国际组织由于对自身机构利益的考量，因而具有实施自主性的动力。（3）成员国对国际组织的监督机制难免存在监督漏洞，因而使国际组织自主性实施具有空间。控制机制越少、监控成本越高，国际组织就越容易出现自主性行为，并对成员国造成"代理损耗"。② （4）国际组织本身的使命可能与某些特定成员国对国际组织的愿望不相符。同时，不同成员国对规则和程序的解读，特别是对解决新问题的规则和程序的解读不尽相同。因此，国际组织可以利用这些成员国之间的差异提出自己相对权威而公正的解读，从而获得自主行动空间。③

第二，国际组织除了国家赋予的权威，还往往拥有法理型权威、道德权威和专业权威。这些权威共同构成国际组织在"一定范围内"自主行动的根基。④ 首先，难民署等国际组织的权威来自法理型权威。这种法理型权威不是基于对个人的遵从，而是对非人格的法律义务、程序和规则的遵从。⑤ 同时，它们不是通过对他者施加命令获得权威，而是通过服务他者获得权威。因此，国际组织必须努力塑造自己公正、非政治且专业服务他者的形象。以难民署为例，其在国际难民机制，尤其

① Michael Barnett and Martha Finnemore, "The Politics, Power and Pathologies of International Organizations", *International Organization*, Vol. 53, No. 4, 1999, p. 699; Tana Johnson, *Organizational Progeny: Why Governments Are Losing Control over the Proliferating Structures of Global Governance*, Oxford: Oxford University Press, 2014, p. 4.

② 刘宏松：《国际组织的自主性行为：两种理论视角及其比较》，《外交评论》2006 年第 3 期。

③ Michael Barnett and Martha Finnemore, *Rules for the World: International Organizations in Global Politics*, Ithaca: Cornell University Press, 2004, pp. 22 – 23.

④ Michael Barnett and Martha Finnemore, Rules for the World: International Organizations in Global Politics, Ithaca: Cornell University Press, 2004, p. 16. 另外，韦伯有关权威来源的论述参见 David Beetham, *Max Weber and the Theory of Modern Politics*, New York: Polity, 1985, p. 69; John Scharr, "Legitimacy in the Modern State", in William Connolly, ed., *Legitimacy and the State*, Oxford: Basil Blackwell, 1984, p. 120; Max Weber, "Bureaucracy", in Hans Heinrich Gerth and Charles Wright Mills, eds., *From Max Weber: Essays in Sociology*, London and New York: Routledge, 2009, pp. 196 – 244.

⑤ Guenther Roth and Claus Wittich, eds., *Max Weber, Economy and Society: An Outline of Interpretive Sociology*, Berkeley: University of California Press, 2013, pp. 217 – 223.

是相关国际法中的地位确保了难民署拥有难民保护领域中的法理型权威。

其次，难民署等国际组织所拥有的道德和专业权威，给予它们在成员国利益之外活动的空间。与主权国家追求自身国家利益不同，国际组织创建的目的是服务于更广泛群体的利益。[1] 如联合国安理会可以保护国际和平安全，难民署可以保护全球难民利益。而这种超越主权国家的更高的道德追求赋予了国际组织高于主权国家的权威和行动空间。

最后，国际组织还拥有主权国家在特定问题上所缺乏的专业能力，即专业权威。[2] 特定国际组织中的官员一般接受过专业的训练，这种训练和专业化同样超过主权国家的界限，服务更广范围的受众。同样以难民署为例，在处理难民问题上，没有任何一个主权国家的政府可以达到难民署所能涉及的高度和专业度。这种在特定问题领域的专业权威赋予国际组织超越主权国家控制的行动空间。[3]

总结而言，成员国对难民署等国际政府间组织行为模式的影响是最为直接和重要的。但是，这并非意味着国际组织没有自己独立行动的空间。即使受到成员国代理权威的限制，国际组织依然享有代理权威中不受成员国约束的自主行动空间。同时，国际组织所拥有的法理型权威、道德权威和专业型权威也将进一步深化国际组织自主行动的空间。依据以上分析，具体在难民遣返问题上，国家压力将对难民署是否推动难民遣返发挥直接影响。但是，即使存在国家压力，难民署依然拥有对国家压力进行正向或负向回应的空间。

二 国家压力与难民署遣返行为模式

难民署同其他政府间国际组织一样，其行动空间受到创建它的国家

---

[1] William Fisher, "Doing Good? The Politics and Antipolitics of NGO Practices", *Annual Review of Anthropology*, Vol. 26, 1997, pp. 439 – 464.

[2] Roger Smith and Brian Wynne, eds., *Expert Evidence: Interpreting Science in the Law*, New York: Routledge, 1989.

[3] Liisa Malkki, "Speechless Emissaries: Refugees, Humanitarianism, and Dehistoricization", *Cultural Anthropology*, Vol. 11, No. 3, 1996, pp. 377 –404; Kevin Hartigan, "Matching Humanitarian Norms with Cold, Hard Interests: The Making of Refugee Policies in Mexico and Hoduras, 1980 – 1989", *International Organization*, Vol. 46, No. 3, 1992, pp. 709 – 730; Barbara E. Harrell-Bond, "Repatriation: Under What Conditions Is It the Most Desirable Solution for Refugees?" *African Studies Review*, Vol. 32, No. 1, 1989, pp. 41 –69.

赋予的代理型权威的影响。而国家对难民署的代理型权威的赋予则取决于国家对通过难民署实现其国家利益大小的衡量。在难民署的发展过程中，其被赋予的代理型权威有大小之分。当难民署能形塑国家在难民保护上获取的国家利益时，其行动空间较大，在难民遣返上受到的压力较小；相反，如果难民署受到客观条件限制，无法或很难形塑国家在难民保护上的国家利益时，其保护难民的行动空间将受到压缩，在难民遣返上受到的压力较大。本书将国家压力具体界定为主权国家在遣返难民问题上对难民署施加的压力。同时，由于难民署面对的主权国家涵盖范围广泛，但对本书讨论的案例而言，难民接收国对难民署的难民遣返行为模式产生了最为核心和显著的影响。为方便讨论，本书中的国家压力特指难民接收国在难民遣返上向难民署施加的压力。

在难民署的发展史上，其行动空间较大、在难民遣返上受国家压力较小的阶段出现在 20 世纪 80 年代中期之前。难民署成立伊始，虽然在机构发展上受到各方面的限制，[①] 但是其在难民问题上的法理型权威、专业权威和道德权威却是主权国家所缺乏的。因此，难民署在其成立之后承担了在世界范围内传播难民保护规范的角色，同时难民署规约及 1951 年难民公约都授予了难民署监督国际难民法实施的角色。难民署因此可以对国家行为进行督查，并在国家违反国际难民规范时挑战国家权威。

在其成立早期，难民署通过说服和社会化的方式充当了国家在难民保护方面的"教师"角色。[②] 具体而言，难民署为国家界定什么是难民问题，使国家相信难民问题是可以解决的，为国家解决难民问题提供可选方案以及监督国家对解决方案的实施，尤其在其活动范围扩展到世界范围之前，难民署说服西方发达国家，作为民主和自由开放国家，它们

---

① Gil Loescher, *The UNHCR and World Politics: A Perilous Path*, Oxford: Oxford University Press, pp. 50 - 80.

② 关于国际组织传播规范的研究参见 Martha Finnemore, "Norms, Culture, and World Politics: Insights from Sociology's Institutionalism", *International Organization*, Vol. 50, No. 2, 1996, pp. 325 - 347; Thomas Risse, ed., *The Power of Human Rights: International Norms and Domestic Change*, Cambridge: Cambridge University Press, 1999; Margaret Keck and Kathryn Sikkink, *Activists Beyond Borders: Advocacy Networks in International Politics*, Ithaca: Cornell University Press, 1998。

有义务在难民接收和保护上遵守国际人权标准。①

更为重要的是，难民署成功地说服新成立的国家认识到在保护难民上的国家利益。20 世纪六七十年代亚洲、非洲和拉丁美洲新成立的一批脱离殖民统治的国家以及 20 世纪 90 年代脱离苏联统治的新独立国家迫切地希望得到国际社会的认可，并在国际舞台上塑造良好的形象。而难民署则成功地将国家对国际难民规范的遵守塑造成国家加入国际社会并获取国际认可的途径之一。

难民署后来又一常用的手段是通过物质援助说服国家在援助和保护难民上可获取的国家利益。对于经济发展缓慢的国家而言，来自难民署的物资援助不仅可以帮助其应对境内的难民危机，同时可以帮助其借助国际人道主义援助实现在特定方面的发展。因此，20 世纪 80 年代之前，难民署通过规范传播和物质援助成功地让国家将难民保护纳入其国家利益的范围。在国家利益的考量之下，国家愿意授予难民署难民保护的代理型权威，因此难民署在难民保护上行动空间较大，面临强制性难民遣返的国家压力较小。

然而，20 世纪 80 年代中期之后，国际政治形势的发展让难民署失去了它在上一时期所享有的较大的代理型权威。与上一时期相比，难民数量不但没有减少，反而快速增多，西方发达国家开始限制接受难民重新安置的额度，越来越多地阻止难民进入国境。对于接收了大量难民的发展中国家而言，尤其是新独立国家，难民署的规范传播和物质援助已经无法抵消大规模难民给当地带来的政治、社会、经济压力，发展中国家逐渐不再愿意接受难民的就地融合政策。在各国纷纷向难民竖起限制的围墙时，难民署向国家政府传播难民保护的规范已经不再被认为有利于国家利益的获取，反而会阻碍难民接收国的国家利益。在东西方国家均在接收难民上难以获取国家利益时，其赋予难民署的代理型权威迅速下降，其在难民保护上的行动空间缩小，在难民遣返上受到的压力增大。

总结而言，难民署在难民保护上的行动空间，尤其在是否面临强

---

① Gil Loescher, *The UNHCR and World Politics：A Perilous Path*, Oxford：Oxford University Press, p. 5.

制性难民遣返方面，受国家赋予它的代理型权威的直接影响。而国家对代理型权威的授予则取决于国家通过难民署工作获取国家利益的大小。在难民署成立初期，难民署利用当时有利的国际环境向新成立国家传播难民保护的规范，并将难民保护塑造成东西方国家利益的组成部分，开展了较为有效的难民保护，在难民遣返上面临的压力较小。然而，随着难民数量的增多和东西方国家利益的变化，难民保护的话语体系很难与国家利益获取相关联，难民署获取的代理型权威减少，行动受阻，在难民遣返上面临的压力增大。因此，20 世纪 80 年代中期之后，难民署开始越来越多地参与难民遣返，甚至包括强制性难民遣返。

尽管如此，难民署在难民保护上的法理型权威、道德权威和专业型权威使其在越来越受到挤压的行动空间中享有一定自主行动的空间。在这有限的自主行动空间中，难民署是否向国家压力妥协将受到其他因素的影响。下一节将重点探讨同行竞争对难民署行动空间尤其是在难民遣返上行动空间的影响。

第二节　同行竞争与难民署遣返行为模式

难民署遣返行为的共时差异首先受到来自难民接收国的国家压力的直接影响。面对来自难民接收国的国家压力的情况下，难民署有两种选择：一是直接向国家压力妥协，二是抵制国家压力。在难民来源国国内情况尚不允许难民遣返时，难民署则有义务和责任保护难民不受强迫遣返，抵制来自难民接收国的国家压力。然而，在难民遣返领域存在不止难民署一个国际组织，尤其是国际移民组织的存在对难民署在难民遣返方面构成强烈竞争。在同时面临国家压力和来自国际移民组织强烈竞争的地区，抵制国家压力意味着被国家边缘化，从而危及难民署在该地区的存在。难民署在遣返行为上因此需要同时考虑国家压力和同行竞争两大因素，其遣返行为的地区差异也因而受这两大因素的制约。本节将对难民署在难民遣返领域面临同行竞争的理论基础、国际移民组织及其对难民署在难民遣返上造成的竞争进行梳理。

一 国际人道主义援助领域的"市场化"

自由主义学者和西方发达国家（同时是国际组织的主要捐助国）认为在全球治理领域国际组织的增多以及市场化促进了全球公民社会的形成，有利于国际合作下的全球治理。[①] 他们认为由于国际组织多是自由主义规范的拥护者，因此越多的国际组织参与全球治理，全球治理的效果将越好。[②] 同时，将国际组织的运转资金市场化，即让多个国际组织同时参与某一全球治理领域将造成不同国际组织之间的竞争，从而减少资源浪费、遏制腐败，并催生新的国际组织参与全球治理。[③]

---

① John Boli and George M. Thomas, eds. , *Constructing World Culture: International Nongovernmental Organizations since 1875*, Stanford: Stanford University Press, 1999; Ann Marie Clark, *Diplomacy of Conscience: Amnesty International and Changing Human Rights Norms*, Princeton: Princeton University Press, 2001; Martha Finnemore, *National Interest in International Society*, Ithaca: Cornell University Press, 1996; Margaret E. Keck and Kathryn Sikkink, *Activists beyond Borders: Advocacy Networks in International Politics*, Ithaca: Cornell University Press, 1998; Audie Klotz, *Norms in International Relations: The Struggle against Apartheid*, Ithaca: Cornell University Press, 1996; David Holloran Lumsdaine, *Moral Vision in International Politics: The Foreign Aid Regime*, 1949 – 1989, Princeton: Princeton University Press, 1993; Thomas Risse et al. , *The Power of Human Rights: International Norms and Domestic Change*, New York: Cambridge University Press, 1999; Paul Kevin Wapner, *Environmental Activism and World Civic Politics*, Buffalo: State University of New York Press, 1995; Paul Kevin Wapner, "The Normative Promise of Nonstate Actors: A Theoretical Account of Global Civil Society", in Wapner et al. , eds. , *Principled World Politics: The Challenge of Normative International Relations*, Lanham: Rawman and Littlefield, 2000. 另有一些学者对国际组织的规范机制进行了肯定，但是对其战略和有效性进行了批判，参见 Ann Marie Clark et al. , "The Sovereign Limits of Global Civil Society: A Comparison of NGO Participation in UN World Conferences on the Environmental, Human Rights, and Women", *World Politics*, Vol. 51, No. 1, 1998, pp. 1 – 35; Michael Edwards and David Hulme, eds. , *Beyond the Magic Bullet: NGO Performance and Accountability in the Post-Cold War World*, West Harford: Kumarian, 1996; Chaim D. Kaufman and Robert A. Pape, "Explaining Costly International Moral Action: Britain's Sixty-Year Campaign against the Atlantic Slave Trade", *International Organization*, Vol. 53, No. 4, 1999, pp. 631 – 668; James Ron, "Varying Methods of State Violence", *International Organization*, Vol. 51, No. 2, 1997, pp. 275 – 300; Jack Snyder and Karen Ballentine, "Nationalism and the Marketplace of Ideas", *International Security*, Vol. 21, No. 2, 1996, pp. 5 – 40。

② P. J. Simmons, "Learning to Live with NGOs", *Foreign Policy*, No. 112, 1998, pp. 82 – 96; Richard Price, "Reversing the Gun Sights: Transnational Civil Society Targets Land Mines", *International Organization*, Vol. 52, No. 3, 1998, pp. 613 – 644.

③ Alexander Cooley and James Ron, "The NGO Scramble: Organizational Insecurity and the Political Economy of Transnational Action", *International Security*, Vol. 27, No. 1, 2002, p. 9.

事实上，国际组织，尤其是国际援助领域的国际组织的确呈现出快速增长的迹象。仅在 1985—1995 年，私立援助组织的援助行动平均增长了 150%，将援助延及全球 2.5 亿人。[①] 仅在 1992 年一年，通过国际非政府组织运转的对发展中地区的援助额高达 80 亿美元，占到全球所有发展援助资金的 13%。[②] 对难民的援助同样呈现急速增长的态势，1980 年，泰国边境的柬埔寨难民营约有 37 个国际援助组织的援助；到 1995 年，在扎伊尔的戈马（Goma）难民营，则有约 200 个国际援助组织同时存在。1996 年援助波斯尼亚境内难民的国际组织达到 240 个，平均每周需要 30 次协调会议。[③] 2019 年援助叙利亚难民的国际组织则达到了 270 多个。[④]

同时，国际援助领域的市场化的另一重要原因在于捐助国将大量援助资金通过国际非政府组织运作。[⑤] 美国国际开发署（United States Agency for International Development，USAID）以及瑞典、瑞士、挪威和欧盟将其预算的 25%—30% 均通过国际非政府组织运转。[⑥] 捐助国政府这种项目承包的做法进一步刺激了国际非政府组织的增多以及竞争。

在国际人道主义援助领域，国际组织尤其繁杂。首先是联合国系统，包括四大主要的国际人道主义援助组织：联合国开发计划署（United Nations Development Programme，UNDP）联合国儿童基金会（United Nations Children's Fund）、世界粮食计划署（World Food Programme，WFP）以及难民署。此外，还存在至少 40 个大型国际非政府人道主义援助组织，主要包括欧洲新教发展组织协会（Association of Protestant Development Organizations in Europe，APDOVE）、欧洲团结以促进人民平等参与（European Solidarity Towards Equal Participation of People，Eurostep）、无国界医

---

① Roger Charlton and Roy May, "NGOs, Politics, Projects, and Probity: A Policy Implementation Perspective", *Third World Quarterly*, Vol. 16, No. 2, 1995, p. 240.

② P. J. Simmons, "Learning to Live with NGOs", *Foreign Policy*, No. 112, 1998, p. 87.

③ Alexander Cooley and James Ron, "The NGO Scramble: Organizational Insecurity and the Political Economy of Transnational Action," *International Security*, Vol. 27, No. 1, 2002, p. 10.

④ UNHCR, 3RP: Regional Refugee & Resilience Plan 2018 – 2019 in Response to the Syria Crisis, Regional Strategic Overview, 2019, p. 4.

⑤ Ruben Berrios, *Contracting for Development: The Role of For-Profit Contractors in U. S. Foreign Development Assistance*, Westport: Praeger, 2000.

⑥ Ian Smillie, "NGOs and Development Assistance: A Change in Mind-Set?" *Third World Quarterly*, Vol. 18, No. 3, 1997, p. 564.

生（Medecins sans Frontieres，MSF）、乐施会（Oxfam），拯救儿童基金会（Save the Children）以及世界宣明会（World Vision）。另外，在联合国系统和国际非政府组织之间还存在两大红十字组织——红十字国际委员会（International Committee of the Red Cross，ICRC）与红十字会和红新月会国际联合会（International Federation of Red Cross and Red Crescent Societies）。① 在这些大型国际人道主义援助机构之外是成百上千个较小的国际非政府组织。它们与其他国际组织一道竞争来自捐助国在人道主义援助领域的资金和项目。②

国际人道主义援助领域之所以竞争激烈，与国际人道主义援助领域的特征有关。一般而言，同行竞争因政策领域的不同而不同，并导致成员国与国际组织行为模式进行讨价还价的空间不同。在一些政策领域，多个单边或多边、政府或非政府国际组织可以致力于解决同一问题。这种政策领域中的国际组织经常面临来自同行的竞争。而另一些政策领域则倾向于垄断式地由某特定国际组织进行治理。因此，在这些政策领域，国际组织面临的同行竞争压力就较小。影响不同政策领域中国际组织竞争性大小的因素包括：

第一，网络效应大小。在某些政策领域，如果有越多的行为体加入，就产生越大的治理效果，则这些政策领域的网络效应较大。因此，在这种政策领域工作的国际组织面临同行竞争的压力也就越大。国际政策领域的网络效应差异明显。具有较大网络效应的政策领域比较典型的如发展援助领域：规模、大小不同的多种国际组织可以同时加入发展援助的大军，同时可以根据其能力大小从事规模不等的发展援助，从而使受援助方有更大的收益。然而，这些国际组织之间则会为了有限的资金和项目而相互竞争。③ 具有较小网络效应的政策领域如联盟：由于潜在的

① Andrew S. Natsios，"NGOs and the UN System in Complex Humanitarian Emergencies：Conflict or Cooperation?" in Thomas G. Weiss and Leon Gordenker，eds.，*NGOs，the UN and Global Governance*，Boulder：Lynne Rienner，1996，p. 416.

② Alexander Cooley and James Ron，"The NGO Scramble：Organizational Insecurity and the Political Economy of Transnational Action"，*International Security*，Vol. 27，No. 1，2002，p. 12.

③ Philip Y. Lipscy，*Renegotiating the World Order：Institutional Change in International Relations*，Cambridge：Cambridge University Press，2016，p. 28.

"搭便车"行为、战略利益的异质性等问题，联盟不会因为成员国的数量增加而对治理领域产生更优效果。联盟强调的是成员国内部的合作而非竞争。另一具有较小网络效应的政策领域如互联网域名领域：各国倾向于建立一个统一管理互联网域名的国际组织/机制，一国对这一国际机制的违反或退出则会让其无法融入这一领域。因此，互联网域名领域国际组织之间的竞争非常小。[①]

第二，加入门槛高低。在一些政策领域，由于较高的专业性和官僚建设要求，相互之间的竞争较小，如核治理领域、军控领域。而在另一些政策领域，建立国际组织参与相应治理领域的门槛较低，如人权保护领域、环境保护领域、发展援助领域，建立国际组织的"成本"相对较低，这些国际组织之间的竞争性也就较大。[②]

第三，机制间排斥性大小。具体而言，在某一政策领域，成员国加入不同的治理机制之间的排斥性越大，成员国对可加入治理机制的选择性越小，治理机制之间的竞争性也就越小。如在联盟建立上，一国加入一个安全联盟（如北约）的同时会对它加入另一安全联盟（如华约）产生较大影响。因此，两个安全联盟对某一特定成员国而言很难造成竞争关系。相反，在发展援助领域，一个成员国可以同时加入相互不排斥的多个国际治理机制，可以是双边的或多边的，也可以是政府间或非政府间的。因此，对某一国家而言，从多个发展援助机制之间进行选择的空间较大，这些发展援助机制之间的竞争性也就相对较大。

总结而言，在网络效应较大、加入门槛较低且机制间排斥性较小的政策领域中，国际组织将面临较大的竞争性。国家因此可以在不同的国际组织之间进行"法院挑选"。结果是只有那些符合国家要求的国际组织才能在竞争中生存。为了获得生存机会，国际组织就要在国家压力和同行竞争的双重压力下进行权量。

具体地，在难民治理领域，难民署在难民遣返这一问题上面临的同行竞争将对难民署的难民遣返行为发挥更进一步的影响。基于以上分析，

---

① Daniel W. Drezner, "The Global Governance of the Internet: Bringing the State Back In," Political Science Quarterly, Vol. 119, No. 3, 2004, pp. 477 – 498.

② Philip Y. Lipscy, *Renegotiating the World Order: Institutional Change in International Relations*, Cambridge: Cambridge University Press, 2016, pp. 28 – 29.

由于难民治理领域的网络效应较大（越多的难民保护机制，意味着难民可享受的保护越大）、加入门槛较低（不需要较高的技术能力）以及机制间排斥性较小（不同的难民保护机制可以共生），因此，难民治理领域的同行竞争较大。

二　难民机制复合体及其对难民署的影响

（一）难民机制

难民机制指规定国家在难民保护方面的一系列规范、规则、原则和决策程序。[①] 从根源上看，现代难民机制发端于两次世界大战期间。第一次世界大战之后，国联虽然也设立了难民高级专员一职，然而这仅是为解决欧洲范围内难民问题的临时性机制。[②] 现代意义上的难民机制则形成于第二次世界大战后。

现代难民机制的主要内容可以概括为两个主要法条和一个核心机构。两个主要法条指 1951 年《关于难民地位的公约》及其 1967 年议定书。1951 年《关于难民地位的公约》界定了难民的含义以及难民所享有的各项权利。但该公约对难民的界定仍然局限于"由于 1951 年 1 月 1 日以前发生的事情并因有正当理由畏惧由于种族、宗教、国籍、属于某一社会团体或具有某种政治见解的原因留在其本国之外，并且由于此项畏惧而不能或不愿受该国保护的人；或者不具有国籍并由于上述事情留在他以前经常居住国家以外，而现在不能或由于上述畏惧不愿返回该国的人"。可以看出，该公约在难民界定的时间维度限制在 1951 年 1 月 1 日以前，空间维度限制在欧洲范围内。后来随着难民危机在全世界范围内尤其是亚非拉等发展中国家爆发，这一界定无法满足难民危机新的发展态势，因此 1967 年议定书在 1951 年难民公约的基础上删除了难民界定在时间和地点上的限制。

一个核心机构则是指难民署。1951 年公约第 35 条明确规定了难民署的主要职责之一是监督 1951 年难民公约的实施。此外，除了这两个主

---

① Stephen Krasner, "Structural Causes and Regime Consequences: Regime as Intervening Variables", in Stephen Krasner, ed., *International Regimes*, Ithaca: Cornell University Press, 1983, p. 2.

② Claudena M. Skran, *Refugees in Inter-War Europe: The Emergence of a Regime*, Oxford: Clarendon Press, 1995.

要法条和难民署这一执行机构之外,其他地区性的难民法律文件对地区难民的界定及其享有的权利进行了进一步的补充,如 1969 年《关于非洲难民问题某些特定方面的公约》、1984 年《卡塔赫纳宣言》、2004 年《欧盟难民保护指令》等。

创立难民机制的最初目标是在难民原籍国不愿或无法为其提供本国保护的情况下,确保其享有相应的国际保护。大体而言,难民享有的国际保护可以分为两类:第一,国际社会所赋予难民的一系列民事、政治、经济和社会权利;第二,长期性融入一国(包括自愿遣返回原籍国和融合为第一收容国公民),或前往第三国进行重新安置。[①]

在国际难民机制的框架下,一国对难民的保护可以以两种形式展开。第一,直接在其领土上为难民提供庇护;第二,一国本身不为难民提供庇护,但是为给难民提供庇护的其他国家或难民署提供援助,即所谓的责任分担。[②] 在国际法范畴中,第一种保护受到国际法上强规范的约束。其中,对国家在为难民提供庇护上起到最强约束的规范是"不推回原则",即国家不能在难民非自愿且难民来源国国内情况尚不符合条件的情况下,强行将难民遣返回其原籍国。[③]

国家愿意为难民提供庇护的原因则可以归纳为互惠和合法性的获取。其一,接收难民虽然会给接收国带来政治、经济、社会等各方面的压力,但是从长远来看,这种行为对该国将带来互惠的效益。一方面,接收难民意味着对人道主义的认可和遵守;另一方面,接收难民意味着该国对现行国际难民机制的支持和维护,而国际难民机制所提供的则是全球范围内的全球公共产品。因此,不论从人道主义的角度还是从全球公共产品的角度来看,难民接收国在未来都将享受互惠性效益。[④] 其二,接收

---

① Guy Goodwin-Gill and Jane McAdam, *The Refugee in International Law*, Oxford: Oxford University Press, 2007.

② Alexander Betts, "The Refugee Regime Complex", *Refugee Survey Quarterly*, Vol. 29, No. 1, 2010, p. 18.

③ Elihu Lauterpacht and Daniel Bethlehem, "The Scope and Content of the Principle of Non-Refoulement", in Elihu Lauterpacht and Daniel Bethlehem, eds., *Refugee Protection in International Law*, Cambridge: Cambridge University Press, 2001.

④ Alexander Betts, "The Refugee Regime Complex", *Refugee Survey Quarterly*, Vol. 29, No. 1, 2010, p. 19; Alexander Betts et al., *UNHCR: The Politics and Practice of Refugee Protection into the Twenty-First Century*, London: Routledge, 2008.

难民会将难民接收国塑造为遵守国际庇护规范的"文明国家",从而赋予难民接收国以合法性和国际权威。①

与第一种保护,即直接在其领土上为难民提供庇护相比,第二种保护则缺乏国际法强规范的约束,而基本由国家自行决定是否执行,因此在实践中的践行度大打折扣。② 具体而言,西方发达国家为接收难民的发展中国家提供援助的动力远小于当难民逃至其领土范围内时。然而,如果西方发达国家和接收难民的发展中国家存在其他问题领域的利益互换,则有助于促进西方发达国家对不在其本土范围内的难民进行援助。③

总结而言,国际社会已经为保护难民建立起相对完整的国际难民机制,尤其重要的是国际难民法的制订以及难民署的建立。然而,难民所享有的国际保护在实践中的践行度却受到诸多限制。国家以提供庇护和责任分担的形式参与国际难民保护所能依托的国际规范也尚无强制约束力,这些都对国际难民保护提出了挑战。

(二) 难民机制复合体

1. 机制复合体

随着全球化的加深以及全球治理领域新问题的涌现,国际社会出现越来越多且彼此之间难免重叠的机构,即所谓的"机制复合体"。④ 这

---

① Alexander Betts, "The Refugee Regime Complex", *Refugee Survey Quarterly*, Vol. 29, No. 1, 2010, p. 19; Gerrit Gong, *The Standard of "Civilization" in International Society*, Oxford: Oxford University Press, 1984; Edward Keene, *Beyond the Anarchical Society: Grotius, Colonialism and Order in World Politics*, Cambridge: Cambridge University Press, 2002.

② 相关研究参见 Alexander Betts, "North-South Cooperation in the Refugee Regime: The Role of Linkages", *Global Governance*, Vol. 14, No. 2, 2008, pp. 157 – 178; Alexander Betts, *Protection by Persuasion: International Cooperation in the Refugee Regime*, Ithaca: Cornell University Press, 2009; James Milner, *Refugees, the State and the Politics of Asylum in Africa*, Basingstoke: Palgrave MacMillan, 2009.

③ Alexander Betts, "North-South Cooperation in the Refugee Regime: The Role of Linkages", *Global Governance*, Vol. 14, No. 2, 2008, pp. 157 – 178; Alexander Betts, *Protection by Persuasion: International Cooperation in the Refugee Regime*, Ithaca: Cornell University Press, 2009.

④ Andreas Hasenclever et al., eds., *Theories of International Regimes*, Cambridge: Cambridge University Press, 1997; Robert Keohane, "The Demand for International Regimes", in Stephan Krasner, ed., *International Regimes*, Ithaca: Cornell University Press, 1983; Robert Lawrence et al., *A Vision for the World Economy: Openness, Diversity and Cohesion*, Washington D. C.: Brookings Institution, 1996.

里，"机制复合体"指某一特定治理领域中存在的一系列部分重叠且不具有等级关系的机构。① 与单一国际机制相比，机制复合体是在有不同行为者参与的不同领域中被创造和维持的多个法律协定。因此，构成机制复合体的单一机制所遵从的规则有可能与该机制复合体中的其他单一机制重合，但是彼此之间却不存在解决某治理领域问题上孰优孰劣的等级排序。某单一机制中达成的协议也无法自动适用于该机制复合体中的其他单一机制。②

机制复合体由多个单一机制构成。单一机制之间形成了一定的特殊关系。总结而言，单一机制之间可以形成三种不同的关系。第一，单一机制之间的平行关系。在这种关系中，每一个单一机制之间不存在交叉。第二，单一机制之间的重叠关系。在这种关系中，多个机构同时参与某一领域的治理，然而它们彼此之间并不造成相互排斥或者附属。第三，单一机制之间的嵌套关系。在这种关系中，单一机制之间形成同心圆式或者俄罗斯套娃式关系，小的机制被嵌套在大的机制之中。③

阿尔特（Alter）和莫尼耶（Meunier）总结了机制复合体对相关行为体造成的影响。第一，在实施政治方面，机制复合体的存在使得某一治理领域存在多种重叠的法则和司法，因而使国家面临的法律责任清晰度下降。具体而言，机制复合体的存在使某一治理领域的法律碎片化，规则模糊化。国家需要去界定哪一规则是最重要的，以及这些规则的含义。④

在同一治理领域中同时存在多个机制的情况下，行为体为了获取最大的收益，会策略性地运用不同的国际机制。行为体面对机制复合体所能采取的利益最大化策略可以粗略归纳为三种：（1）行为体可能使用

---

① Kal Raustiala and David G. Victor, "The Regime Complex for Plant Genetic Resources", *International Organization*, Vol. 58, No. 2, 2004, p. 279.

② Kal Raustiala and David G. Victor, "The Regime Complex for Plant Genetic Resources", *International Organization*, Vol. 58, No. 2, 2004, p. 279.

③ Vinod K. Aggarwal, *Institutional Designs for a Complex World*: *Bargaining*, *Linkages and Nesting*, Ithaca: Cornell University Press, 1998; Karen J. Alter and Sophie Meunier, "The Politics of International Regime Complexity", *Perspectives on Politics*, Vol. 7, No. 1, 2009, p. 15.

④ Karen J. Alter and Sophie Meunier, "The Politics of International Regime Complexity", *Perspectives on Politics*, Vol. 7, No. 1, 2009, p. 16.

"挑选法院"策略。① "挑选法院"是指行为体为了得到有利于其利益的政策决策在不同的国际机制中挑选最符合其利益的国际机制以应对特定领域的治理。（2）行为体可能使用"机制转换"（regime shifting）策略。② "机制转换"是指在机制复合体中，行为体为了改变原状，将协议的协商、法律制定和标准设定等活动从一个渠道转换到另一渠道。③ 与"挑选法院"相比，"机制转换"更强调行为体对政策转变的追求。④（3）行为体可能使用"竞争性多边主义"（contested multilateralism）策略。"竞争性多边主义"指机制复合体中的行为体对现行国际机制不满，综合运用"退出机制、在机制中发声，以及创造新的替换机制"等策略来实现与现行国际机制不同的政策和实践目标。⑤

机制复合体对相关行为体造成的影响还体现在机制之间的竞争和相互影响上。具体而言，（1）机制复合体会造成机制复合体内单一机制之间的竞争。这种竞争可以产生积极或消极的影响。从消极方面来说，这种竞争会造成单一机制之间的"地盘之争"以及机制间协调问题。从积极方面来说，这种竞争可以增加某一治理领域的总资源，降低机制面临的总体风险，以及推动机制内试验性工作的开展等。⑥（2）机制复合体

---

① Aletta Mondre, *Forum Shopping in International Disputes*, Basingstoke and New York: Palgrave Macmillan, 2015; Laurence R. Helfer, "Forum Shopping for Human Rights", *University of Pennsylvania Law Review*, Vol. 148, No. 2, 1999, pp. 285 – 399; Marc L. Busch, "Overlapping Institutions, Forum Shopping, and Dispute Settlement in International Trade", *International Organization*, Vol. 61, No. 4, 2007, pp. 735 – 761; Joost Pauwelyn and Luiz E. Salles, "Forum Shopping before International Tribunals: (Real) Concerns, (Im) Possible Solutions", *Cornell International Law Journal*, Vol. 42, Iss. 1, 2009, pp. 77 – 117.

② Laurence R. Helfer, "Regime Shifting: The TRIPS Agreement and the New Dynamics of International Intellectual Property Making", *Yale Journal of International Law*, Vol. 29, No. 1, 2004, pp. 1 – 81.

③ Laurence R. Helfer, "Regime Shifting: The TRIPS Agreement and the New Dynamics of International Intellectual Property Making", *Yale Journal of International Law*, Vol. 29, No. 1, 2004, p. 14.

④ Laurence R. Helfer, "Regime Shifting: The TRIPS Agreement and the New Dynamics of International Intellectual Property Making", *Yale Journal of International Law*, Vol. 29, No. 1, 2004, p. 14.

⑤ Kal Raustiala and David G. Victor, "The Regime Complex for Plant Genetic Resources", *International Organization*, Vol. 58, No. 2, 2004, p. 301.

⑥ Jacob Katz Cogan, "Competition and Control in International Adjudication", *Virginia Journal of International Law*, Vol. 48, No. 2, 2008, pp. 411 – 449; Karen J. Alter and Sophie Meunier, "The Politics of International Regime Complexity," *Perspectives on Politics*, Vol. 7, No. 1, 2009, pp. 19 – 20.

内单一机制的变化会使得机制复合体其他单一机制受到非计划性的影响。[1] （3）由于单一机制间的关联，机制复合体的存在使得追溯治理领域问题的来源以及问责变得更加困难。[2]

总结而言，某一治理领域机制复合体的存在对机制复合体内单一机制以及与机制复合体互动的行为体均可产生不同于仅存在单一机制情况下的影响。对机制复合体内的单一机制而言，机制复合体的存在将造成单一机制之间的竞争，进而对单一机制的发展造成消极或积极的影响。对与机制复合体互动的行为体而言，机制复合体的存在则使得行为体为了达到利益最大化，采取"挑选法院""机制转换"或"竞争性多边主义"的策略使单一机制不符合行为体利益的政策面临修正或被抛弃的风险。

2. 难民机制复合体

具体地，在难民治理领域，虽然国际难民机制为难民的国际保护提供了最基本的保障和架构，然而，现实中，难民的国际保护所面临的复杂性不仅来自国际难民机制本身，同时还来自其他与难民保护相关的国际机制。这些与难民机制相关的其他国际机制与国际难民机制一道可被称为"难民机制复合体"。这一机制复合体的存在对全球难民治理造成了多重影响。

在20世纪50年代初，即国际难民机制建立初期，难民机制代表了监管国际人口流动的主要国际制度性安排。然而，随着新问题的涌现和国际人口流动的大规模增长，新的应对国际人口流动的国际机制开始涌现，并与国际难民机制形成同行关系。图4-2简要地展示了现行国际难民机制复合体。可以看出，除了国际难民机制之外，与国际人口流动相关的国际机制还包括国际人权机制、国际发展机制、国际劳工迁移机制、国际旅行机制、国际人道主义机制以及国际安全机制。这些机制与国际难民机制共同构成了"国际难民机制复合体"。同时，这些单一机制对国际难民机制的发展造成了不同性质的影响。

---

[1]　Karen J. Alter and Sophie Meunier, "The Politics of International Regime Complexity," *Perspectives on Politics*, Vol. 7, No. 1, 2009, p. 20.

[2]　Karen J. Alter and Sophie Meunier, "The Politics of International Regime Complexity," *Perspectives on Politics*, Vol. 7, No. 1, 2009, p. 20.

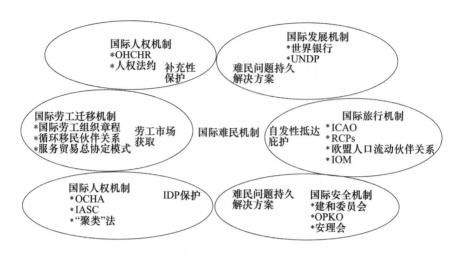

图 4-2　难民机制复合体

资料来源：Alexander Betts，"Regime Complexity and International Organizations：UNHCR as a Challenged Institution," *Global Governance*，Vol. 19，No. 1，2013，p. 73.

首先，难民机制复合体中的部分机制对难民机制的实施和发展产生了积极影响。例如国际人权机制对国际难民机制在难民保护方面进行了补充性工作，强化了国际难民机制。[1] 其中，《欧洲人权公约》（*European Convention on Human Rights*，ECHR）和《联合国禁止酷刑公约》（*The United Nations Convention against Torture*，CAT）均对 1951 年公约中规定的"不推回原则"进行了支持和强调，为难民机制的实施提供了补充性法律支撑。再如，国际安全机制中的联合国建设和平委员会（UN Peacebuilding Commission，PBC）为永久难民问题解决方案的实施提供了必要的前提条件。[2] 此外，国际劳工机制的发展对国际难民保护的实施进行了补充，尤其当难民处于持久性难民状态且难民在接收国缺乏必要的生存空间时，拥有技术的难民可以选择前往他国成为跨国劳工，

---

① Brian Gorlick，"Human Rights and Refugees：Enhancing Protection through International Human Rights Law"，New Issues in Refugee Research，Working Paper No. 30，Geneva，UNHCR，2000.

② James Milner，"Refugees and the Regional Dynamics of Peace-Building"，in Alexander Betts and Gil Loescher，eds. ，*Refugees in International Relations*，Oxford：Oxford University Press，2011，pp. 261 –284.

从而享受国际劳工机制的保护。①

其次，难民机制复合体中的部分机制对难民机制的实施产生了积极和消极的双重影响。突出的如国际人道主义机制对国内流离失所者的关注对难民保护产生的复杂影响上。国内流离失所者不同于逃离原籍国并进入其他国家的难民，他们虽然由于多种原因被迫离开自己的家园，但是仍然居留于其原籍国之内。目前尚缺乏专门针对国内流离失所者保护的国际法条约和机构，因此 2005 年，联合国机构间常设委员会（UN Inter-Agency Standing Committee，IASC）决定对国内流离失所者采取"聚类法"，即由不同的国际组织分别利用其优势对国内流离失所者的特定方面进行援助。② 然而，国际人道主义机制的这一举措对国际难民机制的实施却产生了复杂的影响。一方面，该方案的实施使得之前无法得到国际保护的国内流离失所者开始得到国际社会的关注，并得到越来越多的保护，对国际难民机制进行了有益的补充；③ 另一方面，对国内流离失所者的关注也一定程度上降低了在原籍国受到迫害的人逃离原籍国、寻求其他国家保护的概率，因此损害了潜在难民的利益，不利于国际难民机制的发展。④

最后，难民机制复合体中的某些单一机制，尤其是国际旅行机制的发展对难民机制的发展造成了消极的影响。这是因为国际旅行机制的主要目的是通过签证、护照、边境控制以及海关、消费税等手段来控制跨境人口流动。尤其是 20 世纪 80 年代后期之后以及 2001 年的"9·11"事件之后，西方发达国家开始以国家安全的理由加强对非正常移民的控制和监管。各种新政策、科技以及合作框架开始出现用以查验、过滤和

---

① UNHCR, *The State of the World's Refugees：Human Displacement in the New Millennium*, Oxford：Oxford University Press，2006，p. 150.

② 有关"聚类法"的背景介绍，参见 OCHA，"Humanitarian Coordination and the Cluster Approach：a Quick Guide for Local and National Organizations"，March 12，2020，https://reliefweb.int/report/world/humanitarian-coordination-and-cluster-approach-quick-guide-local-and-national。

③ Roberta Cohen，"Developing an International System for Internally Displaced Persons"，*International Studies Perspectives*，Vol. 7，No. 2，2006，pp. 87 – 102.

④ 尤其是近年来，国际人道主义组织捐助国政府为了避免越来越多的难民进入其国境，逐渐加大对国内流离失所者的援助，试图将潜在难民阻挡在难民原籍国国境之内。Cecile Dubernet，*The International Containment of Displaced Persons：Humanitarian Spaces without Exit*，New York：Routledge，2018.

驱逐非正常移民。①

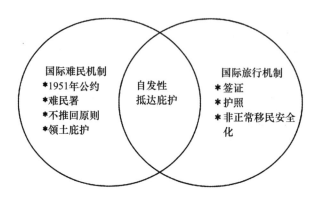

图 4 - 3　旅行—难民机制关系示意图

资料来源：Alexander Betts，"The Refugee Regime Complex，"Refugee Survey Quarterly，Vol. 29，No. 1，2010，p. 26.

例如，世界首个政府间移民磋商机制"关于移民、庇护和难民问题的政府间协商"（Intergovernmental Consultations on Migration，Asylum and Refugees，IGC）和"地中海 5 + 5 机制"（Mediterranean 5 + 5）、"布达佩斯进程"（Budapest Process）均对控制非正常移民做出强调。② 欧盟则创建了"欧洲边境及海岸警卫队"加强对非法移民的阻断，同时通过"全球方案"与佛得角、摩尔多瓦等国达成了关于控制移民的伙伴协议。③ 与此类似，美国与墨西哥、意大利与利比亚、西班牙与摩洛哥，瑞士与尼日利亚，法国与马里之间还通过双边协议的方式达成在发达国家境外阻拦非法移民入境的机制安排。④

---

① Mark B. Salter，"The Global Visa Regime and the Political Technologies of the International Self"，*Alternatives：Global，Local，Political*，Vol. 31，No. 2，2006，pp. 167 - 189；Rey Koslowski，ed. ，*Global Mobility Regimes*，New York：Palgrave Macmillan，2011.

② Anne-Grethe Nielsen，"Cooperation Mechanisms，" in Ryszard Cholewinski et al. ，eds. ，*International Migration Law：Developing Paradigms and Key Challenges*，Cambridge：Cambridge University Press，2007，pp. 405 - 426.

③ Alexander Betts，"The Refugee Regime Complex"，*Refugee Survey Quarterly*，Vol. 29，No. 1，2010，pp. 24 - 25.

④ Alexander Betts，"The Refugee Regime Complex"，*Refugee Survey Quarterly*，Vol. 29，No. 1，2010，p. 25.

因此，国际旅行机制对国际人口流动的限制使得难民在享受国际保护方面受到阻碍。根据国际难民法，难民的形成和界定只有当其逃离原籍国国境，进入他国国境后方可成立，而国际旅行机制则使得人口在进入他国国境之前即被拦截。因此，西方发达国家政府可以较容易地通过"机制转换"，绕过国际难民机制，支持国际旅行机制对人口进行提前拦截，从而避免本应承担的接收难民的国际责任以及"不推回原则"赋予其的法律义务，从而不利于国际难民机制的实施。①

3. 难民机制复合体对难民署的影响

难民机制复合体的出现和发展对难民署的发展造成了深远影响。由于在管控国际人口流动方面有越来越多的国际机制出现，各国政府在处理国际人口流动时可以挑选的机制也越来越多。同时，由于难民机制对各国政府接收和保护难民上施加了很大压力，国家更倾向于寻求其他国际机制解决国际人口流动问题。因此，难民署面临着越来越紧迫的在全球跨境人口领域寻求"关联性"的挑战。

在此情况下，难民署对此种压力做出回应。其中最重要的即是不断扩大其工作范围，确保其组织生存和扩展。

20 世纪 50 年代难民署成立之初，难民署工作范围仅为欧洲内部，且由于 1951 年 1 月 1 日以前发生的事情而造成的难民提供法律援助。到了 20 世纪 60 年代后期，难民署修改了工作范围，将其扩展到为全球范围内，且不受时间限制的难民提供国际保护。而 20 世纪 80 年代之后，难民署的工作范围开始跳出法律保护的限制，向物质援助延展。②

冷战结束后，难民署的工作范围则发生了更大的转变。第一，自 20 世纪 90 年代绪方贞子任难民署高级专员开始，难民署开始从纯粹的难民机构向综合性人道主义机构全面转变，同时将援助对象从难民扩展到包含国内流离失所者和因自然灾害而导致的难民。长期以来，国际难民法并不包含对国内流离失所者和因自然灾害导致的人口保护。近年来，随着这两大人群的出现和增多，难民署开始大力拓展其工作范围至这两大

---

① Alexander Betts, "The Refugee Regime Complex", *Refugee Survey Quarterly*, Vol. 29, No. 1, 2010, pp. 25 – 27.

② Alexander Betts et al., *UNHCR: The Politics and Practice of Refugee Protection*, New York: Routledge, 2012, p. 3.

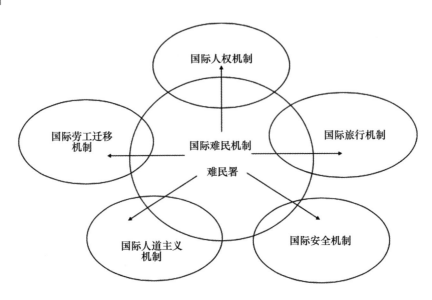

图4-4　难民署对难民机制复合体的应对

资料来源: Alexander Betts, "The Refugee Regime Complex", *Refugee Survey Quarterly*, Vol. 29, No. 1, 2010, p. 30.

新领域。

　　21世纪初，古特雷斯从担任高级专员开始，就将对国内流离失所者和其他脆弱的移民群体作为其上任后的工作重点。[①] 之后，在联合国内部发起以"聚类法"开展对国内流离失所者的保护的背景下，机构间常设委员会（Inter-Agency Standing Committee, IASC）于2005年指派难民署为国内流离失所者的保护、帐篷、难民营协调和管理这一领域的领导机构。截至2009年年末，难民署为1500多万国内流离失所者提供了援助，这一数字比2005年难民署首次被机构间常设委员会指派为国内流离失所者保护的领导机构时增长了近一倍。[②]

　　同时，难民署还增加了对因自然灾害而导致的难民的保护。2005年至2010年，难民署参与了18次因自然灾害导致人口流离失所的救助。[③] 2010

---

　　① ICVA, Talk Back, Vol 7-2a, April 14, 2005.

　　② UNHCR, *Statistical Yearbook* 2009, Geneva, 2010, p. 1.

　　③ Bryan Deschamp et al., "Earth, Wind and Fire: A Review of UNHCR's Role in Natural Disasters", UNHCR Policy Development and Evaluation Service, PDES/2010/06, June 2010.

年 12 月，机构间常设委员会批准难民署承担为期 12 个月的保护因自然灾害而流离失所人口的援助协调者角色。难民署在保护自然灾害难民方面的角色逐渐获得国际社会的认可。

第二，难民署不仅将其工作范围扩展至新的人群的保护上，同时还向一般的移民保护领域渗透。在古特雷斯任职时期，难民署开始将难民的保护看作广义的移民保护的一部分，并制订了针对国际移民的"十点计划"。[1] 将难民的保护塑造成移民保护的一部分是难民署对目前多数国家将难民问题看作移民问题现象的回应。[2] 由此同时，古特雷斯将难民署关注的对象从难民群体扩展到"移动中的人口"。[3]

2007 年 11 月，古特雷斯在联合国大会的报告突出地显示了他对难民署工作范围调整的关注。

> 安东尼奥·古特雷斯，难民署高级专员解释到尽管难民署对难民（保护）有精确的使命，然而今天人口迁移的复杂性已经远远超越了难民—移民联结。越来越多的人由于极端贫困、环境恶化和气候变化以及冲突和迫害而被迫逃离家园。满足为寻求食物而逃离家园的人的需要以及在他们不被界定为难民的情况下将他们送回极端贫困的境地是（难民署）面临的复杂问题。尽管这些问题超越了难民署的使命（mandate），然而难民署却有职责去警醒各国政府并帮助寻求这些现象代表的新挑战的应对方法。[4]

同年，难民署召开了主题为"难民保护、持久性解决方法以及国际迁移"的"关于保护面临挑战的难民署对话"的会议。对移民保护的探讨已经成为难民署公开关注的话题。这种对移民的关注代表了难民署对

---

① UNHCR, *Refugee Protection and Mixed Migration: A 10-Point Plan of Action*, Geneva, 2007.

② Alexander Betts, "The Refugee Regime Complex", *Refugee Survey Quarterly*, Vol. 29, No. 1, 2010, p. 31.

③ Alexander Betts, "The Refugee Regime Complex", *Refugee Survey Quarterly*, Vol. 29, No. 1, 2010, p. 31.

④ Jeff Crisp, "Beyond the Nexus: UNHCR's Evolving Perspective on Refugee Protection and International Migration", New Issues in Refugee Research, Working Paper No. 155, Geneva, UNHCR, 2008.

介入移民保护的关注以及对组织工作范围转变的思考。①

因此，可以看出，难民署的工作范围自其成立之初已经发生了很大的变化，并逐渐超出其最初关注的对象——难民群体，进一步向人道主义援助和国际移民扩展。这种工作范围的扩展虽然是多种因素共同作用的结果，其中最重要的因素则来自难民机制复合体中其他国际机制的竞争。这种竞争使得难民署传统的工作范围不断受到挤压和冲击，为了确保难民署在各国政府处理国际人口流动领域的存在感和影响力，难民署不得不将其工作范围扩大，即使这种做法会在一定程度上危及其最初的使命——难民的国际保护。②

三　国际移民组织与同行竞争

在难民机制复合体中，对难民署工作造成最大竞争的是国际旅行机制，尤其是国际移民组织（International Organization for Migration，IOM）。国际移民组织目前是迁移领域仅次于难民署的第二大国际政府间组织。③截至 2021 年 3 月，国际移民组织共拥有 174 个成员国和 8 个观察员国。④自 20 世纪 50 年代初被创建以来，逐步从一个临时性的国际组织发展成永久性的"与联合国有关的组织"（a related organization of the UN）。根据其官方最新数据，国际移民组织年度预算超过 15 亿美元，在全球拥有逾 1 万名员工，并在全球 150 多个国家开展工作。⑤

虽然国际移民组织在国际迁移领域的影响力不可忽视，然而直至 2016 年，它才获得"与联合国有关的组织"的地位。与难民署相比，对

① UNHCR, "Chairman's Summary, High Commissioner's Dialogue on Protection Challenges", Geneva, December 12, 2007.

② Alexander Betts et al., *UNHCR: The Politics and Practice of Refugee Protection*, New York: Routledge, 2012, p. 4.

③ Fabian Georgi, "For the Benefit of Some: The International Organization for Migration and its Global Migration Management," in Martin Geiger and Antoine Pecoud, eds., *Migration, Minorities and Citizenship: The Politics of International Migration Management*, New York: Palgrave Macmillan, 2010, pp. 45 – 72.

④ IOM, "Members and Observers (2021)", https://www. iom. int/sites/default/files/about-iom/members_ observers_ en. pdf.

⑤ IOM, "IOM History", https://www. iom. int/iom-history.

国际移民组织的现有研究相对缺乏。① 同时，它与难民署在工作范围上的

---

① 目前已有的有关国际移民组织的研究可以参见（1）来自国际移民组织的官方材料，如 Marianne Ducasse-Rogier, *The International Organization for Migration*, 1951 - 2001, Geneva: IOM, 2001；国际移民组织内部工作人员的研究，如 Claire Poteaux, "The Current Role of the International Organization for Migration in Developing and Implementing Partnership Agreements Versus Bilateral Migration Agreements and Mobility Partnerships", in Rahel Kunz et al. , eds. , *Multilayered Migration Governance: The Promise of Partnership*, London: Routledge, 2011, pp. 183 - 204；Dina Ionesco and Mariam Traore Chazalnoel, "The Role of the International Organization for Migration in the International Governance of Environmental Migration", in Kerstin Rosenow-Williams and Francois Gemenne, ed. , *Organizational Perspectives on Environmental Migration*, London: Routledge, 2015, pp. 108 - 125；Richard Perruchoud, "From the Intergovernmental Committee for European Migration to the International Organization for Migration", *International Journal of Refugee Law*, Vol. 1, No. 4, 1989, pp. 501 - 517；Richard Perruchoud, "Persons Falling Under the Mandate of the International Organization for Migration (IOM) and to Whom the Organization May Provide Migration Services", *International Journal of Refugee Law*, Vol. 4, No. 2, 1992, pp. 205 - 215. （2）捐助国或创建国对国际移民组织工作的外部审查研究，如 Carolina Wennerholm and Eva Zillen, *IOM Regional Counter-Trafficking Programme in the Western Balkans*, Stockolm: Sida Evaluation 03/37, 2003. （3）有关国际移民组织历史的学术研究，如 Jerome Elie, "The Historical Roots of Cooperation Between the UN High Commissioner for Refugees and the International Organization for Migration", *Global Governance*, Vol. 16, No. 3, 2010, pp. 345 - 360；Rieko Karatani, "How History Separated Refugee and Migrant Regimes: In Search of Their Institutional Origins", *International Journal of Refugee Law*, Vol. 17, No. 3, 2005, pp. 517 - 541. （4）对国际移民组织在反人口贩卖、强制遣返或移民管理等具体事务方面的研究，如 Anne Koch, "The Politics and Discourse of Migrant Return: The Role of UNHCR and IOM in the Governance of Return", *Journal of Ethnic and Migration Studies*, Vol. 40, No. 6, 2014, pp. 905 - 923；Antoine Pecoud, "Informing Migrants to Manage Migration? An Analysis of IOM's Information Campaigns", in Martin Geiger and Antoine Pecoud, eds. , *The Politics of International Migration Management*, New York: Palgrave Macmillan, 2010, pp. 184 - 201；Antoine Pecoud, "Suddenly, Migration Was Everywhere: The Conception and Future Prospects of the Global Migration Group", *Migration Information Source*, Washington, D. C. : Migration Policy Institute, 2013；Celine Nieuwenhuys and Antoine Pecoud, "Human Trafficking, Information Campaigns and Strategies of Migration Control", *American Behavioral Scientist*, Vol. 50, No. 12, 2007, pp. 1674 - 1695；Charles Heller, "Protection Management-Deterring Potential Migrants Through Information Campaigns", *Global Media and Communication*, Vol. 10, No. 3, 2014, pp. 303 - 318；Daniel Wunderlich, "Europeanization Through the Grapevine: Communication Gaps and the Role of International Organizations in Implementation Networks of EU External Migration Policy", *Journal of European Integration*, Vol. 34, No. 5, 2012, pp. 485 - 503；Giselle Valarezo, "Offloading Migration Management: The Institutionalized Authority of Non-State Agencies Over the Gutemalan Temporary Agricultural Worker to Canada Project", *Journal of International Migration and Integration*, Vol. 16, No. 3, 2015, pp. 661 - 677；Julien Brachet, "Policing the Desert: The IOM in Libya Beyond War and Peace", *Antipode*, Vol. 48, No. 2, 2016, pp. 272 - 292；Michael Collyer, "Deportation and the Micropolitics of Exclusion: The Rise of Removals from the UK to Sri Lanka", *Geopolitics*, Vol. 17, No. 2, 2012, pp. 276 - 292；Oleg Korneev, "Exchanging Knowledge, Enhancing Capacities, Developing Mechanisms: IOM's Role in the Implementation of the EU-Russia （转下页）

重叠以及缺乏规范性国际法使命的特点使得国际移民组织对难民署的难民保护工作造成消极的冲击，进而影响难民权利的获得，包括自愿遣返原籍国的权利。

（一）国际移民组织的发展历程

国际移民组织的历史发展与"二战"后至今的国际政治形势密切相关。在长达 70 年的发展历程中，国际移民组织从一个临时性的后勤组织逐步发展成为专业化的移民组织，工作范围大幅扩大，在移民领域的影响力也同步增长。其名称的变化即是组织发展壮大变化的缩影。下文将按照时间发展的顺序阐述国际移民组织的主要发展脉络。

1. 艰难的开端（20 世纪 50 年代）

国际移民组织成立于 1951 年。在比利时和美国的倡议下，1951 年在比利时召开了国际移民大会，并决定成立"欧洲移民流动政府间委员会"（Intergovernmental Committee for the Movements of Migrants from Eu-

---

（接上页）Readmission Agreement", *Journal of Ethnic and Migration Studies*, Vol. 40, No. 6, 2014, pp. 888 – 904; Rahel Kunz, "Governing International Migration Through Partnership", *Third World Quarterly*, Vol. 34, No. 7, 2013, pp. 1227 – 1246; Sandra Lavenex, "Multilevelling EU External Governance: The Role of International Organizations in the Diffusion of EU Migration Policies", *Journal of Ethnic and Migration Studies*, Vol. 42, No. 4, 2016, pp. 554 – 570; Susanne Schatral, "Awareness Raising Campaigns Against Human Trafficking in the Russian Federation: Simply Adding Males or Redefining a Gendered Issue?" *Anthropology of East Europe Review*, Vol. 28, No. 1, 2010, pp. 239 – 267; Susanne Schatral, "Categorisation and Instruction: IOM's Role in Preventing Human Trafficking in the Russian Federation", in Tul'si Bhambry et al., eds., *Transformation and Transition in Central and Eastern Europe & Russia*, London: UCL, 2011, pp. 2 – 15; Tanya Basok et al., "Disciplining Female Migration in Argentina", in Martin Geiger and Antoine Pecoud, eds., *Disciplining the Transnational Mobility of People*, Basingstoke: Palgrave, 2013, pp. 162 – 184. （5）对国际移民组织的批判性研究: Bruno Dupeyron, "Scheduling North America's Migration Outcasts: Notes on the International Organization for Migration's Compassionate Mercenary Business", in Ruben Zaiotti, ed., *The Externalization of Migration Management in Europe and North America*, London: Routledge, 2016, pp. 238 – 258; Fabian Georgi, "For the Benefit of Some: The International Organization for Migration and its Global Migration Management", in Martin Geiger and Antoine Pecoud, eds., *The Politics of International Migration Management*, Basingstoke: Palgrave Macmillan, 2010, pp. 45 – 72; Fabian Georgi and Susanne Schatral, "Towards a Critical Theory of Migration Control: The Case of the International Organization for Migration (IOM)", in Martin Geiger and Antoine Pecoud, eds., *The New Politics of International Mobility: Migration Management and its Discontents*, Vol. 40, Osnabruck: Institute for Migration Research and Intercultural Studies (IMIS), 2012, pp. 193 – 222; Ishan Ashutosh and Alison Mountz, "Migration Management for the Benefit of Whom? Interrogating the Work of the International Organization for Migration", *Citizenship Studies*, Vol. 15, No. 1, 2011, pp. 21 – 38。

rope，PICMME），即为国际移民组织的前身。① 仅在数周之前，难民署刚刚成立。这两大国际组织均为国际难民组织（International Refugee Organization，IRO）的接替者。② 难民署被美国认为是受到共产主义国家影响的难以受美国直接操控的联合国组织，因此主张建立新的国际组织以代替难民署为其国家利益直接服务。1952 年 10 月，"欧洲移民流动政府间委员会"被改为"欧洲移民国际委员会"（International Committee for European Migration，ICEM），并沿用至 1980 年。

这一时期的"欧洲移民国际委员会"在时间上是临时性的，在工作内容上是安置欧洲移民和难民的辅助性后勤组织，在意识形态上是反共产主义、为以美国为首的西方阵营国家服务的。它呈现出以下几点特征：第一，临时性的时间预设。美国为首的西方阵营国家成立"欧洲移民国际委员会"的最重要目的是协助将欧洲范围的"过剩人口"迁移出欧洲。"过剩人口"指由于战争而流离失所的人、德国集中营的前囚犯、失业工人以及来自东欧国家的难民。③ 一俟完成"过剩人口"的迁出工作，其使命也就完成。第二，辅助性的后勤组织。与难民署具有保护难民权利、监督国际难民法实施的法律和规范方面的责任不同，"欧洲移民国际委员会"在其成立之初并未被赋予独立意志，而是辅助美国为首的西方国家完成特定人口迁移，且仅仅局限在提供交通和后勤保障方面的工作。第三，亲西方反东方的意识形态。"欧洲移民国际委员会"的成立受到美国的一手操控，其最初的 16 个成员国主要包括移民输出的欧洲国家和移民输入的南北美洲和澳大利亚。同时，其最初版组织章程（Constitution）称，只有支持人口"自由流动"的国家才能成为其成员国。④ 在当时的冷战

---

① IOM，"IOM History"，https：//www. iom. int/iom-history.

② Fabian Georgi，"For the Benefit of Some：The International Organization for Migration and its Global Migration Management"，in Martin Geiger and Antoine Pecoud，eds. ，*The Politics of International Migration Management*，Basingstoke：Palgrave Macmillan，2010，p. 50.

③ Richard Perruchoud，"From the Intergovernmental Committee for European Migration to the International Organization for Migration"，*International Journal of Refugee Law*，Vol. 1，No. 4，1989，pp. 501 – 517.

④ Fabian Georgi，"For the Benefit of Some：The International Organization for Migration and its Global Migration Management"，in Martin Geiger and Antoine Pecoud，eds. ，*The Politics of International Migration Management*，Basingstoke：Palgrave Macmillan，2010，p. 50.

背景下，这意味着对限制公民外流的东欧社会主义国家的反对。

然而，尽管"欧洲移民国际委员会"在成立之初面临时间设定、工作范围等方面的诸多限制，其作为官僚机构成立之后对于生存和发展的追求却给予了它后期发展成永久性、全球性国际组织的机会。其中，1956年匈牙利难民危机的工作表现证明了它服务西方国家利益的有效性。"欧洲移民国际委员会"在危机爆发后迅速提供大规模救济，并成功重新安置了18万已经逃往奥地利和南斯拉夫的匈牙利难民。①

2. 走出欧洲（20世纪60—70年代）

在经历了20世纪50年代的初期发展之后，"欧洲移民国际委员会"在60年代开始面临生存危机。这主要归因于欧洲政治经济形势的发展。政治上，60年代初，随着德国内部、捷克斯洛伐克和匈牙利西部防御工事的修筑以及柏林墙的建立，难民流动的难度迅速增加。经济上，战后初期西欧社会经济的快速发展使得欧洲难民对移民至南美的需求下降。因此，"欧洲移民国际委员会"在匈牙利危机之后面临工作空间大幅缩小的发展困境。加拿大和澳大利亚两国则分别于1962年和1973年从这一组织中退出，称其工作变成不必要和不受欢迎的。②

在这种情况下，"欧洲移民国际委员会"一方面抓住各种发展机会，将其移民工作范围突破欧洲，向全球延伸。这一阶段，其从事的主要移民工作包括：组织来自奥地利的4万捷克斯洛伐克难民的重新安置；协助难民署将13万来自孟加拉国和尼泊尔的难民迁往巴基斯坦进行重新安置；协助将3.1万多名智利难民前往全球50多个国家进行重新安置；发起将印支难民和因越南战争而流离失所人口的重新安置等大规模移民项目。③另一方面，"欧洲移民国际委员会"开始寻求新的工作领域。1964年，它开始运行"移民促进发展"项目，负责在欧洲招募高技术移民前

---

① Marianne Ducasse-Rogier, *The International Organization for Migration*, 1951 – 2001, Geneva: IOM, 2001, pp. 36 – 41.

② Freda Hawkins, *Critical Years in Immigration: Canada and Australia Compared*, Montreal: McGill-Queen's University Press, 1991, pp. 161 – 163; Louise W. Holborn, "Canada and the ICEM", *International Journal*, Vol. 18, No. 2, 1963, pp. 211 – 214.

③ IOM, "IOM History", https://www.iom.int/iom-history.

往拉丁美洲以促进当地发展;① 十年后，则发起拉美"人才返回项目"。同时，"欧洲移民国际委员会"开始设立有关移民的研究项目和国际研讨会，成为各国政府和国际组织讨论移民问题的重要论坛。②

然而，这一时期，尽管"欧洲移民国际委员会"极力保住了生存，却仍然未能求得长远发展。20 世纪 70 年代中期，其主管约翰·F. 托马斯（John F. Thomas）未能说服成员国修改组织章程以使"欧洲移民国际委员会"成为常设性机构。③ 虽然此时未能顺利成为常设性机构，但是"欧洲难民国际委员会"却在艰难的政治经济环境下获得生存，并扩大了工作范围，成为走出欧洲，迈向全球的国际组织，同时增强了其在移民领域的专业话语。为了适应扩大的工作范围，1980 年，"欧洲难民国际委员会"再次更名为"移民政府间委员会"（Intergovernmental Committee for Migration，ICM），沿用至 1989 年。

3. 成为永久性机构（20 世纪 80 年代）

至 20 世纪 80 年代初，"移民政府间委员会"已经彻底突破地域限制，成为在全球开展工作的国际组织，却尚未取得永久性机构的地位。这一目标的实现在 20 世纪 80 年代末期得以实现。20 世纪 80 年代的政治经济发展促成了"移民政府间委员会"的发展。

一方面，随着 20 世纪 70 年代中期开始的经济危机危及西方发达国家的经济发展，工人运动涌起，西方发达国家开始收紧外籍劳工的工作机会。传统的外籍劳工接收大国如美国、加拿大和澳大利亚开始限制外籍劳工入境或增加外籍劳工进入其国工作的难度。然而，这种政治政策的转变在现实中却难以得到实践。其一，西方发达国家内部在是否严格执行限制移民上难以达成一致，尤其是受益于移民经济的政治派别反对限制移民。其二，"二战"后形成的移民浪潮难以短时间内停止。各种新式移民申请使得限制移民政策难以推行。④

---

① IOM，"IOM History"，https：//www. iom. int/iom-history.

② IOM，"IOM History"，https：//www. iom. int/iom-history.

③ Richard Perruchoud，"From the Intergovernmental Committee for European Migration to the International Organization for Migration"，*International Journal of Refugee Law*，Vol. 1，No. 4，1989，pp. 506 – 507.

④ Fabian Georgi，"For the Benefit of Some：The International Organization for Migration and its Global Migration Management"，in Martin Geiger and Antoine Pecoud，eds. ，*The Politics of International al Migration Management*，Basingstoke：Palgrave Macmillan，2010，p. 52.

另一方面，20 世纪 70 年代兴起的"新自由主义改革"和实行放松管制、私有化、自由化、金融化的经济政策使得经济全球化加速，尤其是西方国家开始建立共同市场，跨国公司也开始推行生产和消费的全球共同市场。同时，20 世纪 80 年代受新自由主义经济政策指导的国际组织开始在发展中国家开展"休克疗法"，使得大量农民和底层劳工在资本和市场全球化的浪潮中难以生存，转而向城市和发达国家寻求新的劳工市场。因此，20 世纪 80 年代的"新自由主义"经济政策以及迅速发展的经济全球化加快了全球移民。面对前所未有的移民浪潮，移民问题在西方国家内部开始引起越来越多和越来越严肃的讨论，对移民问题的重视度也与日俱增。这种政治形势的发展客观上给"移民政府间委员会"创造了发展机会。

同时，这一时期苏联解体、柏林墙倒塌以及人口自由流动的恢复给予了"移民政府间委员会"前所未有的发展机会。"移民政府间委员会"在东西方移民路线、过程和数据等方面为西方国家提供了大量有用信息，扩大了其在移民领域的影响力，并在独联体国家，如阿尔巴尼亚和罗马尼亚设立了办公室。① 20 世纪 60 年代开始推行的"移民促进发展项目"在这一时期则进一步扩展到非洲和亚洲。②

在 20 世纪 80 年代的迅速发展中，"移民政府间委员会"在 1989 年再次改名为"国际移民组织"并沿用至今。同时，组织内部通过新的章程，决定将国际移民组织设定为永久性组织。至此，国际移民组织完成从临时性后勤组织向永久性移民组织的转型。新章程赋予了国际移民组织更大范围的使命。它不再只是为移民提供后勤的组织，其工作范围延伸至包括移民、难民、流离失所人口和其他需要国际迁移服务的人口领域。③

---

① Marianne Ducasse-Rogier, *The International Organization for Migration*, *1951 - 2001*, Geneva: IOM, 2001, pp. 166, 117 - 120.

② IOM, "IOM History", https://www. iom. int/iom-history.

③ Marianne Ducasse-Rogier, *The International Organization for Migration*, *1951 - 2001*, Geneva: IOM, 2001, pp. 88 - 91; Richard Perruchoud, "From the Intergovernmental Committee for European Migration to the International Organization for Migration", *International Journal of Refugee Law*, Vol. 1, No. 4, 1989, p. 508.

4. 稳步发展（20 世纪 90 年代）

20 世纪 90 年代的国际移民组织借助第一次海湾战争爆发后出现的移民管理机会以及国际社会对移民问题更加迫切的关注，开始积极塑造国际社会在移民管理上的话语，稳定了其在全球移民治理领域的地位。

首先，1990—1991 年第一次海湾战争以及移民管理的需求为国际移民组织在 20 世纪 90 年代的稳定发展提供了良好的开端。在这次海湾危机中，国际移民组织被联合国请求协助近 100 万因伊拉克入侵科威特而逃亡的移民。国际移民组织在这次危机中的表现让此前认为国际移民组织为美国代理工具的国家认识到国际移民组织在移民方面的重要性。[①] 因此，20 世纪 90 年代初期，多个中东、南亚国家加入，如埃及（1991 年加入）、巴基斯坦（1992 年加入）、印度（1992 年成为观察员国）、约旦（1992 年成为观察员国）、伊朗（1992 年成为观察员国）。1992 年，国际移民组织还获得了联合国的正式观察员地位。[②] 20 世纪 90 年代同样见证了国际移民组织成员国的增加。1990—2000 年，国际移民组织的成员国数量从 39 个增长至 79 个。

其次，国际移民组织在 20 世纪 90 年代进一步开拓新的工作领域。这一时期，国际移民组织开始关注"反非法移民"和"反人口贩卖"两方面的工作。同时，在全球治理领域呼吁"能力建设"的浪潮中，国际移民组织积极参与到中东欧和独联体国家在移民领域的建设和现代化进程中。[③] 此外，国际移民组织还参与到更广泛意义上的国际人道主义援助中，如莫桑比克、塔吉克斯坦、波斯尼亚、海地等国的战后救援。[④]

最后，国际移民组织在 20 世纪 90 年代开始积极塑造全球移民治理的话语。20 世纪 90 年代，移民问题受到国际社会更加迫切的关注。一系列地区性论坛如"布达佩斯进程"（Budapest Process）和"普埃布拉

---

① 南亚国家多为向海湾国家输出劳工的来源国。

② Fabian Georgi, "For the Benefit of Some: The International Organization for Migration and its Global Migration Management", in Martin Geiger and Antoine Pecoud, eds., *The Politics of International Migration Management*, Basingstoke: Palgrave Macmillan, 2010, p. 54.

③ Marianne Ducasse-Rogier, *The International Organization for Migration*, *1951 – 2001*, Geneva: IOM, 2001, p. 106.

④ Marianne Ducasse-Rogier, *The International Organization for Migration*, *1951 – 2001*, Geneva: IOM, 2001, pp. 146 – 161.

进程"（Puebla Process）开始出现。西方发达国家越来越严格的移民管控引起国际社会对"移民危机"的关注。反对西方国家管控政策的声音呼吁加强移民的有效调节，充分利用移民给经济发展带来的利好。因此，20 世纪 90 年代，移民问题首次成为全球范围内以及联合国内部的重要外交话题。①

在这种情况下，国际移民组织积极参与全球移民治理的各项进程。如，国际移民组织参与了 1994 年 9 月在开罗召开的联合国国际人口与发展大会（UN International Conference on Population and Development，ICPD）和随后全球治理委员会（Commission on Global Governance）有关移民问题的探讨，并积极对全球移民治理建言献策。② 同时，国际移民组织开始积极协助组建"地区性移民咨询进程"（Regional Consultative Processes，RCPs），以非正式的形式协助各国政府及非政府组织开展有关移民问题的会议和工作坊。这一架构成为国际移民组织的标志，也让国际移民组织获取了新的工作范畴和项目。③

20 世纪 90 年代，国际移民组织另一大发展体现在对全球移民治理话语的塑造上。1997—2001 年，"移民管理"成为国际移民组织"人口有序流动的新国际机制"（New International Regime for the Orderly Movement of People，NIROMP）项目的核心概念。一系列报告和工作坊开始围绕这一核心概念展开，成为至今国际移民组织乃至国际社会普遍使用的概念，而国际移民组织在推广这一概念中的作用不容忽视。④

5. 跻身联合国系统（21 世纪）

进入 21 世纪，国际移民组织再次获得前所未有的发展机会。在新的政

---

① Fabian Georgi, "For the Benefit of Some: The International Organization for Migration and its Global Migration Management", in Martin Geiger and Antoine Pecoud, eds., *The Politics of International Migration Management*, Basingstoke: Palgrave Macmillan, 2010, p. 55.

② James N. Purcell, "Statement of IOM", September 7, 1994, International Conference for Population and Development, Cairo, https://www. unfpa. org/sites/default/files/resource-pdf/94-09-07 _ Statement_ of_ IOM_ IGO_ Mr. _ James_ N. pdf.

③ 这一工作也因缺乏透明性和民主性而招致了批评。参见 Alexander Betts, Global Migration Governance, GEG Working Paper 2008/43, Oxford, https://www. econstor. eu/bitstream/10419/196305/1/GEG-WP-043. pdf。

④ Bimal Ghosh, ed., *Managing Migration: Time for a New International Regime?* New York, NY: Oxford University Press, 2000, pp. 6 – 26.

治形势下，国际移民组织抓住发展机会，不仅进一步拓宽了工作范畴，还于 2016 年成功跻身联合国系统，稳定了其在国际移民领域的核心地位。

国际政治变化的发展促成了国际移民组织新的发展。一方面，西方发达国家，尤其是欧洲的政治形势发展促进了移民的流动。波斯尼亚和科索沃战争的结束、中左翼政党的短暂执政、欧共体及欧盟的扩员等一系列事件的发生让欧洲范围内的移民流动再次加快。① 另一方面，2001 年"9·11"事件的爆发使得 20 世纪八九十年代建立"人口有序流动的新国际机制"难以实现。新保守主义浪潮在以美国为首的西方国家内部兴起，反恐战争以及加强移民管控的需求上升。这种政治形势的发展让国际移民组织获得重塑国际社会管控移民话语和建立移民管控新机制的机会。

在此背景下，国际移民组织大力开拓新的工作范畴。除了传统的移民管控，国际移民组织开始涉足新的"商业领域"，如 2000—2006 年为德国境内的强制劳工开展的"德国赔偿项目"。同时加强 20 世纪 90 年代设立的领域，主要包括反人口贩卖和反非法移民，协助国家设立管理移民的政府机构，协助国家"自愿遣返"被拒的庇护寻求者和非法劳工，并更多地参与战后紧急救援。②

国际移民组织在这一阶段取得的另一成就是将"地区性移民咨询进程"扩展为全球性移民咨询平台。2001 年开始，国际移民组织每年 11 月组织召开"移民国际对话"（International Dialogue on Migration，IDM），同时每年召开数次移民工作坊，作为补充性交流机制。2001 年，国际移民组织和瑞士政府还共同发起政府主导的全球移民对话机制"伯尔尼倡议"（Berne Initiative），并于 2004 年出版了"移民管理的国际议程"（International Agenda on Migration Management）报告。③ 此外，2006 年 9 月，联合国大会首次召开针对全球的"移民和发展"（Migration and De-

---

① Fabian Georgi, "For the Benefit of Some: The International Organization for Migration and its Global Migration Management", in Martin Geiger and Antoine Pecoud, eds., *The Politics of International Migration Management*, Basingstoke: Palgrave Macmillan, 2010, p. 56.

② Fabian Georgi, "For the Benefit of Some: The International Organization for Migration and its Global Migration Management", in Martin Geiger and Antoine Pecoud, eds., *The Politics of International Migration Management*, Basingstoke: Palgrave Macmillan, 2010, p. 57.

③ IOM, International Agenda on Migration Management, December 16 – 17, 2004.

velopment）的高层对话（High-Level Dialogue，HLD）也在这一时期实现。这被国际移民组织认为是移民领域取得标志性进展的事件，也是继1994年开罗"联合国国际人口与发展大会"之后，各个与移民相关的行为体积极推动的结果，促进了全球范围内对移民问题的探讨。①

除了推动全球范围内关于移民问题的探讨，国际移民组织在进入21世纪后还加强了同移民领域其他行为体的关系。2005年，国际移民组织成立"商业咨询委员会"（Business Advisory Board），并与多个国际政府组织和非政府组织建立联系。截至2022年10月，有超过70个政府间国际组织和60多个非政府组织在国际移民组织拥有观察员身份。② 2003年，国际移民组织发起"日内瓦移民小组"（Geneva Migration Group），三年后改称"全球移民小组"（Global Migration Group），成员组织达到18个，③旨在促进移民领域各大国际组织之间的信息沟通和协作。

在移民问题日益引起国际社会关注以及国际移民组织日益扩展的背

---

① 美国和其他西方发达国家反对在联合国系统内讨论移民问题，结果是联合国做出妥协，决定在联合系统外召开"移民和发展全球论坛"（Global Forum on Migration and Development，GFMD），不设常设秘书处。然而，这些会议被批评流于形式。参见 Alexander Betts，"Global Migration Governance"，GEG Working Paper 2008/43，Oxford，https://www. econstor. eu/bitstream/10419/196305/1/GEG-WP-043. pdf。

② IOM，"Members and Observers（2021）"，https://www. iom. int/sites/default/files/about-iom/members_ observers_ en. pdf.

③ 截至2022年10月，全球移民小组的成员包括：联合国粮食及农业组织（Food and Agricultural Organization of the United Nations，FAO）、国际移民组织（International Organization for Migration，IOM）、国际劳工组织（International Labour Organization，ILO）、联合国人权高专办（Office of the United Nations High Commissioner for Human Rights，OHCHR）、联合国贸易和发展会议（United Nations Conference on Trade and Development，UNCTAD）、难民署（United Nations High Commissioner for Refugees，UNHCR）、联合国毒品和犯罪问题办公室（United Nations Office on Drugs and Crime，UNODC）、联合国经济和社会事务部（United Nations Department of Economics and Social Affairs，UNDESA）、联合国开发计划署（United Nations Development Programme，UNDP）、联合国人口基金（United Nations Population Fund，UNFPA）、世界银行（World Bank）、联合国教育、科学及文化组织（United Nations Educational，Scientific and Cultural Organization，UNESCO）、联合国儿童基金会（United Nations Children's Fund，UNICEF）、联合国地区委员会（United Nations Regional Commissions）、联合国训练研究所（United Nations Institute for Training and Research，UNITAR）、世界卫生组织（World Health Organization，WHO）、联合国妇女署（United Nations Entity for Gender Equality and Empowerment of Women，UN Women）、联合国粮食及农业组织（Food and Agricultural Organization of the United Nations，FAO）、联合国大学（United Nations University，UNU）以及联合国各区域委员会，参见 IOM，"Global Migration Group"，https://www. iom. int/global-migration-group。

景下，联合国与国际移民组织于 2016 年 9 月 19 日在联合国大会举办"应对难民和迁徙者大规模流动问题高级别会议"，并签署协议，"通过这一历史性协议，国际移民组织正式加入了联合国系统"。① 然而，国际移民组织与联合国系统内的其他国际组织依然存在不同，其官方地位是"与联合国有关的组织"。② 为了加强同联合国系统的关系以及对人权和人道主义原则的遵守，国际移民组织还进一步强调其工作的人道主义性质，并于 2015 年出台"国际移民组织的人道主义政策：人道主义行动的原则"的政策文件。③

总结而言，国际移民组织经历了曲折而长足的发展：20 世纪 50 年代成立初期仅为"美国控制下的难民署的替代性组织"（UNHCR's operational，United States-Controlled counterpart）。④ 为了确保组织生存和发展，20 世纪六七十年代，当时的"欧洲移民国际委员会"积极开拓新的工作领域，并利用 20 世纪 80 年代国际社会尤其是西方发达国家对移民管理的需求，实现了大幅发展，从临时性的移民后勤组织发展成永久性的涵盖移民问题多个方面的移民组织。最终于 21 世纪进入联合国系统，成为全球移民治理领域不可或缺的重要角色。

（二）国际移民组织与难民署的同行竞争

从发展历程上看，国际移民组织与难民署同样经历了从小到大、从欧洲到世界，从临时性机构到永久性机构的发展轨迹。两者在世界移民难民领域的影响力也日益增长，但是由于两者的工作范围多有重叠以及国际移民组织的自身特点，造成了两者在自愿遣返领域难以避免的竞争，影响了移民难民相关权利的获取。

---

① 联合国：《联合国欢迎国际移民组织正式加入联合国大家庭》，https：//news. un. org/zh/story/2016/09/263262。

② IOM，"IOM Becomes a Related Organization to the UN"，July 25，2016，https：//www. iom. int/news/iom-becomes-related-organization-un.

③ IOM，"IOM's Humanitarian Policy：Principles for Humanitarian Action"，https：//www. iom. int/sites/g/files/tmzbdl486/files/2018-07/IOM-Humanitarian-Policy-Principles-on-Humanitarian-Action. pdf.

④ Dimitris Parsanoglou and Konstantinos Tsitselikis，"The Emergence of the International Regulation of Human Mobility，" in Lina Venturas， ed.， *International "Migration Management" in the Early Cold War*，*The Intergovernmental Committee for European Migration*，Corinth：University of the Peloponnese，2015，pp. 13 – 32.

1. 国际移民组织的运转模式

国际移民组织与难民署的工作容易造成恶性竞争的首要原因可以从其运转模式进行分析。

第一，世界范围内移民管理的"私人化"（privitization）。自 20 世纪 80 年代，移民领域的移民接待和拘留、健康检查、数据搜集及移民遣返等工作均被各国政府"承包"给国际政府组织、非政府组织或私人公司进行管理。① 在资金支持和项目总量稳定的情况下，各负责承包项目的组织之间便容易形成竞争。国际移民组织便是其中之一。

第二，造成国际移民组织时刻面临强烈竞争的另一原因是其"融资"渠道的"项目化"。国际移民组织的运转资金主要由两部分组成。其中，成员国所赞助的资金仅仅占总预算极小的一部分（维持在 3% 左右），而 97% 左右的预算则来自各国政府或其他国际政府组织的项目拨款。② 这种"项目化"的融资方式意味着国际移民组织所有的"与项目有关的员工和办公室开销均通过一定时间内的执行项目获取"③。国际移民组织缺乏长期性的融资机制，一个项目的终结或缩减意味着与此项目相关的人员和团队的解散。因此，为了获得组织的存在和发展，国际移民组织必须不停地努力争取新的项目。同时，为了确保项目的获取和稳定，一方面，国际移民组织必须高效完成项目提供者（即各国政府或其他国际政府组织）规定的任务；另一方面，国际移民组织无法向项目提供者公开提出不满或抗议，即使项目提供方要求国际移民组织所做任务有违背基本移民权利的嫌疑。因此，国际移民组织时常被许多非政府组织评论为："只要有钱，国际移民组织就会去做任何事情。"④

---

① Fabian Georgi, "For the Benefit of Some: The International Organization for Migration and its Global Migration Management", in Martin Geiger and Antoine Pecoud, eds., *The Politics of International Migration Management*, Basingstoke: Palgrave Macmillan, 2010, p. 62.

② IOM, "Standing Committee on Programmes and Finance, Twenty-Four Session, Revision of the Programme and Budget for 2019", https://governingbodies. iom. int/system/files/en/scpf/24th/S-24-6% 20-% 20Revision% 20of% 20the% 20Programme% 20and% 20Budget% 20for% 202019_. pdf.

③ IOM, "IOM Organizational Structure", https://www. iom. int/organizational-structure.

④ Fabian Georgi, "For the Benefit of Some: The International Organization for Migration and its Global Migration Management", in Martin Geiger and Antoine Pecoud, eds., *The Politics of International Migration Management*, Basingstoke: Palgrave Macmillan, 2010, p. 63.

2. 国际移民组织的工作使命

除了移民领域"私人化"的管理模式和国际移民组织"项目化"的运转模式，另一导致国际移民组织比难民署等其他国际政府组织在遵从国家意愿、为国家利益服务上更加灵活的原因来自国际移民组织缺乏国际法和国际规范的约束。国际社会成立难民署的最重要目的是保护难民的权利，难民署也被赋予监督国际难民法实施的法律责任。因此，与国际移民组织不同，难民署无法像国际移民组织一样听从国家政府的意愿行事，当国家政府的要求违反难民利益时，难民署有法律责任公开批评和对抗国家政府。相比之下，国际移民组织则不具备这种国际法和国际规范的约束，因而在服务国家利益上更加灵活。当国家利益有损移民或难民利益时，为了获取组织生存和影响力，国际移民组织很多时候选择站在前者一边，因而遭到了国际社会多次批评，并被斥为"国家主人的仆人"。①

因此，国际移民组织与难民署在全球难民/移民治理上存在激烈竞争的主要原因包括：第一，两者的工作范围有所重叠。国际移民组织和难民署的工作对象均包括难民、移民、国内流离失所者以及由于自然灾害、环境问题等新问题导致的难民和移民。两者的工作内容也存在一定重叠，如为难民/移民提供帐篷、健康、食物、交通等。第二，两者运转资金的大部分均来自各国政府资助，在资助国数量稳定的情况下，两者之间必然面临"你多我少"的竞争。第三，两者的运转模式，尤其是国际移民组织严重依赖短时期内的项目支撑。项目数量稳定的情况下，两者容易因为抢夺项目而竞争。第四，国际移民组织不受保护难民/移民的国际法和国际规范的约束，而难民署却受到这方面的限制。因此，现实中，难民署为了求得生存和发展，必须对国际移民组织的竞争做出相应回应。

---

① Megan Bradley, "The International Organization for Migration（IOM）: Gaining Power in the Forced Migration Regime", *Refuge*, Vol. 33, No. 1, 2017, p. 99.

第五章 难民署遣返行为模式
差异的案例分析

为论证国家压力和同行竞争对难民署难民遣返行为的影响，本章在实地调研和文献分析的基础上，以难民署在委内瑞拉难民/移民（2018—2019）、叙利亚难民（2018）和阿富汗难民（2016）遣返问题上的不同行为模式为案例，分析同时存在国家压力和同行竞争、仅存在国家压力以及不存在国家压力和同行竞争情形中难民署在难民遣返上的不同表现。值得说明的是，三个案例虽然具有其特殊性，但是也具有广泛的代表性。难民署与委内瑞拉难民的互动模式不仅发生在哥伦比亚，相似的行为还出现在智利、秘鲁等国家；同理，难民署与叙利亚难民的互动模式还出现在约旦、土耳其等国；而难民署与阿富汗难民的互动模式还出现在孟加拉国、坦桑尼亚、肯尼亚等国。本章选取三个案例旨在起到见微知著的效果。以下案例将按照介绍难民危机背景、难民署与难民遣返相关活动以及结合理论框架分析难民署不同难民遣返行为模式的顺序进行叙述。

第一节 无国家压力、无同行竞争下的
委内瑞拉难民/移民

委内瑞拉难民/移民危机是目前世界上较大规模的移民/难民危机之一。[①] 根据难民署公布的最新数据，截至 2019 年 6 月，约 450 万委内瑞

---

① UNHCR，"Refugees and Migrants from Venezuela Top 4 Million：UNHCR and IOM"，June 7，2019，https：//www. unhcr. org/news/press/2019/6/5cfa2a4a4/refugees-migrants-venezuela-top-4-million-unhcr-iom. html.

拉难民/移民逃离委内瑞拉。① 委内瑞拉难民/移民呈现出惊人的增长速度。2015 年年底，仅有近 70 万人，而到了 2019 年中，这一数字已经超过 400 万人。仅 2018 年 11 月—2019 年 6 月，难民/移民数量就增加了 100 万人。② 自 2014 年开始，委内瑞拉寻求难民庇护的人数呈现了极高的增长率。③ 拉丁美洲国家是委内瑞拉难民/移民的主要接收国，包括哥伦比亚（约 140 万人）、秘鲁（约 86 万人）、智利（约 37 万人）、厄瓜多尔（约 33 万人）和巴西（约 21 万人），墨西哥、中美洲和加勒比海国家也接收了数量不等的委内瑞拉难民/移民。④ 面对如此大规模的难民/移民危机，难民署和国际移民组织共同作为委内瑞拉难民/移民人道主义援助的领导机构，协同合作，以保护委内瑞拉难民/移民。

一 哥伦比亚的委内瑞拉难民/移民

委内瑞拉难民/移民危机来源于委内瑞拉严重恶化的经济和社会状况，并成为现代史上西半球最大的难民/移民危机。⑤ 由于其丰富的石油资源，委内瑞拉 20 世纪末曾是拉丁美洲地区最为富裕的国家之一，这一形势一直延续至乌戈·查韦斯带领的委内瑞拉社会主义统一党执政时期。查韦斯的继承人尼古拉斯·马杜罗时期，由于外部环境的恶化以及内部治理的失衡，委内瑞拉经济几近崩溃。自 2015 年以来，委内瑞拉的经济持续且急速恶化。根据国际货币基金组织的数据，委内瑞拉经济自 2013 年以来已下降约 65%，仅 2019 年就下降约 35%。通货膨胀率到 2019 年初仍然高达 200000%，并呈现持续恶化的趋势。⑥ 国际货币基金组织西

---

① UNHCR, "Venezuela Situation", https://www. unhcr. org/en-us/venezuela-emergency. html. 这一数字为委内瑞拉难民/移民接收国官方统计数字，仅涵盖了拥有正常状态（regular status）的委内瑞拉难民/移民，实际上委内瑞拉难民/移民数字比这一数字更高。

② UNHCR, "Refugees and Migrants from Venezuela Top 4 Million: UNHCR and IOM", June 7, 2019, https://www. unhcr. org/news/press/2019/6/5cfa2a4a4/refugees-migrants-venezuela-top-4-million-unhcr-iom. html.

③ UNHCR, "Venezuela Situation", https://www. unhcr. org/en-us/venezuela-emergency. html.

④ IOM, "Venezuelan Refugee and Migrant Crisis", https://www. iom. int/venezuela-refugee-and-migrant-crisis.

⑤ Michael J. Camilleri and Fen Osler Hampson, "No Strangers at the Gate: Collective Responsibility and a Region's Response to the Venezuelan Refugee and Migration Crisis", Centre for International Governance Innovation, October 2018, p. 7.

⑥ IMF, Western Hemisphere-Regional Economic Outlook: Stunted by Uncertainty, October 2019, p. 14.

半球部门主任亚历山大·维尔纳（Alejandro Werner）称，委内瑞拉的经济衰退是西半球"前所未有的""历史性"倒退。①

委内瑞拉的发展受到重创是多种因素共同作用的结果，包括石油收入的减少，官僚体系低效腐败、美国全面而严厉的制裁等。② 其中，石油价格的大幅下跌是加剧委内瑞拉全面危机的重要因素。委内瑞拉拥有世界上最大的石油储量，③ 其石油出口收入占全国出口总收入的99%。④ 石油价格的波动将极大地影响其国民经济的发展。2013年马杜罗上任伊始，国际石油价格尚居高位，约106美元/桶，之后由于国际油市的波动，至2016年，油价下降至约41美元/桶，之后虽有上升，但基本在65美元/桶左右。⑤ 与此同时，委内瑞拉石油产量迅速下降，2013—2019年降幅达到100万桶，钻井平台也由2013年的近80台下降至2019年的不足30台。⑥ 令委内瑞拉石油价格下降的另一因素来自委内瑞拉石油在质量上的缺陷。由于委内瑞拉石油中水、盐和金属含量较高，其价格比国际石油市场其他国家的油价低。⑦ 因此，国际石油价格的走低、产量的下降以及自身石油价格的低廉造成马杜罗政府上台后经济的断崖式下跌。结果是超过86%的家庭处于贫困线以下，食品供应、医疗服务等各项社会服务严重倒退。⑧

由于石油产出带来的经济收入急速下降，已产出石油的大部还需要

---

① Luis Alonso Lugo, "IMF: Venezuela's Economic Decline among Most Severe Globally", July 30, 2019, https://apnews. com/9856c6f8bec6415ca033e08a88bb556e.

② 郭洁：《委内瑞拉危机——"革命""新冷战"与难民问题》，《中国国际战略评论2019年》（下），第211—230页。

③ OPEC, "OPEC Share of World Crude Oil Reserves", 2018, https://www. opec. org/opec_ web/en/data_ graphs/330. htm? utm_ content = buffer5bcc0&utm_ medium = social&utm_ source = twitter. com&utm_ campaign = buffer.

④ OPEC, "Venezuela Facts and Figures", https://www. opec. org/opec_ web/en/about_ us/171. htm.

⑤ "Average Annual OPEC Crude Oil Price from 1960 to 2019", https://www. statista. com/statistics/262858/change-in-opec-crude-oil-prices-since-1960/.

⑥ "Oil Production in Venezuela Is Falling Fast", https://www. statista. com/chart/17315/oil-production-and-number-of-oil-rigs-active-in-venezuela/.

⑦ Benjamin N. Gedan, "Venezuelan Migration: Is the Western Hemisphere Prepared for a Refugee Crisis?" *SAIS Review of International Affairs*, Vol. 37, No. 2, 2017, p. 58.

⑧ Benjamin N. Gedan, "Venezuelan Migration: Is the Western Hemisphere Prepared for a Refugee Crisis?" *SAIS Review of International Affairs*, Vol. 37, No. 2, 2017, pp. 58–59.

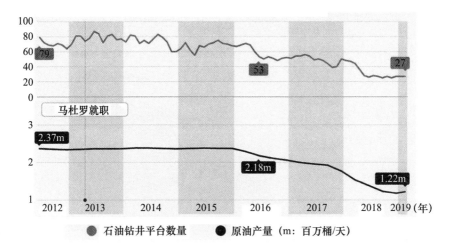

图 5 - 1 委内瑞拉石油钻井平台数量和石油产量

资料来源：https：//www. statista. com/chart/17315/oil-production-and-number-of-oil-rigs-active-in-venezuela/.

用以偿还中国等国的债务，[①] 委内瑞拉政府债务高筑，[②] 用于进口的资金急速缩水，甚至无法保证食物的充足供应。委内瑞拉三所知名大学的调查发现，约 1000 万委内瑞拉人每天仅能满足两顿饭的食物需求。[③] 国家警卫队甚至要在超市部署兵力，以防止因长时间等待购买食物的居民发生动乱。[④]

医疗资源的短缺是另一委内瑞拉民众面临的生存难题。委内瑞拉医药局称 85％ 的医药无法获取，包括基本的抗生素和止痛药。[⑤] 根据委内瑞拉 2018 年年度全国医院调查，全国范围内 137 家医院的医疗条件急速下降，

---

① 中国每天接收 60 万桶来自委内瑞拉的用以抵偿债务的石油。Benjamin N. Gedan，"Venezuelan Migration：Is the Western Hemisphere Prepared for a Refugee Crisis？" *SAIS Review of International Affairs*，Vol. 37，No. 2，2017，p. 58.

② 委内瑞拉政府债务 2015 年已达 120 多亿美元，参见"Venezuela National Government Debt"，https：//www. ceicdata. com/en/indicator/venezuela/national-government-debt.

③ Mercy Benzaquen，"How Food in Venezuela Went from Subsidized to Scarce"，*The New York Times*，July 16，2017.

④ Michael M. McCarthy，"Venezuela's Manmade Disaster"，*Current History*，Vol. 787，2017，p. 61.

⑤ Benjamin N. Gedan，"Venezuelan Migration：Is the Western Hemisphere Prepared for a Refugee Crisis？" *SAIS Review of International Affairs*，Vol. 37，No. 2，2017，p. 58.

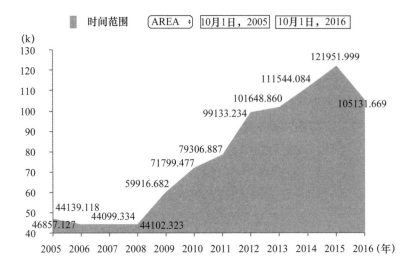

图 5 - 2　委内瑞拉国家政府债务

资料来源：https://www.ceicdata.com/en/indicator/venezuela/national-government-debt。

医院缺少最基本的实验室、影像和医药服务。[①] 94% 的放射科和 100% 的实验室检测服务无法保障正常使用，53% 的医院一半以上的病房和 40% 的医院的病床无法保障使用，20% 的手术室完全无法使用。大部分医院无法提供充足的水（79%）、医药（88%）和手术用具（79%）。[②] 早在 2014 年，全国范围内三分之一的注册医师（22000/66138）逃离委内瑞拉。[③] 政府已经失去控制重大疾病暴发的能力，如已经在拉丁美洲地区得到有效控制的疟疾重新肆虐委内瑞拉。仅 2017 年就有 41 万多人感染，比 2016 年增加了 71%。婴儿和产妇死亡率也大幅上升。[④] 2016 年的婴儿死亡率比 2015 年上升 30.1%，是 2012 年的 63.6%，达到 21.1/1000，与 20 世纪 90 年代末的水平相近。2016 年的产妇死亡率则比 2015 年上

---

① 该调查由委内瑞拉一政治反对派和一医疗非政府组织实施。委内瑞拉马杜罗政府 2016 年之后不再允许发布多项涉及政府职能的国家信息。

② Kathleen R. Page et al., "Venezuela's Public Health Crisis: A Regional Emergency", *The Lancet*, Vol. 393, March 23, 2019, p. 1255.

③ Kathleen R. Page et al., "Venezuela's Public Health Crisis: A Regional Emergency", *The Lancet*, Vol. 393, March 23, 2019, p. 1255.

④ Kathleen R. Page et al., "Venezuela's Public Health Crisis: A Regional Emergency", *The Lancet*, Vol. 393, March 23, 2019, p. 1256.

升65.4%，是2012年的两倍多。[①]

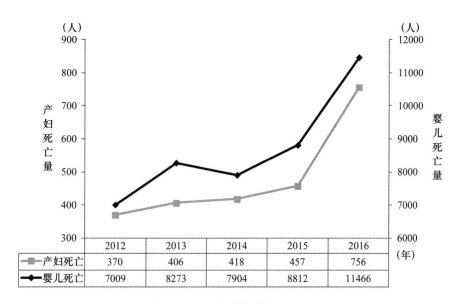

图5-3 委内瑞拉母婴死亡量

资料来源：Kathleen R. Page et al., "Venezuela's Public Health Crisis：A Regional Emergency," *The Lancet*，Vol. 393，March 23，2019，p. 1255。

除了经济形势和社会服务的恶化，委内瑞拉的安全局势也不断恶化。根据"委内瑞拉暴力观测组织"（Venezuelan Observatory of Violence）的数据，2016年委内瑞拉国内共发生约28000起暴力杀人事件，包括每周至少一次雇佣杀人案件。[②] 根据联合国毒品和犯罪问题办公室（United Nations Office on Drugs and Crime）的数据，其国内的故意杀人率为56.3/100000人。[③] 委内瑞拉首都加拉加斯也被列为世界三大最为危险的城市之一。[④] 同时，

① Kathleen R. Page et al., "Venezuela's Public Health Crisis：A Regional Emergency", *The Lancet*，Vol. 393，March 23，2019，p. 1255.

② Benjamin N. Gedan, "Venezuelan Migration：Is the Western Hemisphere Prepared for a Refugee Crisis?" *SAIS Review of International Affairs*，Vol. 37，No. 2，2017，p. 58.

③ United Nations Office on Drugs and Crime（UNODC），"International Homicide Statistics"，https：//knoema. com/UNODCHIS2017/unodc-international-homicide-statistics？ regionId = VE.

④ "Citizen's Council Report Reveals 50 of the World's Most Dangerous Cities"，*Security*，March 15，2019。

政府对民众的游行示威加以暴力镇压，违背了人权的基本原则。[1]

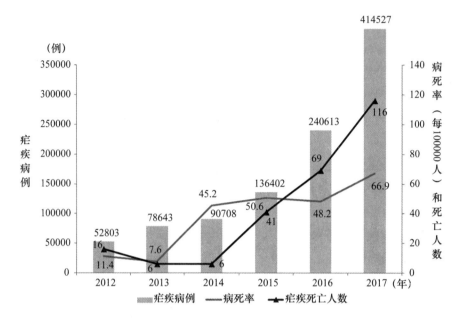

图 5 - 4　委内瑞拉疟疾死亡人数和死亡率

资料来源：Kathleen R. Page et al.，"Venezuela's Public Health Crisis：A Regional Emergency，" *The Lancet*，Vol. 393，March 23，2019，p. 1257.

自 2015 年以来，大批委内瑞拉难民逃往他国。哥伦比亚是接收委内瑞拉难民/移民最多的国家，超过 50% 的委内瑞拉难民/移民逃往哥伦比亚，[2] 人数达到 130 万左右。[3] 哥伦比亚是委内瑞拉的毗邻国，与委内瑞拉共同拥有的国境线长达 2200 多公里，这也为委内瑞拉难民进入哥伦比亚提供了方便。大规模难民的到来给哥伦比亚政府带来前所未有的挑战。

①　Kathleen R. Page et al.，"Venezuela's Public Health Crisis：A Regional Emergency"，*The Lancet*，Vol. 393，March 23，2019，p. 1254.

②　Regional Refugee and Migrant Response Plan for Refugees and Migrants from Venezuela（RM-RP），January- December 2019，p. 39.

③　UNHCR，"Refugees and Migrants from Venezuela Top 4 Million：UNHCR and IOM"，June 7，2019，https://www. unhcr. org/news/press/2019/6/5cfa2a4a4/refugees-migrants-venezuela-top-4-million-unhcr-iom. html. 根据国际援助组织和哥伦比亚当地非政府组织的估计，哥伦比亚接收的委内瑞拉难民/移民数字要远高于官方统计数字，可能高达 200 万，参见 Vali Masr，"Don't Let Venezuela's Crisis Take Down Colombia Too"，*Foreign Policy*，October 25，2019。

图 5 - 5　委内瑞拉国内犯罪情况

资料来源：United Nations Office on Drugs and Crime（UNODC），"International Homicide Statistics"，https：//knoema. com/UNODCHIS2017/unodc-international-homicide-statistics？regionId = VE。

第一，哥伦比亚政府缺乏接收如此复杂及大规模难民/移民的经验。逃往哥伦比亚的委内瑞拉难民/移民不仅数量庞大，且增长迅速。2015年年底时，哥伦比亚的委内瑞拉难民/移民约为 39 万人，而到了 2018 年9 月，这一数字已经达到 100 万，增长了约 156%。[1] 途经哥伦比亚而继续逃往厄瓜多尔及其他国家的委内瑞拉难民/移民也从 2015 年的 1 万多人增长到 2018 年前半年的 51 万多人。同时，委内瑞拉的哥伦比亚返回者数量也达到 30 多万人。[2] 因此，哥伦比亚境内需要接受国际人道主义援助的委内瑞拉难民/移民群体不仅包括逃离委内瑞拉且把哥伦比亚作为逃亡目的地的难民，还包括将哥伦比亚作为中转国的难民以及在委内瑞拉生活多年的哥伦比亚回返者。随着难民/移民数量的增加，难民/移民不再聚居在委内瑞拉—哥伦比亚国境线附近，而是流落到哥伦比亚的各大城市社

① Regional Refugee and Migrant Response Plan for Refugees and Migrants from Venezuela（RM-RP），January- December 2019，p. 39.

② Regional Refugee and Migrant Response Plan for Refugees and Migrants from Venezuela（RM-RP），January- December 2019，p. 39.

区。这种复杂的难民群体特征为哥伦比亚的人道主义援助增加了难度。

第二，虽然哥伦比亚政府和哥伦比亚革命武装力量（"哥武"）于2016 年 11 月达成最终全面和平协议，并获国会通过，但是政府与其他武装力量以及其他武装力量之间为抢夺地盘发生的冲突仍在继续（特别是在太平洋沿岸地区），使得哥伦比亚人以及委内瑞拉难民/移民继续面临冲突威胁。① 国内尚未完全稳定的政治局势给哥伦比亚的难民接收工作增加了更大的不确定性。

然而，在这种复杂的难民接收情形下，哥伦比亚政府对难民展现出了积极的欢迎态度。② 首先，哥伦比亚政府在授予哥伦比亚的委内瑞拉难民合法居留身份上表现积极。2017 年，哥伦比亚政府为通过合法边境控制点进入哥伦比亚的委内瑞拉难民/移民创立了特殊居留许可（Special Stay Permit，PEP）。截至 2018 年 2 月，已有 18 万多委内瑞拉难民获此许可。同时，2018 年 4 月—6 月，哥伦比亚政府通过其最大和最快的注册系统（RAMV）使得通过非正常关卡进入哥伦比亚的逾 44 万委内瑞拉难民得以正式注册，并可以进一步获得特殊居留的机会，以使他们在哥伦比亚的居留合法化。获得特殊居留许可的委内瑞拉难民将能够在哥伦比亚合法居留两年，并拥有在哥伦比亚就业、接受医疗和教育等基本权利。③ 截至 2018 年年底，已有超过 41 万多委内瑞拉难民被授予特殊居留许可。④ 为了保障涌入哥伦比亚的委内瑞拉难民/移民新生儿的权利，哥伦比亚政府 2019 年 8 月决定授予逾 2.4 万名委内瑞拉难民/移民新生儿哥伦比亚国籍。⑤

其次，为了方便委内瑞拉难民/移民进入哥伦比亚，哥伦比亚政府放松边境管控的时间限制。哥伦比亚政府已经开展了两轮授予委内瑞拉难

---

① UNHCR，"Colombia"，http://reporting. unhcr. org/node/2542？y = 2018#year.

② Juan Thomas Ordonez and Hugo Eduardo Ramirez Arcos，"At the Crossroads of Uncertainty：Venezuelan Migration to Colombia"，*Journal of Latin American Geography*，Vol. 18，No. 2，2019，p. 159.

③ Regional Refugee and Migrant Response Plan for Refugees and Migrants from Venezuela（RM-RP），January- December 2019，p. 40.

④ Regional Refugee and Migrant Response Plan for Refugees and Migrants from Venezuela（RM-RP），January- December 2019，p. 40.

⑤ "Will Colombia's Generous Attitude Toward Venezuelan Migrants Last？"*World Politics Review*，September 17，2019.

民/移民边境移动卡（Border Mobility Cards，TMF）的活动。持有这种卡的委内瑞拉难民/移民将拥有 7 天时间以进入哥伦比亚。截至 2018 年 11 月，约 150 万委内瑞拉难民/移民得到这一福利。[①] 2018 年 4 月，为了减轻委内瑞拉难民/移民给边境地区的难民/移民接收社区造成的影响，哥伦比亚总统伊万·杜克·马克尔斯宣布一个共计包含 50 项涉及医疗、教育、住房、企业发展的综合计划，旨在促进难民/移民和接收社区的生活水平。[②]

最后，积极响应地区性难民/移民应对计划。2018 年 9 月，委内瑞拉难民/移民接收国政府在厄瓜多尔首都基多通过《关于委内瑞拉公民在地区内流动的基多宣言》，[③] 并在同年 11 月批准了"基多进程"的行动计划，包括为促进委内瑞拉难民/移民证件认可，促进委内瑞拉难民/移民融入劳动力市场及社会保护，开展反对仇外和歧视委内瑞拉难民/移民的地区性行动等。[④] 因此，哥伦比亚政府不仅在难民/移民入境上给予较少的限制，同时为已经进入哥伦比亚的委内瑞拉难民/移民提供基本的就业、[⑤] 教育、医疗等保障，为委内瑞拉难民/移民在哥伦比亚的生存提供了可能。

二　难民署、国际移民组织与委内瑞拉难民/移民援助

虽然哥伦比亚政府为委内瑞拉难民敞开大门，并保障难民在哥伦比亚的基本权利，但是由于哥伦比亚等难民接收国政府并不具备应对如此大规模难民流入的能力，总体来说，国家和地方政府层面都囿于有限的人力、财政、技术和组织资源限制，难以为委内瑞拉难民/移民提供足够的基本服务。[⑥] 因此，难民署等国际人道主义组织的援助成为委内瑞拉

---

① *Migracion Columbia*，*November 1*，*2018*，http://www. migracioncolombia. gov. co/index. php/es/prensa/infografias/infografias-2018/8693-migracion-venezolana.

② "Will Colombia's Generous Attitude Toward Venezuelan Migrants Last?" *World Politics Review*，September 17，2019.

③ Declaration on Human Mobility of Venezuelan Citizens in the Region，September 2018.

④ Action Plan of the Quito Process on Human Mobility of Venezuelan Citizens in the Region，November 2018.

⑤ 哥伦比亚政府允许 45 万不拥有相关证件的委内瑞拉难民在哥伦比亚工作。另允许 25 万拥有相关证件的委内瑞拉难民在哥工作。Dany Bahar et al.，"Venezuela：A Path Out of Misery"，Brookings，October 2018，p. 6.

⑥ Regional Refugee and Migrant Response Plan for Refugees and Migrants from Venezuela（RM-RP），January- December 2019，p. 17.

难民在哥伦比亚基本生活物资的重要来源。

难民署在应对委内瑞拉难民问题上在以下三方面做出了努力。第一，收集信息，以更好地了解委内瑞拉难民/移民的需求；第二，帮助国家提供接待难民的条件，协调援助物资和信息共享；第三，通过意识运动抗击接收国对委内瑞拉难民/移民的歧视和排外。具体地，在难民/移民入境时，难民署就为其提供法律咨询，并提供饮用水和卫生用品。对难民/移民中的脆弱群体，难民署则提供现金援助。同时，难民署协助接收国政府提升难民/移民注册系统和难民援助系统。例如在哥伦比亚的迈考，在哥伦比亚中央和地方政府的援助请求下，难民署协助其在 2019 年 3 月建造了可容纳 350 人的临时难民/移民接待中心。[①]

值得一提的是，与世界其他地区的难民危机应对不同，在为委内瑞拉难民提供人道主义救助上，难民署和国际移民组织共同承担了领导角色。2018 年 4 月，在联合国秘书长古特雷斯的请求下，难民署和国际移民组织共同承担起委内瑞拉难民援助的领导工作，两大国际组织在委内瑞拉难民救助上共同开展了一系列工作。

第一，难民署和国际移民组织于 2018 年 9 月建立了地区性跨机构协调平台（Regional Inter-Agency Coordination Platform）。在这一平台的框架下，接收委内瑞拉难民/移民的各个国家在信息管控和资源流动上可以实现国家和地区内的联通，并管辖和协调 17 个联合国机构、14 个非政府组织以及五大捐助国和两大国际财政组织。这一平台在巴西、哥伦比亚、厄瓜多尔、秘鲁和其他国家内都建立起国家层面的协调平台。这一平台也是美洲地区历史上第一个应对难民/移民的，兼具战略性和操作性蓝图、协调模板和筹资机制的地区性规划。[②] 此外，难民署和国际移民组织共同指派了一名联合特别代表爱德华多·斯泰因（Eduardo Stein），以在地区性计划和委内瑞拉难民/移民各接收国政府、国际组织及其他相关角色之间进行沟通和协调。

第二，除了响应地区性难民援助计划外，具体地，在哥伦比亚，难民署和国际移民组织还建立了国家层面的援助计划。2016 年，难民署和

---

① UNHCR，"Venezuela Situation"，https：//www. unhcr. org/en-us/venezuela-emergency. html.

② UNHCR，"Venezuela Situation"，https：//www. unhcr. org/en-us/venezuela-emergency. html.

国际移民组织就建立了跨机构边境小组（Inter-Agency Border Group，GIF），旨在协调应对委内瑞拉和哥伦比亚两国边境的人口流动。2018年，跨机构边境小组转变为跨机构综合移民流动小组（Inter-Agency Mixed Migration Flows Group），并将其在边境地区的工作扩展为哥伦比亚全国范围的难民援助计划。在两大组织领导的这一计划下，哥伦比亚的委内瑞拉难民/移民以及难民/移民接收社区获得了食物、农产品、卫生、疫苗、交通、法律、儿童教育等各方面的紧急援助。[①] 同时，由于哥伦比亚是拉丁美洲地区唯一的已经拥有人道主义援助框架的国家，难民署和国际移民组织领导下的跨机构综合移民小组还与哥伦比亚政府的移民管理圆桌会议搭建了互补和协调机制。[②]

因此，在哥伦比亚的委内瑞拉难民应对上，形成了以哥伦比亚政府的欢迎政策为基础、以难民署和国际移民组织领导的国际人道主义援助为主要服务的框架。2015年委内瑞拉难民/移民开始涌进哥伦比亚，特别是2018年年末及2019年年初，大规模委内瑞拉难民/移民流入哥伦比亚，而当地社区和政府在接纳委内瑞拉难民/移民中表现积极友好。[③] 这种正面的态度使得难民署不会像在巴基斯坦和黎巴嫩那样面临来自接收国国家政府要求强制遣返难民的压力。同时，由于这种国家压力的缺失，难民署和国际移民组织得以在哥伦比亚为委内瑞拉难民提供人道主义援助时共同领导并协调各相关方的工作。

三　难民署与国际移民组织合作模式分析

在哥伦比亚的委内瑞拉难民/移民救助上，难民署不仅没有面临哥伦比亚政府强制遣返难民/移民的压力，还与国际移民组织在难民/移民援助上形成了合力，委派共同的联合特别代表，以共同的声音开展援助、制定政策。这种合作模式是基于以下两点的。

---

① Regional Refugee and Migrant Response Plan for Refugees and Migrants from Venezuela（RM-RP），January- December 2019，p. 41.

② Regional Refugee and Migrant Response Plan for Refugees and Migrants from Venezuela（RM-RP），January- December 2019，p. 50.

③ Javier Corrales et al. ，"Welcoming Venezuelans: A Scorecard of Responses from American and Caribbean Countries to the Venezuelan Migration Crisis"，Working Paper，2019，pp. 1，17.

第一，哥伦比亚政府对难民的积极友好政策。哥伦比亚政府对委内瑞拉难民表现出的欢迎态度受到国际社会的一致褒扬，[1] 也是难民署不面临强制遣返压力的最重要原因。哥伦比亚政府的积极态度源于多种因素。由于语言、文化和历史的相似性，拉丁美洲地区对难民问题形成了整体友好的政策和传统。20 世纪 70 年代，委内瑞拉作为拉丁美洲经济繁荣和相对民主的国家，曾经接纳了大批逃离本国迫害的他国难民，哥伦比亚难民就是其中规模最大的一批。至 2011 年，哥伦比亚移民构成委内瑞拉最大的外国人群体，人数达到近 70 万。[2] 1984 年，为了应对中美洲国家的内战，包括委内瑞拉在内的 10 个拉丁美洲国家签署了《关于难民的卡塔赫纳宣言》，将对难民的保护范围扩展到逃离武装冲突、一般性暴力以及大规模侵害人权行为的群体。[3] 这种地区范围内对接收难民的友好政策以及委内瑞拉、哥伦比亚两国之间历史上的大规模人口流动为哥伦比亚接收大规模委内瑞拉难民/移民以及难民署和国际移民组织共同援助委内瑞拉难民/移民提供了可能。

第二，委内瑞拉难民/移民身份的模糊性。除了哥伦比亚政府在接纳委内瑞拉难民/移民上的积极态度外，委内瑞拉难民/移民身份的模糊性也是难民署和国际移民组织共同领导难民/移民救助的重要原因。根据1951 年《关于难民地位的公约》，难民是指"由于 1951 年 1 月 1 日以前发生的事情并因有正当理由畏惧由于种族、宗教、国籍、属于某一社会团体或具有某种政治见解的原因留在其本国之外，并且由于此项畏惧而不能或不愿受该国保护的人；或者不具有国籍并由于上述原因留在他以前经常居住国以外而现在不能或由于上述畏惧不愿返回该国的人"[4]。这一定义在 1967 年开始生效的《有关难民地位的议定书》中得到进一

---

① Dany Bahar et al. , "Venezuela: A Path Out of Misery," Brookings, October 2018, p. 6; Michael J. Camilleri and Fen Osler Hampson, "No Strangers at the Gate: Collective Responsibility and a Region's Response to the Venezuelan Refugee and Migration Crisis", Centre for International Governance Innovation, October 2018, p. 6.

② Cited from Juan Thomas Ordonez and Hugo Eduardo Ramirez Arcos, "At the Crossroads of Uncertainty: Venezuelan Migration to Colombia", *Journal of Latin American Geography*, Vol. 18, No. 2, 2019, p. 158.

③ Cartagena Declaration on Refugees, 1984.

④ UNHCR, Convention and Protocol Relating to the Status of Refugees, 2010.

步修改，删除了"时间"和"地域"的限制，将原公约关于难民地位的定义扩大至全球范围，适用至今。根据这一定义，委内瑞拉的人口迁移似乎难以符合难民的标准。

然而，接纳委内瑞拉难民的拉丁美洲国家签署的《关于难民的卡塔赫纳宣言》则将难民的范围进一步扩展。根据这一宣言，难民是指"因为其生命、安全和自由受到普遍性暴力、外来侵略、国内冲突和大规模人权侵害以及其他严重扰乱公共秩序的情况而逃离原籍国的人"[①]。按照这一定义，因委内瑞拉国内的政治经济状况而逃离的人可以被视为难民。尽管如此，逃离委内瑞拉的人中申请庇护的仅为 60 多万人，远远少于全部逃离的人数。同时考虑到委内瑞拉难民/移民身份的模糊性，难民署在这一问题上也采取了折中的做法。在言辞上，难民署的官方文件将委内瑞拉需救助的群体统称为"委内瑞拉难民和移民"，并号召难民/移民接收国遵守《关于难民的卡塔赫纳宣言》中关于难民的界定；在行动上，则与国际移民组织共同为委内瑞拉难民/移民群体提供人道主义援助。同时，大量逃出委内瑞拉的难民即使满足难民的条件却选择以难民身份之外的其他身份逗留在邻近国家，因为这样做可以更容易和更快地获取合法身份和工作、教育以及社会服务。[②]

因此，难民署在委内瑞拉的难民/移民援助工作上并未受到哥伦比亚政府要求强制遣返难民/移民的压力。这种国家压力的缺失使得难民署在监督难民/移民接收国遵守"不推回原则"上不面临推力，从而为保护哥伦比亚境内的委内瑞拉难民提供了可能。同时，由于国家压力的缺失，国际移民组织也无法在遣返难民上与难民署形成竞争。加上委内瑞拉难民/移民身份的模糊性，难民署与国际移民组织在难民保护上形成了"双领导"模式。

第二节 有国家压力、无同行竞争下的 叙利亚难民遣返

叙利亚难民危机是目前世界范围内规模最大的难民危机。自 2011 年

---

① Cartagena Declaration on Refugees，1984.

② UNHCR，"Venezuela Situation"，https://www.unhcr.org/en-us/venezuela-emergency.html.

3月达拉地区的反政府抗议运动爆发至2018年4月，叙利亚内战已造成660万国内流离失所者和560万流亡其他国家的难民。[1] 其中，黎巴嫩是目前世界上人均接收难民比例最高的国家，平均每5人中就有一人为难民。[2] 最初，黎巴嫩对叙利亚难民持欢迎态度，然而随着时间的推移，黎巴嫩政府和社会开始不满叙利亚难民的长期存在，并尝试推动叙利亚难民遣返。在此种国家压力下，难民署尽力维护叙利亚难民不受强制遣返，却遭到黎巴嫩政府的打击。

一　黎巴嫩的叙利亚难民

叙利亚难民危机源于2011年三月达拉地区的反政府抗议和政府的暴力镇压。叙利亚总统巴沙尔·阿萨德将这些反抗者视为意在推翻其统治的"武装团伙和恐怖分子"。[3] 在反抗浪潮下，巴沙尔宣布终结实行了48年的国家紧急状态，并允许一定限度的游行。然而，这一做法于事无补，一周内，叙利亚政府军就杀害了一百名抗议者。事态在接下来的4月急剧升级，并出现"炮轰平民、杀害医护人员"及大量逮捕反抗者的现象。[4]

随后的九年间，叙利亚内战造成了大规模的平民伤亡和人道主义灾难，甚至出现针对平民的化学武器攻击。[5] 在内战初期，逃离叙利亚的人口少于内战造成的伤亡人口。然而随着内战的加剧，2013年3月，逃离人口迅速增加到100万人，[6] 而到2015年这一数字增长到2013年的

---

① UNHCR, "Syria Emergency", April 19, 2018, https://www. unhcr. org/en-us/syria-emergency. html.

② UNHCR, 3RP: Regional Refugee & Resilience Plan 2018 - 2019: In Response to the Syria Crisis: 2017 Annual Report, p. 4.

③ Spencer Zifcak, "The Responsibility to Protect After Libya and Syria", *Melbourne Journal of International Law*, Vol. 13, No. 1, 2012, pp. 59, 73.

④ "Syrian Army Carrying out 'Major Military Operation Against Key City," *UN News*, April 27, 2011, http://www. un. org/apps/news/story. asp? NewsID = 38201#. VhlSm-tQaKI.

⑤ UN Mission to Investigate Allegations of the Use of Chemical Weapons in the Syrian Arab Republic, "Rep. on the Alleged Use of Chemical Weapons in the Ghouta Area of Damascus on 21 August 2013 (September 13, 2013)", http://www. un. org/disarmament/content/slideshow/Secretary_ General_ Report_ of_ CW_ Investigation. pdf.

⑥ Jeff Crisp et al. , UNHCR Policy & Evaluation Serv. , From Slow Boil to Breaking Point: A Real-Time Evaluation of UNHCR's Response to the Syrian Refugee Emergency, 2, U. N. Doc. PDES/2013/ 13, July 2013, p. 1.

4倍。① 截至目前，叙利亚政府和反对派武装仍未达成和平协议，而外部势力（美国、俄罗斯、沙特、伊朗等）的渗透使得叙利亚内战的政治解决之路仍看不到尽头。截至2017年12月，叙利亚内战已造成660万国内流离失所者和540万流亡其他国家的难民。② 这些难民目前集中在叙利亚周边的五个国家中，包括土耳其（约360万人）、黎巴嫩（约95万人）、约旦（约67万人）、伊拉克（约25万人）和埃及（约13万人）。③ 其中，黎巴嫩是人均接受叙利亚难民最多的国家。目前黎巴嫩的叙利亚难民主要集中在黎巴嫩山（27%）和贝卡谷地地区（22%）。④

2011年叙利亚内战和难民危机爆发伊始，百万叙利亚难民涌进黎巴嫩，黎巴嫩对叙利亚难民持欢迎态度。黎巴嫩在危机爆发之初对叙利亚难民敞开大门主要基于以下原因：一方面，叙利亚、黎巴嫩历史上同属大叙利亚地区，民众交流频繁，特别是在边境地区。叙利亚内战爆发前，两国民众无须文件便可自由来往叙、黎。大量叙利亚农业工人在黎巴嫩农忙季节来到黎巴嫩打短工，黎巴嫩人也可自由前往叙利亚生活居住。另一方面，黎巴嫩出于人道主义考虑接收叙利亚难民。加上2006年黎巴嫩爆发黎以冲突，叙利亚对黎巴嫩难民持欢迎态度。因此，叙利亚内战爆发伊始，大量叙利亚人越过黎巴嫩边境线混居于黎巴嫩当地社区，并通过当地黎巴嫩人、巴勒斯坦难民、伊拉克难民获得临时性帐篷、工作和其他生活必需品。⑤

同时，由于严重分裂的国内政治，黎巴嫩无力形成国家层面应对叙利亚难民的政策。黎巴嫩政府对叙利亚难民的应对也被称为"没有政策

---

① UNHCR, "Syria Regional Refugee Response", http://data. unhcr. org/ syrianrefugees/regional. php.

② 本书讨论的对象仅限于逃出叙利亚的难民，对叙利亚国内流离失所者（internally displaced populations）不作讨论。UNHCR, "Figures at A Glance", http://www. unhcr. org/figures-at-a-glance. html.

③ UNHCR, *Syria Regional Refugee Response*, February 28, 2019, https://data2. unhcr. org/ en/situations/syria. 这些数字为难民署的官方统计数字，但是由于大量非法居留难民的存在，各接收国实际接收难民的数量通常比难民署的统计数字高。以黎巴嫩为例，黎巴嫩政府估计黎巴嫩实际接收的叙利亚难民数量约150万，参见UNHCR, "Lebanon", 2019, http://reporting. unhcr. org/node/2520。

④ Sami Atallah and Dima Mahdi, "Law and Politics of 'Safe Zones' and Forced Return to Syria: Refugee Politics in Lebanon", The Lebanese Center for Policy Studies, 2017, pp. 14 – 15.

⑤ 笔者对黎巴嫩内政与市政部官员的采访，贝鲁特，2019年1月10日。

的政策"。① 这种中央政府统辖角色的缺失为国际人道主义组织直接参与难民治理提供了空间和可能。在叙利亚难民危机爆发后的 2012 年 8 月，时任联合国秘书长潘基文及难民署难民事务高级专员古特雷斯就对联合国安理会发出叙利亚难民危机对地区和国际安全将造成威胁的预警。在难民署的帮助下，难民得以享受基本的居住、教育、医疗等服务。

二　难民署与黎巴嫩的叙利亚难民

在应对黎巴嫩的叙利亚难民危机过程中，以难民署为代表的人道主义组织发挥了核心领导作用。虽然 2018 年难民署面临着来自黎巴嫩政府要求遣返叙利亚难民的强大压力，但是难民署却坚决抵制黎巴嫩政府的压力，并与黎巴嫩政府发生难民政策上的冲突。理解难民署在应对叙利亚难民危机中的核心角色有利于理解难民署 2018 年与黎巴嫩政府在难民遣返问题上的冲突。

（一）难民署在应对叙利亚难民危机中的核心角色

目前，已有叙利亚难民危机的研究多从全球难民机制、难民生存现状和相关国家难民政策等层面加以探讨，② 但是对发展中国家城市社区

---

① 喻珍：《黎巴嫩的叙利亚难民治理》，《阿拉伯世界研究》2018 年第 6 期。

② 崔守军、刘燕君：《土耳其对叙利亚难民危机的应对及其影响》，《西亚非洲》2016 年第 6 期；严骁骁：《国际难民机制与全球难民治理的前景——叙利亚难民保护实践的启示》，《外交评论》2018 年第 3 期。Angela Gissi, " 'What Does the Term Refugee Mean to You?': Perspectives from Syrian Refugee Women in Lebanon", *Journal of Refugee Studies*, Vol. 32, Iss. 4, 2019, pp. 539 – 561; Carmen Geha and Joumana Talhouk, "From Recipients of Aid to Shapers of Policies: Conceptualizing Government-United Nations Relations during the Syrian Refugee Crisis in Lebanon", *Journal of Refugee Studies*, Vol. 32, No. 4, 2019, pp. 1 – 19; Daniele Belanger and Cenk Saracoglu, "The Governance of Syrian Refugees in Turkey: The State-Capital Nexus and Its Discontents", *Mediterranean Politics*, Vol. 25, No. 4, 2018, pp. 1 – 20; Feyzi Baban et al., "Syrian Refugees in Turkey: Pathways to Precarity, Differential Inclusion, and Negotiated Citizenship Rights", *Journal of Ethnic and Migration Studies*, Vol. 43, No. 1, 2017, pp. 41 – 57; Kilic Bugra Kanat, *Turkey's Syrian Refugees: Toward Integration*, Ankara: SETA Foundation for Political, Economic and Social Research, 2015; Maha Kattaa and Meredith Byrne, "Quality of Work for Syrian Refugees in Jordan", *Forced Migration Review*, No. 58, 2018, pp. 45 – 46; Nasser Yassin et al., *No Place to Stay? Reflections on the Syrian Refugee Shelter Policy in Lebanon*, Beirut: United Human Settlements Programme (UN-Habitat) & Issam Fares Institute for Public Policy and International Affairs (IFI) at the American University of Beirut, 2015; Nasser Yassin, 101 *Facts & Figures on the Syrian Refugee Crisis- Volume I*, Beirut: IFI at the American University of Beirut, 2018; Nasser Yassin and Rawya Khodor, 101 *Facts & Figures on the Syrian Refugee Crisis- Volume II*, Beirut: IFI at the American University of Beirut, 2019; Paolo Verme et al., *The Welfare of Syrian Refugees: Evidence from Jordan and Lebanon*, Washington, D. C.: World Bank Group, 2016; Robert G. Rabil, *The Syrian Refugee Crisis in Lebanon: The Double Tragedy of Refugees and Impacted Host Communities*, Lanham: Lexington Books, 2016.

的难民治理关注不足。基于此，笔者于 2018 年 10 月至 2019 年 1 月在黎巴嫩贝鲁特、贝卡谷地等地和瑞士日内瓦对叙利亚难民及其相关援助方进行调研，对象包括：难民署、世界粮食计划署、联合国儿童基金会、红十字国际委员会、无国界医生等国际人道主义组织；黎巴嫩当地的人道主义组织、叙利亚难民自发组建的人道主义组织；黎巴嫩总理办公室、内政与市政部、教育部、卫生部相关官员；欧盟、英国等捐助国的发展援助机构；叙利亚难民。通过实地调研和文献梳理发现，在黎巴嫩叙利亚难民的治理中，真正发挥核心作用的不是国家层面的应对，而是以难民署为代表的各大人道主义组织与地方政府的互动。①

表 5 – 1 　　　　　　　　　　**被访者信息**

被访者类型	被访者数量（人）	地点
捐助国政府发展援助机构人员	3	贝鲁特、日内瓦
联合国机构人员	20	贝鲁特、日内瓦
国际非政府组织人员	8	贝鲁特、日内瓦
当地非政府组织人员	15	贝鲁特、贝卡谷地
黎巴嫩政府人员	5	贝鲁特
叙利亚难民群体	3	贝鲁特、贝卡谷地、的黎波里

其中，人道主义组织涵盖范围广泛。虽然人道主义组织缺乏统一的界定，但总体来说，人道主义组织指遵从人道主义原则的组织。② 四大

---

① 本书所指的地方政府是指黎巴嫩的自治市政府。1977 年 6 月 30 日，黎巴嫩通过《自治市法》（*Law on Municipalities*），自此自治市为黎巴嫩的地方政府单位，在其所辖范围内享有财政自主权和自我管辖权。按照《自治市法》，自治市由两大行政主体组成：市政委员会（Municipal Council）和市政委员会主席。每届委员会和主席任期六年。自治市辖区公民选举产生市政委员会，市政委员会再任命市政委员会主席。目前，由于难民散居于城市社区中，黎巴嫩的 1000 多个自治市成为难民收容的前沿和主要治理主体。参见 Ministry of Interior and Municipalities，Government of Lebanon，*Municipal Act*：*Decree-Law*，No. 118，1977。

② 笔者对红十字国际委员会主席彼得·毛雷尔的采访，日内瓦，2018 年 12 月 4 日。红十字国际委员会作为国际人道法（international humanitarian law）的监督者（guardian），是典型的国际人道主义组织。参见 ICRC，"The International Committee of the Red Cross as the Guardian of International Humanitarian Law"，https：//www. icrc. org/en/doc/resources/documents/misc/about-the-icrc-311298. htm。

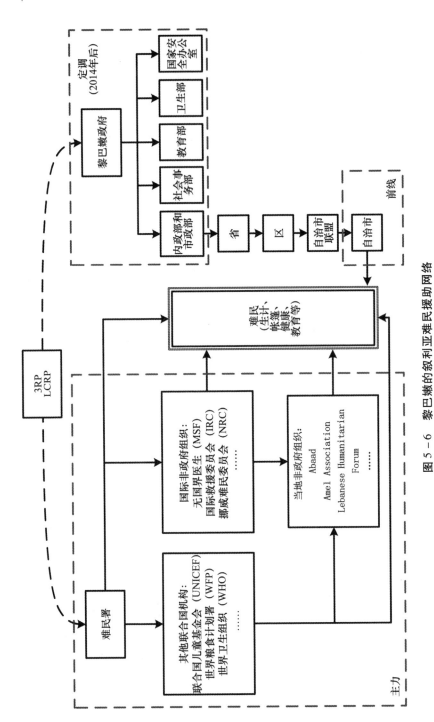

图 5 - 6　黎巴嫩的叙利亚难民援助网络

资料来源：作者自制。

主要人道主义原则包括人道、公正、中立和独立。[①] 本书所指的人道主义组织主要包括联合国机构，如难民署、联合国儿童基金会、世界粮食计划署、联合国开发计划署等，也包括国际非政府组织，如无国界医生、国际救援委员会等，此外还包括黎巴嫩当地的非政府组织，如阿迈勒协会（Amel Association）、阿布阿德组织（Abaad）等。在叙利亚难民的援助中，各类宗教组织也发挥了一定作用，然而由于这些组织往往仅针对特别的宗教派别进行援助，也不遵循人道主义原则，故本书不予以讨论。

基于实地调研和文献梳理，图 5-6 简要勾勒了黎巴嫩的叙利亚难民治理体系。总体而言，相比于难民营中的难民，散居于城市的叙利亚难民的援助主要来自人道主义组织和地方政府。具体而言，人道主义组织提供直接物资援助，而地方政府为人道主义组织开展援助项目提供许可。

1. 难民署及其他联合国组织

在数量众多的人道主义组织中，难民署秉持一贯的领导机构角色，对叙利亚难民援助进行全盘统筹。具体而言，难民危机爆发伊始，难民署就担负起人道主义援助的总指挥角色。一方面，难民署将援助资金和物资直接发放给叙利亚难民；另一方面，它将具体领域的难民援助工作委托给联合国其他机构、国际非政府组织和当地非政府组织。此外，它还负责与黎巴嫩政府就国家层面的政策进行协商和协调，出台国家层面的政策文件，如《黎巴嫩危机应对方案》（*Lebanon Crisis Response Plan*，LCRP）。

在叙利亚难民危机爆发后的 2012 年 8 月，联合国秘书长潘基文及难民署难民事务高级专员古特雷斯就对联合国安理会发出叙利亚难民危机对地区和国际安全将造成的威胁的预警。[②] 仅在 2018—2019 年，难民署就号召为叙利亚难民提供逾 44 亿美元的资金援助。在难民署的

---

① 参见 ICRC，"Fundamental Principles"，https://www.icrc.org/en/fundamental-principles；MSF，The Practical Guide to Humanitarian Law，https://guide-humanitarian-law.org/content/article/3/humanitarian-principles/。

② UNHCR，"UNHCR Chief Urges States to Maintain Open Access for Fleeing Syrians"，July 16，2013，http://www.unhcr.org/51e55cf96.html.

帮助下，难民得以享受基本的居住、教育、医疗等服务。① 虽然这些服务不能完全满足叙利亚难民所需，但是却为大部分难民提供了生存机会。

联合国其他主要组织一方面配合难民署的工作，另一方面将项目委托给其他国际非政府组织、当地非政府组织实施。其中，联合国儿童基金会（UNICEF）主要负责提供教育，世界卫生组织（WHO）主要负责提供卫生服务，世界粮食计划署（WFP）主要负责提供食品。其他的联合国机构如国际劳工组织（ILO）等也在各自的专业领域内为叙利亚难民提供相应的援助。

总体来说，联合国机构在国际社会和黎巴嫩政府之间建立起沟通机制，将来自捐助国的资金用于实施难民援助项目，进行总体财政预算，并为黎巴嫩政府提供技术支持。在一定程度上，他们代替黎巴嫩政府实行了类国家职能，为叙利亚难民和黎巴嫩当地社区提供公共服务。②

2. 国际及当地非政府组织

国际非政府组织是填补黎巴嫩政府难民治理空缺的又一重要角色。一般情况下，国际非政府组织，如无国界医生、国际救援委员会具有国际背景和援助经验，资金来源相对联合国机构更为灵活，具有更大的自主性，同时相较于当地非政府组织，资金更充裕，因而这些非政府组织一方面直接为难民提供援助，另一方面也资助当地非政府组织为叙利亚难民提供非直接援助，特别是深入社区的服务。③

黎巴嫩当地的非政府组织是人道主义组织项目承包链的最后一环。由于黎巴嫩中央政府统辖功能虚弱，黎巴嫩的非政府组织十分活跃，"黎巴嫩的青年几乎人人都有参加非政府组织或者在非政府组织当志愿者的经历，这已经是一种文化"。④ 据统计，57%的黎巴嫩人曾经在非政

---

① UNHCR, 3RP: Regional Refugee & Resilience Plan 2016 - 2017: in Response to the Syria Crisis, pp. 2 - 3. 根据难民署的统计，在难民署的援助下，逾78万难民儿童加入了儿童保护项目，逾200万难民接受了食物援助，逾90万难民儿童得到正式教育，逾250万难民接受了健康咨询服务，逾10万户难民家庭接受了帐篷援助，逾140万难民接受了安全用水援助。

② 关于难民署行使类国家职能的探讨，参见 Sophia Hoffmann, *Iraqi Migrants in Syria: The Crisis before the Storm*, Syracuse: Syracuse University Press, 2016, pp. 61 - 94。

③ 笔者对多个国际非政府人道主义组织的采访总结，贝鲁特，2018年10月。

④ 笔者对难民署驻黎巴嫩办公室工作人员的采访，贝鲁特，2018年10月9日。

府组织中从事志愿工作，36% 的黎巴嫩人为非政府组织正式成员。[①] 此外，黎巴嫩宪法第 13 条还明确规定和保护了黎巴嫩公民建立自我管理组织的权利。[②] 根据黎巴嫩内政与市政部（Ministry of Interior and Municipalities）的统计，人口不足 500 万的黎巴嫩有 8300 多个已注册非政府组织。这些非政府组织平均规模不大，80% 仅拥有不到 10 名工作人员，75% 的志愿者人数低于 20 名，75% 的年度预算低于 25 万美元，却在黎巴嫩社会服务中非常活跃。[③] 这些非政府组织在填补中央政府公共服务空白上拥有较长的历史和丰富的经验，是难民署和其他国际非政府组织的重要合作伙伴。

实际上，早在叙利亚难民涌入黎巴嫩之前，黎巴嫩的非政府组织就承担着各项社会服务的重要角色。20 世纪 50 年代之前，它们大多隶属于宗教机构。1958—1975 年，在时任总统福阿德·谢哈布发起的社会发展计划的推动下，非政府组织开始越出宗教附属和教派政治的藩篱，从事一般意义上的社会和经济服务工作。黎巴嫩内战则促使非政府组织将工作重心转移到人道主义援助和地方治理服务上。战后至 2005 年叙利亚从黎巴嫩撤军的时期内，非政府组织开始填补政府无力应对的社会服务领域，例如发展问题和公民权利问题，但是由于叙利亚对黎巴嫩的政治影响，非政府组织对黎巴嫩政治问题的参与有限。而 2005 年叙利亚撤军后，黎巴嫩非政府组织再次获得发展动力，注册数量和工作范围均有大幅扩大，并开始更积极地从事各式宣传和运动工作。[④]

叙利亚难民的大量涌入给黎巴嫩的非政府组织带来了前所未有的挑战和机遇。一方面，新的非政府组织开始在叙利亚难民危机爆发后出现

---

① Khaldoun AbouAssi, "The Third Wheel in Public Policy：An Overview of NGOs in Lebanon", in Alexander R. Dawoody, edi. , *Public Administration and Policy in the Middle East*, New York：Springer, 2015, pp. 222 – 223.

② The Government of Lebanon, "The Lebanese Constitution", May 23, 1926, https：//www. justice. gov. lb/public/uploads/lebanese% 20constitution. pdf.

③ "Mapping Civil Society Organizations in Lebanon", Beyond Reform & Development, 2015, p. 72.

④ Khaldoun Abou Assi, "An Assessment of Lebanese Civil Society," International Management and Training Institute, Beirut, 2016, pp. 21 – 25.

并与已有非政府组织一道为叙利亚难民提供保护和援助,① 如活跃在贝卡谷地地区、专注于为叙利亚难民儿童提供教育的卡亚尼基金会（Kayany Foundation）。② 另一方面,已有的黎巴嫩非政府组织为了应对叙利亚难民危机,扩大其工作范围,为叙利亚难民提供相应援助,如致力于性别平等的阿布阿德组织（Abaad）将其援助范围由黎巴嫩人扩大至涵盖叙利亚难民。③

大量非政府组织协助难民署在难民生计、饮水和卫生、帐篷、食物、医疗、教育、儿童保护等方面为难民提供保护和援助,如为公立学校的叙利亚难民提供补习,帮助叙利亚难民融入黎巴嫩教育体制,④ 为叙利亚难民提供基本识字和算数教育等,⑤ 在很大程度上填补了黎巴嫩政府的职能空缺。⑥ 与联合国机构和国际非政府组织相比,他们的专业训练和资金较为薄弱,但是他们的优点是熟悉当地环境,深入黎巴嫩人和叙利亚难民所在社区,本土知识最深。多数黎巴嫩当地非政府组织具有多年从事人道主义和社区服务的经验,因此当地非政府组织在难民救助中是最直接的援助方之一。

总体而言,以难民署为领导的人道主义援助体系总揽了叙利亚难民援助的各个方面。这些援助涉及九大领域,即生计,帐篷,水、环境卫生、清洁保护,健康,食品安全,教育,基本援助和社会稳定,并涵盖了黎巴嫩阿卡、贝卡、南部、贝鲁特、黎巴嫩山、的黎波里及其附属地区。⑦ 难民署负责总指挥和监管,国际非政府组织一方面独立开展援助项目,另一方面将项目实施进一步承包给当地非政府组织。而

① Jeffrey G. Karam, "Lebanon's Civil Society as an Anchor of Stability", *Middle East Brief*, No. 117, 2018, p. 5.

② 笔者对贝卡谷地多所难民学校负责人的采访,贝卡谷地,2019 年 1 月。

③ 笔者对阿布阿德组织负责人的采访,贝鲁特,2018 年 10 月 12 日。

④ 叙利亚的教育体系基本为阿拉伯语单语种教育,而黎巴嫩则是英语、法语、阿拉伯语双语或三语制。

⑤ Hana A. El-Ghali et al., "Responding to Crisis: Syrian Refugee Education in Lebanon," Issam Fares Institute for Public Policy and International Affairs, American University of Beirut, 2016.

⑥ Hana A. El-Ghali et al., "Responding to Crisis: Syrian Refugee Education in Lebanon," Issam Fares Institute for Public Policy and International Affairs, American University of Beirut, 2016.

⑦ Marwa Boustani et al., "Responding to the Syrian Crisis in Lebanon: Collaboration Between Aid Agencies and Local Governance Structures," IIED Working Paper, IIED, London, 2016, p. 16.

当地非政府组织则利用联合国机构和国际非政府组织的资金和技术支持将难民和黎巴嫩当地社区相连，将援助项目和物资直接下放到难民所在地。在联合国机构、国际非政府组织和当地非政府组织之间的部分合作中存在层层承包和下放的关系。这种关系可以弥补联合国机构和国际非政府组织对本土环境相对陌生的弊端，同时又能让联合国机构和国际非政府组织从总体上进行统筹和规划，较好地呼应国际社会的要求。

（二）难民署与黎巴嫩政府 2018 年在难民遣返问题上的冲突

本小节聚焦 2018 年难民署与黎巴嫩政府在难民遣返问题上发生的直接冲突。这是因为：第一，在这一年，黎巴嫩政府对难民署遣返难民施加强劲压力，并发生直接冲突。探析 2018 年这一冲突的发生和难民署的应对对理解难民署在遣返叙利亚难民问题上的行为模式将大有裨益。第二，2018 年是黎巴嫩对待叙利亚难民态度发生急剧转变的一年，黎巴嫩国内要求遣返叙利亚难民的呼声已经非常普遍，也成为从事叙利亚难民保护的各大国际人道主义组织最为核心的讨论话题。[1] 黎巴嫩政府和难民署在叙利亚难民遣返问题上的变化也深刻影响了目前黎巴嫩境内叙利亚难民的未来处境。这种政策演变中的"关键节点"对理解剧烈变化的政策和事件具有重要意义。[2]

这一关键节点发生在 2018 年 6 月 8 日，黎巴嫩外交部部长巴西勒（Gibran Bassil）下令冻结难民署驻黎巴嫩办公室工作人员的居住证更新申请，声称只有当难民署和联合国其他机构提交清晰的遣返叙利亚难民的计划后才可能恢复申请受理。[3] 同时，巴西勒威胁说如果没有清晰的遣返计划，黎巴嫩将对难民署采取"更进一步的措施"。他认为"难民署的工作让难民危机延长，阻止难民遣返，但是黎巴嫩政府的政策是鼓励遣返。虽然黎巴嫩政府不想制造麻烦，但是是时候告诉他们（难民

---

① 笔者对黎巴嫩采访的总结，2018 年 10 月至 2019 年 1 月。

② Giovanni Capoccia and R. Daniel Kelemen, "The Study of Critical Junctures: Theory, Narrative, and Counterfactuals in Historical Institutionalism," *World Politics*, Vol. 59, 2007, pp. 341–342.

③ "Lebanon Says UNHCR Residence Visas Depend on Syria Refugee Plan," *Reuters*, June 27, 2018, https://af.reuters.com/article/worldNews/idAFKBN1JN2F0.

署）黎巴嫩已经（受）够了"①。

此次正面冲突事件的起因是难民署对居住在黎巴嫩阿萨尔镇（Ar-sal）的 3000 名叙利亚难民的采访。这些难民原本计划返回叙利亚，而难民署为了确保难民遣返的决定是自愿且信息充足的，向这些难民询问了有关遣返的相关问题，包括难民返回叙利亚之后将面临的生活状况、可能的兵役和安全威胁以及难民援助的消失。难民署认为这是他们确保难民不受强制遣返的常规性工作程序，而黎巴嫩政府却认为难民署的工作妨碍了难民遣返以及黎巴嫩政府遣返难民的计划。②

面对黎巴嫩政府的抨击，难民署没有选择向黎巴嫩政府的要求妥协，而是选择尽可能地以公开中立的态度保护叙利亚难民不受强制遣返。

第一，公开表明难民署在内的联合国对黎巴嫩政府行为的不满。"（黎巴嫩政府的行为）直接影响难民署在黎巴嫩有效开展难民保护和解决难民危机的工作。难民署希望（黎巴嫩）外交部能够立即撤回这一决定。"同时，公开表明难民署"认为叙利亚目前的状况不适合安全而体面的自愿性遣返。叙利亚依然存在对平民（可能造成伤害的）严重危险。难民署现阶段不会推动或协助叙利亚难民遣返"③。难民署会充分尊重难民遣返的自愿性，"（自愿遣返）是他们的权利。我们无法反对难民对其未来的决定"④。

第二，准备并发布与叙利亚难民遣返的官方立场和工作。难民署清楚表明叙利亚目前的状况不适合难民遣返，但是必须同时为未来可能发生的遣返做好前期准备工作。2018 年，难民署出台指导可能发生的大规模叙利亚难民遣返的官方文件《全面保护和解决战略：遣返叙利亚的保护门槛和参数》（*Comprehensive Protection and Solutions Strategy*：

---

① Hussein Malla, "Lebanon Dispute with UN Grows over Syrian Refugee Policy," *AP News*, June 13, 2018, https://www.apnews.com/165abefb55984fdbaae69d718e508c81.

② Hanan Elbadawi, "Syrian Refugees in Lebanon: Potential Forced Return?" Atlantic Council, July 6, 2018, https://www.atlanticcouncil.org/blogs/menasource/syrian-refugees-in-lebanon-potential-forced-return.

③ UNHCR, Comprehensive Protection and Solutions Strategy: Protection Thresholds and Parameters for Return to Syria, 2018, p. 2.

④ Hussein Malla, "Lebanon Dispute with UN Grows over Syrian Refugee Policy," *AP News*, June 13, 2018, https://www.apnews.com/165abefb55984fdbaae69d718e508c81.

Protection Thresholds and Parameters for Return to Syria）。这份文件详细阐明了难民署在叙利亚难民遣返问题上的立场和对未来可能的遣返所做的准备工作。

尤其重要的是，它详细列出了难民署参与协助大规模难民遣返的各项条件，如叙利亚国内显著而持久的敌对活动的减少，和叙利亚政府、接收国政府以及其他相关角色达成接收遣返者的正式协议；难民返回区域的统治方必须保证难民不会受到骚扰等威胁，每个难民的遣返决定是在接受充足信息基础上的、是真正自愿且非强制的等 22 项条件。① 同时，难民署为核心的国际人道主义组织 2018 年 10 月开始起草《难民遣返的跨机构准备计划》（*Interagency Preparedness Plan for Refugee Return*），旨在为潜在的大规模难民遣返建立跨机构、地区性行动计划。② 随着官方文件的发布，难民署向国际社会表明其在叙利亚难民遣返问题上是慎重且严格遵从国际难民法所要求的保护难民不受强迫遣返原则的，对黎巴嫩政府的压力做出了公开且有力的回应。

难民署的这一行为是建立在难民自愿遣返所要求的原则之上的。本书提及难民署参与难民遣返的两条标准：（1）难民遣返的自愿属性。（2）难民来源国情况的根本性改善。在叙利亚难民遣返上，这两条标准都难以满足。

第一，难民遣返的自愿性无法满足。根据难民署 2018 年第五轮难民遣返意愿调查，虽然 75% 的叙利亚难民表示希望未来返回叙利亚，但是他们中的大多数（约 70%）表示不会在未来一年返回叙利亚。另外 20% 的叙利亚难民则表示永远不希望返回叙利亚。因此，近 90% 的叙利亚难民都没有在未来一年或者更长远的时间段内返回叙利亚的意愿。③ 而叙利亚难民不愿返回叙利亚的原因包括：叙利亚目前还无法保证遣返难民的安全（safety and security）、生计（livelihoods）、住处（shelter）、基本服务（basic services）以及难民对强迫性兵役（conscription）、拘留（de-

---

① UNHCR, Comprehensive Protection and Solutions Strategy: Protection Thresholds and Parameters for Return to Syria, 2018, pp. 7 – 8.

② UNHCR, Update: Durable Solutions for Syrian Refugees, November/December 2018, p. 2.

③ UNHCR, Fifth Regional Survey on Syrian Refugees' Perceptions and Intentions on Return to Syria: Egypt, Iraq, Lebanon, Jordan, March 2019, pp. 1 – 3.

tention）的担忧等。① 为了确保调查结果的时效性和代表性，难民署在前四轮难民遣返意愿调查的基础上，进一步改进调查方法，包括对难民进行每年两次遣返意愿调查，将调查问题融入对难民保护的监察活动，建立参照组（reference group），并系统性、经常性地对调查结果进行验证。②

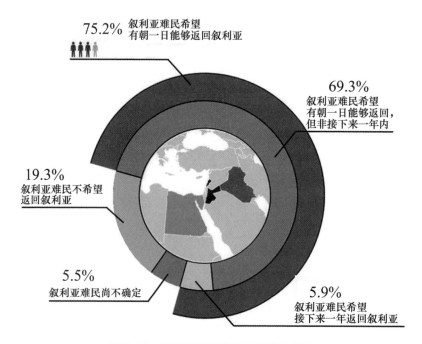

图 5 - 7 叙利亚难民遣返意愿调查结果

资料来源：UNHCR，Fifth Regional Survey on Syrian Refugees' Perceptions and Intentions on Return to Syria：Egypt，Iraq，Lebanon，Jordan，March 2019.

第二，难民来源国国内状况难以满足"得到根本性改善"的要求。虽然叙利亚阿萨德政府收复了大部分被反对派占领的地区，但是军事冲突依然没有结束。2018 年阿萨德政府和俄罗斯在叙利亚难民的军事行动进一步导致 32 万人被困叙、约边境和叙、以边境的国内流离失所者，也

① UNHCR，*Fifth Regional Survey on Syrian Refugees' Perceptions and Intentions on Return to Syria*：*Egypt*，*Iraq*，*Lebanon*，*Jordan*，March 2019，pp. 7 - 9.

② UNHCR，*Update*：*Durable Solutions for Syrian Refugees*，November/December 2018，p. 2.

被认为是叙利亚内战以来造成的最大规模的国内流离失所者危机。[①] 同时，已经返回叙利亚的难民由于继续存在的冲突而再次沦落为国内流离失所者。平均每返回叙利亚一个难民，就有三个难民再次成为国内流离失所者。[②] 根据国际移民组织的数据，2017 年 1 月—10 月，虽然有 71 万多难民自发返回叙利亚，但是其中近 4 万人再次成为国内流离失所者。因此，叙利亚的状况无法实现难民安全而体面的遣返，这不仅由于仍在持续的暴力冲突，包括爆炸性危险物品的普遍存在，还由于被战争摧毁或损毁的基础服务、公民证件、难民财产和住处以及安全的缺失。[③]

因此，由于难民自愿遣返意愿的缺乏和叙利亚国内状况未实现根本性改善，在 2018 年实现叙利亚难民的自愿遣返是无法达成的。按照此种标准，难民署无法推动或参与在黎巴嫩的叙利亚难民的大规模遣返。在黎巴嫩政府的强制性压力下，难民署不仅公开谴责和批评黎巴嫩政府要求尽快遣返叙利亚难民的行为，还制定详细的难民遣返标准，为未来可能出现的大规模难民遣返做好准备，尽力维护了难民不受强制遣返的权利。

三　难民署抵制叙利亚难民遣返行为分析

难民署在黎巴嫩的叙利亚难民遣返上，对黎巴嫩政府强制遣返难民的压力进行了合理的抵制，维护了其作为难民法"不推回原则"监督者的角色。本书指出这种行为是难民署在黎巴嫩面对较大的国家压力和较小的同行竞争所致。

第一，难民署在黎巴嫩的叙利亚难民遣返问题上面临来自黎巴嫩政

---

① Norwegian Refugee Council, Intense Fighting in Southern Syria Creates Largest Displacement Since Start of War, July 5, 2018, https://www.nrc.no/news/2018/july/intense-fighting-in-southern-syria-creates-largest-displacement-since-start-of-warnew-page/.

② Norwegian Refugee Council et al., Dangerous Ground: Syria's Refugees Face an Uncertain Future, 2018, p. 5.

③ 根据 2018 年叙利亚阿萨德政府通过的第 10 号法令，难民仅有 30 天的时间去领取其财产，参见 OCHA, Syria's New Property Law, May 29, 2018, https://reliefweb.int/report/syrian-arab-republic/syrias-new-property-law-questions-and-answers-may-29-2018. 而年龄在 18—49 岁的成年返回者如果之前没有在叙利亚政府军服役，则要在其返回叙利亚后的 6 个月后服役，大多数时候还需要缴纳一定的罚款，参见 Maha Yahya, "What Will It Take for Syrian Refugees to Return Home? The Obstacles Are Significant," *Foreign Affairs*, May 28, 2018。

府的压力。虽然黎巴嫩政府最初对叙利亚难民态度友好，但是这种态度却从 2014 年逐渐发生变化，直到 2018 年黎巴嫩政府与难民署发生直接冲突。2014 年后，叙利亚难民数量达到近 100 万，出于对庞大的难民数量及其可能造成的社会政治问题尤其是打破黎巴嫩原有教派平衡的担心，黎巴嫩政府开始收紧边境控制，并在同年的柏林会议上宣布黎巴嫩不是叙利亚难民的庇护国，呼吁第三国安置叙利亚难民。2015 年 5 月 6 日开始，在黎巴嫩政府的要求和强压下，难民署从此停止注册在黎巴嫩的叙利亚难民。[①] 同年，黎巴嫩政府开始要求叙利亚难民每年缴纳 200 美元以更新居留证。

同时，由于叙利亚难民危机逐渐转变为"持久性"难民危机，[②] 大规模难民的存在给当地黎巴嫩人带来经济、社会负担，黎巴嫩社区和叙利亚人之间开始出现冲突。[③] 如 2017 年黎巴嫩人纵火焚烧叙利亚难民的住处，45 个自治市开始对叙利亚难民实行宵禁，[④] 2015 年之后叙利亚难民不再被允许在黎巴嫩工作。如果能够取得黎巴嫩人的赞助和缴费（约 80 美元），则被允许在三个领域工作：建筑、农业和清洁，但同时也将面临失去作为难民的救助等。[⑤] 根据联合国的数据，75% 的叙利亚难民无法满足基本的食物、帐篷、健康和教育需求。[⑥] 至 2018 年，虽然黎巴嫩国内政治依然分裂，但是对叙利亚难民的存在却达成了一致的意见，即叙利亚难民对黎巴嫩的经济和基础设施造成了很大的负担，应该将所

---

① UNHCR, Syria Regional Refugee Response, January 31, 2019, https://data2. unhcr. org/en/situations/syria/location/71.

② 根据联合国难民署的界定，超过 2.5 万名难民连续流亡 5 年以上的难民危机为持久性难民危机（protracted refugee crisis）。Gil Loescher and James Milner, "Understanding the Challenge," *Forced Migration Review*, Vol. 9, No. 9, 2009, p. 33.

③ Carmen Geha and Joumana Talhouk, "From Recipients of Aid to Shapers of Policies: Conceptualizing Government-United Nations Relations during the Syrian Refugee Crisis in Lebanon," *Journal of Refugee Studies*, Vol. 32, No. 4, 2019, p. 9.

④ Hanan Elbadawi, "Syrian Refugees: The Right to Return, But Not the Wrong Way", Atlantic Council, February 20, 2018, https://www. atlanticcouncil. org/blogs/syriasource/syrian-refugees-the-right-to-return-but-not-the-way.

⑤ Lorenza Errighi and Jorn Griesse, *The Syrian Refugee Crisis: Labour Market Implications in Jordan and Lebanon*, European Commission, May 2016, p. 11.

⑥ UNHCR, UNICEF and WFP, Vulnerability Assessment of Syrian Refugees in Lebanon, 2017, p. 2.

有叙利亚难民遣返叙利亚。①

在这种强大的政府压力下，难民署没有选择向黎巴嫩政府妥协，而是表明其作为难民保护机构的使命和立场。

> 我们必须承认，难民遣返现在是极其敏感的话题。我们不认为难民署在难民遣返问题上存在规范的转变，作为难民保护机构，我们存在的使命就是保护难民的权利，其中最重要的就是保护他们不受强制遣返。现在黎巴嫩政府给我们施加压力，导致我们的签证无法更新，我们的活动受到很大限制。甚至我们的孩子在这里的教育也成了问题。但是我们还是遵循我们的原则的。我们的工作也起了一定作用，虽然难民在黎巴嫩的生活状况越发艰难，但是目前叙利亚难民没有受到大规模遣返的迫切威胁。【笔者对难民署驻黎巴嫩办公室官员的采访，2018年10月，贝鲁特】

可以看出，与难民署在巴基斯坦难民遣返上的工作相比，难民署在面对黎巴嫩政府的压力时，有与政府进行讨价还价的空间。其中，缺乏激烈的同行竞争构成重要原因。

第二，虽然难民署面临政府压力，但是缺乏激烈的同行竞争。在大规模遣返叙利亚难民问题上，难民署可以选择向黎巴嫩政府立即妥协，推动遣返叙利亚难民，也可以选择与黎巴嫩政府进行斡旋和抵制。难民署之所以没有选择后者，缺乏同行竞争成为重要考量。② 一方面，与难民署在巴基斯坦不同，黎巴嫩不是国际移民组织的成员国，③ 在黎巴嫩的工作受到很大限制。另一方面，黎巴嫩境内人道主义组织的合作模式让难民署起到总领导的作用。虽然在叙利亚难民危机的治理体系中有超

---

① Sami Atallah and Dima Mahdi, "Law and Politics of 'Safe Zones' and Forced Return to Syria: Refugee Politics in Lebanon", The Lebanese Center for Policy Studies, 2017, p. 16.

② 笔者对驻黎巴嫩的难民署官员的采访，2018年10月至2019年1月。

③ 黎巴嫩2019年4月加入国际移民组织，但在案例研究期间黎巴嫩尚未加入国际移民组织。虽然目前叙利亚难民在黎巴嫩还未遭到大规模遣返，但是黎巴嫩政府这一决定对未来叙利亚难民在黎巴嫩的处境将产生一定影响。"IOM Relocates 100,000 Syrian Refugees from Lebanon in 2011 – 2019", Xinhua, July 3, 2019, http://www. xinhuanet. com/english/2019-07/03/c_138196087. htm.

过 200 个角色的参与，① 但是在黎巴嫩，与约旦等国的"分领域"领导模式不同，难民署总揽九大难民援助领域的领导权，对叙利亚难民援助进行全盘统筹，包括难民遣返。② 因此，即使难民署与黎巴嫩政府讨价还价，但由于可供黎巴嫩政府选择的遣返机构的限制，难民署不至于被黎巴嫩政府撂在一边，失去在难民遣返问题上的作用，因此生存危机远小于巴基斯坦等地。③

总结而言，在叙利亚难民遣返上，难民署虽然面临来自黎巴嫩政府要求强制遣返难民的压力，但是它却不被激烈的同行竞争困扰。因此，在黎巴嫩政府向难民署施加压力时，难民署在坚持其保护难民不受强制遣返的原则上，积极对黎巴嫩政府的压力进行一定的反抗，并未向黎巴嫩政府妥协，从而尽力保护了叙利亚难民不受强制遣返的权利。

第三节　有国家压力、有同行竞争下的阿富汗难民遣返

阿富汗难民危机是目前世界上除叙利亚难民危机之外的第二大难民危机，也是亚洲地区持续时间最长的难民危机。④ 阿富汗难民占到全球难民数量的 13%，⑤ 平均每 4 人中就有 1 人沦为难民。⑥ 截至 2019 年，难民署注册登记的依然有约 250 万阿富汗难民。阿富汗难民目前分布在

---

① UNHCR，3RP：Regional，Refugee & Resilience Plan 2018 – 2019 in Response to the Syria Crisis，Regional Strategic Overview，2019，pp. 1 – 52.

② 这里的约旦的"分领域"领导模式指由不同的国际组织负责其擅长的某一特定难民治理领域的领导工作，如世界卫生组织负责难民健康和医疗，联合国儿童基金会负责难民儿童教育等。黎巴嫩则是由难民署负责统筹所有难民治理领域的国际组织。这引起负责具体援助领域的联合国其他机构的不满。他们认为虽然难民署是总协调者，但是在卫生、教育等各个专业领域应该将领导权下放给其他联合国机构。难民署总揽大权造成其他联合国机构在挑选难民援助项目、合作伙伴、资金分配等方面容易与其他联合国机构产生利益冲突。笔者对难民署之外的联合国其他机构的采访，贝鲁特，2019 年 1 月。

③ 笔者对难民署官员的采访，2018 年 10 月至 2019 年 1 月。

④ UNHCR，"Afghanistan"，https：//www. unhcr. org/en-us/afghanistan. html.

⑤ UNHCR，Solutions Strategy for Afghan Refugees 2018 – 2019，2018，p. 4.

⑥ Hiram A. Ruiz，"Afghanistan：Conflict and Displacement 1978 to 2001"，*Forced Migration Review*，Vol. 13，2002，p. 8.

全球 80 多个国家，而 91% 被巴基斯坦和伊朗接收。[①] 其中，巴基斯坦至今仍接纳了 140 多万阿富汗难民，也是阿富汗难民的最大接收国。[②] 2002 年以来，520 多万阿富汗难民陆续从巴基斯坦返回阿富汗。[③] 然而，随着 2016 年一系列政治、安全事件的发生，巴基斯坦政府 2016 年开始对难民遣返施加压力，难民署在国家压力和同行竞争的双重压力下选择向其保护难民不受强迫遣返的原则屈服，参与强制性遣返阿富汗难民，招致国际社会的批评。

一　巴基斯坦的阿富汗难民

巴基斯坦的阿富汗难民是 20 世纪 70 年代以来阿富汗持续动荡的政治局势所致。在 20 世纪 70 年代末期之前，阿富汗人频繁往返于巴基斯坦和阿富汗以寻求更好的工作机会或躲避干旱和贫穷。[④] 20 世纪 70 年代末期以来的政治动乱和冲突则造成大量阿富汗难民逃往巴基斯坦。这些难民亦构成了流落巴基斯坦的阿富汗难民主体。

（一）巴基斯坦境内阿富汗难民的来源

总体而言，巴基斯坦的阿富汗难民来源于三次难民潮。

第一次难民潮始于 20 世纪 70 年代末阿富汗政变，结束于 80 年代末苏联撤军。1978 年 4 月，努尔·穆罕默德·塔拉基发动军事政变，造成约 150 万人死亡并产生大批难民，逃往巴基斯坦的阿富汗难民在一年半的时间内达到约 20 万人。[⑤] 1979 年，民族沙文主义者哈菲祖儿·阿明推翻了塔拉基的统治。为了保证亲苏的共产主义政权在阿富汗的存在和安全，苏联同年 12 月入侵阿富汗。到 1986 年，500 多万阿富汗人沦为难

---

① UNHCR, Solutions Strategy for Afghan Refugees 2018 – 2019, 2018, p. 4.

② UNHCR, "Pakistan", https://www.unhcr.org/en-us/pakistan.html.

③ Anne Hammerstad, "Repatriating Afghan Refugees", in *The Rise and Decline of a Global Security Actor: UNHCR, Refugee Protection and Security*, Oxford: Oxford Unviersity Press, 2014, p. 272; UNHCR, "UNHCR Afghanistan Operational Fact Sheet-December 2018", https://reliefweb.int/report/afghanistan/unhcr-afghanistan-operational-fact-sheet-december-2018.

④ Amina Khan, "Protracted Afghan Refugee Situation: Policy Options for Pakistan", *Strategic Studies*, Vol. 37, No. 1, 2017, p. 43.

⑤ 时宏远:《浅议巴基斯坦境内的阿富汗难民问题》,《世界民族》2010 年第 2 期。

民，其中绝大多数难民逃往巴基斯坦和伊朗。[①] 1988 年苏联开始从阿富汗撤军时，巴基斯坦的阿富汗难民数已经达到 320 万人。[②] 这一时期的阿富汗难民大多数为普什图人，并集中在难民署在巴基斯坦西北边境省和俾路支省设立的难民营中。[③]

第二次难民潮爆发于 20 世纪 90 年代穆罕默德·纳吉布拉和塔利班统治时期。苏联撤军后留下穆罕默德·纳吉布拉傀儡政权。这一政权于 1992 年被由拉巴尼领导的过渡政府取代。这一时期，难民署组织了当时"最大且最快完成的难民遣返项目"：1992 年 4 月至 12 月，大约 90 万阿富汗难民返回阿富汗。然而随着苏联撤军阿富汗，西方在阿富汗政治利益的衰减以及随之对遣返项目资助的减少，这一遣返项目 1993 年之后便急速减缓下来。[④] 到 1996 年年末，约 384 万阿富汗难民返回阿富汗。[⑤] 之后随着塔利班的崛起及其 1996 年对贾拉拉巴德和喀布尔的占领，返回阿富汗的难民数急速下降，同时从阿富汗逃往巴基斯坦的难民再次增多。这一难民群体主要是逃避塔利班统治的教育良好的精英阶层，如政府官员、医生和教师以及阿富汗少数民族。[⑥] 同时，在这一时期，由于受到当地军阀的抢劫和威胁，难民署等人道主义组织在 1995 年年末停止对巴基斯坦境内的阿富汗难民营进行食物援助。因此造成大批阿富汗难民从难民营流向巴基斯坦城市社区。[⑦]

最后一波大的难民潮起源于 2000—2002 年席卷阿富汗的旱灾以及美国为了打击塔利班对阿富汗的入侵。至 2002 年，阿富汗难民总数已达

---

① Hiram A. Ruiz, "Afghanistan: Conflict and Displacement 1978 to 2001", *Forced Migration Review*, Vol. 13, 2002, p. 8.

② George Groenewold, "Millennium Development Indicators of Education, Employment and Gender Equality of Afghan Refugees in Pakistan", *Country Report*, 21 November 2006, p. 2.

③ Hiram A. Ruiz, "Afghanistan: Conflict and Displacement 1978 to 2001", *Forced Migration Review*, Vol. 13, 2002, p. 8.

④ Hiram A. Ruiz, "Afghanistan: Conflict and Displacement 1978 to 2001", *Forced Migration Review*, Vol. 13, 2002, p. 9.

⑤ George Groenewold, "Millennium Development Indicators of Education, Employment and Gender Equality of Afghan Refugees in Pakistan", *Country Report*, 21 November 2006, p. 3.

⑥ Hiram A. Ruiz, "Afghanistan: Conflict and Displacement 1978 to 2001", *Forced Migration Review*, Vol. 13, 2002, p. 9.

⑦ Hiram A. Ruiz, "Afghanistan: Conflict and Displacement 1978 to 2001", *Forced Migration Review*, Vol. 13, 2002, p. 10.

600 多万人，其中 300 多万人逃往巴基斯坦。[①] 2001 年塔利班政权被推翻后，难民署组织了其历史上规模最大的难民遣返。从 2002 年 3 月初至 2015 年年末，390 多万阿富汗难民在难民署的协助下返回阿富汗，[②] 至 2019 年，这一数字已经达到 520 多万。[③] 巴基斯坦目前成为继土耳其之后世界第二大难民接收国。巴基斯坦境内的阿富汗难民大多数来自阿富汗东部边境地区的普什图人，主要居住在巴基斯坦的开伯尔—普什图省（58%）和俾路支省（23%）。其中，68% 的阿富汗难民居住在巴基斯坦的城市和乡村地区，仅有 32% 居住在散布全国的 54 个难民村中。[④]

（二）巴基斯坦境内阿富汗难民的注册问题

自 20 世纪 70 年代末阿富汗难民为了躲避国内军事冲突逃往并定居巴基斯坦以来，阿富汗难民并未被要求登记或注册。直到 2005 年，在难民署的支持下，巴基斯坦政府首次开展调查，以确定在巴基斯坦境内的阿富汗难民数量。[⑤] 在此调查的基础上，巴基斯坦政府再次在难民署的支持下注册登记了约 215 万阿富汗难民，并为他们颁发了由国家数据库和登记局（National Database and Registration Authority，NADRA）发行的注册证明卡（Proof of Registration，PoR），允许这些难民在 2009 年 12 月之前在巴基斯坦生活和工作，包括开银行账户、获取驾照和电话卡。[⑥]

然而，这次调查和注册并未确定巴基斯坦境内阿富汗难民的准确数字，因为部分难民为了躲避被遣返的危险而选择不注册。[⑦] 后来，由于阿富汗国内安全形势不断恶化，这一允许阿富汗难民居留巴基斯坦的期限再次被延长至 2013 年 6 月。2013 年 7 月，巴基斯坦政府出台新的难民政策《阿富汗难民的国家政策》（*National Policy on Afghan Refugees*）和《阿富汗

---

① George Groenewold, "Millennium Development Indicators of Education, Employment and Gender Equality of Afghan Refugees in Pakistan", *Country Report*, 21 November 2006, p. 5.

② UNHCR, 2015–2017 Protection Strategy Pakistan: External, 2015, p. 1.

③ UNHCR, Solutions Strategy for Afghan Refugees 2018–2019, 2018, p. 5.

④ UNHCR, Solutions Strategy for Afghan Refugees 2018–2019, 2018, p. 5.

⑤ 调查从 2005 年 2 月 23 日持续到 2005 年 3 月 11 日，参见 Amina Khan, "Protracted Afghan Refugee Situation: Policy Options for Pakistan", *Strategic Studies*, Vol. 37, No. 1, 2017, p. 52.

⑥ Saher Baloch, "Not Every Afghan Living in Pakistan is a Refugee, Says UNHCR," *Dawn*, December 30, 2014, https://www.dawn.com/news/1153911.

⑦ UNHCR, "Afghans in Pakistan Get Registered for First Ever Identification", https://www.unhcr.org/news/latest/2006/10/453391fd4/afghans-pakistan-registered-first-identification.html.

难民的解决战略》（*Solutions Strategy for Afghan Refugees*，SSAR），开始推动阿富汗难民遣返。然而由于阿富汗国内安全形势一直未有好转，因此阿富汗难民居留巴基斯坦的时间再次被延长至 2017 年 12 月。[①]

同时，自 2001 年美国入侵阿富汗以及 2007 年巴基斯坦塔利班（Tehreek-e-Taliban Pakistan，TTP）成立以来，巴基斯坦国内的安全形势恶化，并造成约 200 万国内流离失所者。巴基斯坦政府担心其境内的阿富汗难民支持其境内的恐怖组织，开始执行遣返阿富汗难民的政策。针对未获得注册证明卡的难民，巴基斯坦政府决定将由国家数据库和登记局在 2015 年年底对其进行注册和登记。然而，由于巴基斯坦内政部（Interior Ministry）和省份与边境地区部（Ministry of States and Frontier Regions，SAFRON）之间的分歧，这一计划并未被施行，大量无证难民面临随时被遣返的危险。[②]

由此可以看出，阿富汗难民中注册难民和无证难民的划分并不能反映难民的真实情况。其一，大量难民为了逃避潜在的遣返危险而选择不注册；其二，巴基斯坦政府内部官僚机构之间的冲突导致大量难民无法获得注册和登记。在这种情况下，阿富汗政府区分注册难民和无证难民的政策实际上是没有法律支持的。这种政策缺陷对 2016 年阿富汗难民的强制遣返造成了深刻影响。

二 阿富汗难民的强制性遣返

本小节聚焦 2016 年的阿富汗难民遣返。这是因为：第一，虽然难民署协助下的难民遣返项目 2002 年就已经启动，但是 2002 年至 2015 年的难民遣返项目相对而言是建立在难民的自愿性原则上的，而 2016 年难民署在巴基斯坦政府和同行竞争的压力下推动了难民的强制性遣返，亦构成了近年来世界范围内最大规模的强制性难民遣返。[③] 这从遣返难民数

---

① Riazul Haq, "Stay of Afghan Refugees Extended till Year-End", *Express Tribune*, February 8, 2017, https://tribune.com.pk/story/1320107/stay-afghan-refugees-extended-till-year-end/.

② Zulfiqar Ali, "Afghan Govt Seeks Extension in Stay of Refugees in Pakistan", *Dawn*, May 30, 2016, https://www.dawn.com/news/1261597.

③ "UN Accused of Failing Afghan Refugees 'Forced' to Return Home from Pakistan", *The Guardian*, February 13, 2017.

量的变化上可以看出。仅在 2016 年就有 37 万难民被迫从巴基斯坦和伊朗遣返，这一数字在 2017 年下降至不足 6 万，2018 年 1—9 月则下降为 1 万多。另外，无证难民遣返数量也同样在 2016 年达到顶峰，接近 70 万人，到 2018 年则下降为 56 万多人。[①] 2016 年与前后年份的遣返难民数量相比，显然构成一个突点，深层原因值得挖掘。

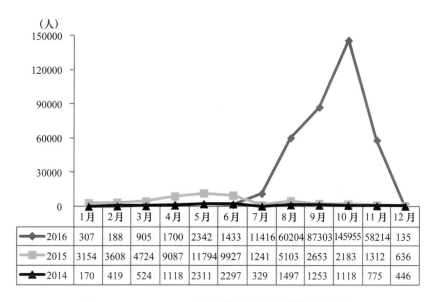

（人）	1月	2月	3月	4月	5月	6月	7月	8月	9月	10月	11月	12月
2016	307	188	905	1700	2342	1433	11416	60204	87303	145955	58214	135
2015	3154	3608	4724	9087	11794	9927	1241	5103	2653	2183	1312	636
2014	170	419	524	1118	2311	2297	329	1497	1253	1118	775	446

图 5 - 8　2014—2016 年巴基斯坦的协助性难民遣返

资料来源：United Nations in Afghanistan, Population Movement Bulletin, Iss. 8, January 2017, p. 5。

　　第二，尽管 2016 年之后难民署协助下的难民遣返活动一直在继续，但是要弄清为什么难民署从 2016 年开始推动强制遣返，就要追溯 2016 年的难民生存状况以及难民署行为模式的发展变化。从难民遣返发展来看，2017 年后的难民遣返受到 2016 年难民遣返的深刻影响，并将继续对巴基斯坦的阿富汗难民遣返造成持续性影响，因此探究 2016 年强制遣返发生时的状况就十分必要。尤其重要的是，探究巴基斯坦政府的政策变化、难民署与巴基斯坦政府及国际移民组织的互动对理解难民署在

---

① UNHCR, Solutions Strategy for Afghan Refugees 2018 – 2019, 2018, p. 6.

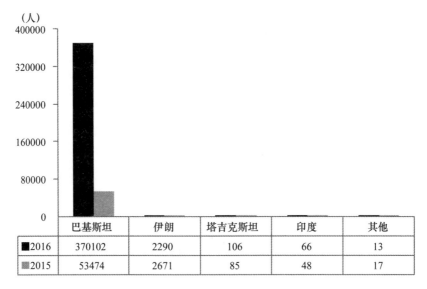

	巴基斯坦	伊朗	塔吉克斯坦	印度	其他
■2016	370102	2290	106	66	13
■2015	53474	2671	85	48	17

图 5 - 9　2015—2016 年不同国家的阿富汗难民协助遣返数量

资料来源：United Nations in Afghanistan, Population Movement Bulletin, Iss. 8, January 2017, p. 5。

2016 年的行为模式将大有裨益。

（一）2016 年阿富汗难民遣返的自愿性分析

　　文献回顾部分提到难民署参与难民遣返的两条标准：（1）难民遣返的自愿属性；（2）难民来源国情况的根本性改善。[①] 按照国际难民法和难民署关于遣返难民的指导文件，如果这两个条件无法满足，难民署作为"不推回原则"的监护者，就不应该推动难民遣返。然而事实上，巴基斯坦政府 2016 年对阿富汗难民的遣返无法满足以上两个条件，在这种情况下，难民署依然参与并推动了阿富汗难民的强制遣返。

　　第一，难民遣返的自愿属性无法满足。根据 1969 年《非洲统一组织关于非洲难民问题某些特定方面的公约》，[②] 所谓的"自愿性"，必须基于两方面的考虑：（1）难民来源国国内状况（难民需要对此有充足的信

――――――――――

　　① B. S. Chimni, "Meaning of Words and the Role of UNHCR in Voluntary Repatriation," *International Journal of Refugee Law*, Vol. 5, Iss. 3, 1993, p. 448.

　　② 该公约是至今唯一详细阐述自愿遣返原则的国际难民法案。UNHCR, OAU Convention Governing the Specific Aspects of Refugee Problems in Africa, 1969.

息来判断是否遣返）；（2）难民所在接收国的状况（该国状况应该允许难民对是否遣返做出自由选择）。① 这意味着影响难民做出遣返选择的任何身体、心理和物质上的压力都是不被国际难民法所允许的。而在阿富汗难民 2016 年的遣返过程中，难民却受到接收国巴基斯坦政府的多重压力，即所谓的"推力因素"。

具体而言，阿富汗难民在 2016 年 6 月后受到的威胁包括巴基斯坦警察以没收"难民登记证明卡"或驱逐出境为威胁向难民进行 1—30 美元的勒索；巴基斯坦警察恣意拘留阿富汗难民，并索要释放费；合法身份的不确定性及因此被随时驱逐出境威胁的上升;② 巴基斯坦警察对阿富汗难民住处的随时突击和对难民的逮捕；将阿富汗难民儿童驱逐出公立学校及关闭阿富汗难民学校；巴基斯坦警察对难民财物的非法勒取；巴基斯坦社区对阿富汗难民日益增加的敌意情绪；巴基斯坦房东对阿富汗难民房租的大幅提升，等等。这些推动阿富汗难民遣返的因素与难民遣返的自愿性原则背道而驰。③ 2016 年阿富汗难民遭到强制遣返时，难民面临着经济困难、警察骚扰等多重阻碍难民作出自愿遣返选择的因素。

第二，不仅难民遣返的自愿性无法满足，难民遣返的第二个重要条件，即难民来源国国内情况的根本性改善也无法满足难民自愿遣返的要求。

首先，阿富汗境内的武装冲突并没有在 2016 年减少。相反，2016 年因武装冲突致死和致伤的人数反而比 2009 年有系统性统计以来有所增加。④ 据联合国报告，2016 年阿富汗的安全形势是近些年最为恶劣的，

---

① UNHCR, OAU Convention Governing the Specific Aspects of Refugee Problems in Africa, 1969.

② 基于 2005 年进行的首次也是唯一一次全国范围的人口普查，巴基斯坦政府 2007 年给予 250 万阿富汗难民"暂时寄居巴基斯坦的阿富汗公民"（Afghan citizen temporarily residing in Pakistan）官方合法身份，并给予有效期至 2009 年末的"登记证明卡"。这一合法身份证明后来被数次延长有效期至 2016 年末。但是 2016 年之后，巴基斯坦政府不再发放新的"登记证明卡"。后来，这一身份证明有效期再次由巴基斯坦政府延长至 2017 年末，然而这也仅是由巴基斯坦内阁通过决议，并未发布公告。因此，大批难民时刻担忧自己在巴基斯坦合法身份会被随时剥夺。还有很多难民考虑到临时性遣返及冬天被遣返的条件将更加恶劣，因此被迫于 2016 年遣返。"UN Accused of Failing Afghan Refugees 'Forced' to Return Home from Pakistan", *The Guardian*, February 13, 2017.

③ UN Inter-Agency Update, *Population Movement Bulletin*, Iss. 8, January 26, 2017, p. 2.

④ EASO, Country of Origin Information Report on Afghanistan: Security Situation, November 2016.

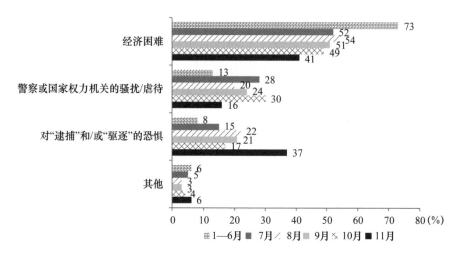

图 5 - 10　2016 年 1 月—11 月影响阿富汗难民遣返的因素

资料来源：United Nations in Afghanistan, *Population Movement Bulletin*, Iss. 8, January 2017, p. 5.

2016 年阿富汗非国家武装团体发起的武装冲突比 2015 年增长了 23%。2016 年，阿富汗 34 个省中的 33 个都爆发了中央政府与非国家行为体之间的武装冲突，并由此导致占全国一半以上的地区（203 个区）爆发由冲突引起的人口流离失所。① 此外，由于持续不断的冲突，爆炸性武器的大范围使用、民用设施（学校、医院等）的军事化、强制性征兵、定点清除、财产摧毁、人道主义物资的阻拦等因素，2016 年阿富汗因冲突造成的平民死亡人数达到近万人，是自 2009 年有统计以来的最高点。② 同时，阿富汗内部恐怖主义组织的数量在 2016 年也不减反增，阿富汗政府控制的区域自 2015 年 11 月的 72% 下降到 2016 年的 63.4%。③ 仅在 2016 年 1 月 1 日—2016 年 8 月 19 日，就有 5523 名阿富汗国防和安全部队（Afghan National Defense and Security Forces, ANDSF）人员被杀害，另有 9665 名国防和安全部队人员受伤。④ 根据美国驻阿富汗军队司令官约翰·F. 坎贝尔（John F. Campbell）2016 年 2 月的报道，当时阿富汗的

---

① United Nations in Afghanistan, *Population Movement Bulletin*, Iss. 8, January 2017, p. 3.

② United Nations in Afghanistan, *Population Movement Bulletin*, Iss. 8, January 2017, p. 3.

③ Special Inspector General for Afghanistan Reconstruction, High-Risk List, January 2017, p. 2.

④ Special Inspector General for Afghanistan Reconstruction, High-Risk List, January 2017, p. 2.

安全形势尚未达到持久安全和稳定的水平，故需要美国的军事支持。[1]同一时间，美国国家情报局局长詹姆斯·克拉珀称阿富汗 2016 年的冲突将比 2015 年更加激烈，并在近十年安全形势不断恶化。[2] 由于全国范围内不断恶化的安全形势，阿富汗 2016 年的南部、北部/东北部以及西部流离失所人口的数量达到新高，且无法获取基本的生活物资。[3] 即使在可以获取人道主义援助的地区，援助也仅以紧急援助的形式进行，缺乏长期的发展援助。由于缺乏基本的生活物质，超过 60 万从巴基斯坦遣返回阿富汗的回返难民在返回后被迫二次流离失所。[4]

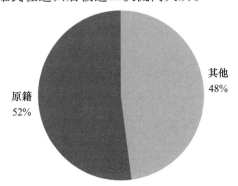

图 5-11 阿富汗难民 2016 年被迫遣返回阿富汗后可以回原籍地安定的比例

资料来源：United Nations in Afghanistan, Population Movement Bulletin, Iss. 8, January 2017, p. 6。

其次，阿富汗在经过几十年的战争后成为世界上最为贫穷的国家之一。2015 年的经济增长率由 2003—2012 年的平均增速 9.8% 下降到 2015 年的 0.8%。[5] 联合国数据显示，2017 年年初，约三分之一的阿富

① Senate Armed Services Committee, Opening Remarks of General John F. Campbell, USA, February 4, 2016.

② Senate Armed Services Committee, Statement for the Record of James R. Clapper, "Worldwide Threat Assessment of the US Intelligence Community", February 9, 2016.

③ 2016 年阿富汗国内流离失所的 10 万人口位于人道主义援助难以到达的地区。在阿富汗全国范围内的大部分地区，尤其是非政府武装团体控制的地区，红十字和红新月国际联合会成为仅有的能够为这些地区提供人道主义援助的组织，参见 United Nations in Afghanistan, Population Movement Bulletin, Iss. 8, January 2017, p. 3。

④ United Nations in Afghanistan, Population Movement Bulletin, Iss. 8, January 2017, p. 3.

⑤ UNHCR and World Bank, Fragility and Population Movement in Afghanistan, October 3, 2016, p. 4.

汗人需要人道主义援助方可满足生存需求。① 与此同时，已经返回阿富汗的难民由于在阿富汗无法满足基本的生活保障而再次流落为国内流离失所者。因此，阿富汗在 2016 年依然是世界上最不安全和暴力泛滥的国家之一。②

综上，2016 年阿富汗难民从巴基斯坦遣返无法满足国际法规定的自愿性原则。第一，难民在巴基斯坦境内遭到多重来自巴基斯坦政府强制遣返的压力；第二，阿富汗难民遣返时，阿富汗国内的安全形势和经济形势为历年最差，不符合国际难民法对难民原籍国国内状况根本性改善的要求。在这种情况下，难民署作为难民保护机构，理应坚决反对难民遣返，而现实中难民署却不仅没有反对阿富汗难民的遣返，反而进一步诱使阿富汗难民在无法满足自愿遣返条件时返回阿富汗。

（二）难民署在 2016 年阿富汗难民遣返中的行为

尽管阿富汗难民在巴基斯坦承受着各种要求其强制遣返的压力，阿富汗的国内形势也未发生根本性改善，难民署在 2015 年 3 月却与阿富汗政府和巴基斯坦政府达成三方协议，以帮助两国筹集资金，"促进难民的自愿遣返和再融合"。③ 2015 年 3 月，难民署颁布其为阿富汗难民遣返筹集资金的倡议文件，称 2014 年以来阿富汗难民的遣返数量达到历史新低。阻碍难民返回阿富汗的因素包括返回阿富汗后的经济问题以及缺乏生计、土地、住处和基本社会服务。

为了满足巴基斯坦政府希望"在近期内看到自愿遣返数量增加的合理预期"以及难民接收国政府的"捐助国疲劳"和"不断减少的捐助支持"，难民署决定"刺激遣返"，并倡议为每位愿意返回阿富汗的难民提供 200 美元的现金补助，每个家庭（不论规模）3000 美元的现金补助。④后来，尽管这一倡议在实践中未能实施，但却反映了难民署在明确知悉阿富汗国内情况不利于难民遣返的情况下，为了满足巴基斯坦政府的期望，以现金刺激难民遣返的政策取向。

---

① UNOCHA, *Afghanistan: Humanitarian Needs Overview*, 2017, p. 5.

② UNOCHA, *Afghanistan: Humanitarian Needs Overview*, 2017, p. 5.

③ UNHCR, 2015 – 2017 Protection Strategy Pakistan: External, p. 4.

④ UNHCR, Enhanced Voluntary Return and Reintegration Package for Afghan Refugees (EVR-RP): Funding Proposal, March 2015, pp. 1 – 8.

　　随后，2015 年上半年由于警察暴力的增加，阿富汗难民被迫返回的数量也不断增加，然而这一增长势头在 2015 年下半年变缓，到 2016 年上半年返回难民人数则迅速下降到不足 1 万人。[①] 2016 年 6 月，难民署新任高级专员菲利普·格兰迪（Filippo Grandi）将巴基斯坦伊斯兰堡作为其上任后的首访地，视察巴基斯坦难民情况，并收到巴基斯坦政府要求其帮助解决阿富汗难民负担的请求。[②]

　　2016 年 6 月，难民署开始突然增加对阿富汗难民遣返的现金补贴，从 200 美元/人增加到 400 美元/人。遣返的阿富汗难民如若愿意遣返，平均每个家庭则会得到 2800 美元的补贴。[③] 这对为生活所困的阿富汗难民来说是一笔非常具有诱惑力的经济来源。加之，考虑到如果不同意遣返，则可能面临随时随地且无偿被遣返的危险，难民署的这一物质"拉力因素"成为进一步促进阿富汗难民在 2016 年大规模遣返的重要原因之一。

　　事实上，难民署内部调查已经显示其早期的现金补贴会刺激难民在遣返条件尚不成熟时返回阿富汗。难民署 2009 年 3 月关于现金补贴对难民遣返影响的调查发现：（1）近一半的阿富汗难民返回阿富汗严重依赖难民署提供的现金补贴，而 80% 的未遣返难民正是由于在阿富汗缺乏社会和物质财产而不选择遣返。因此，现金在难民能否以及是否遣返中起到很大的作用。（2）返回的阿富汗难民表示现金补贴比其他形式的补贴

---

　　① UNHCR, "Afghanistan-Volrep and Border Monitoring Monthly Update, 01 January—30 June 2016", June 30, 2016, https://www.refworld.org/docid/578cc2614.html.

　　② Asad Hashim, "UN Refugee Chief Urges Pakistanis Not to Label Afghan Refugees 'Terrorists'", June 23, 2016, Reuters, https://in.reuters.com/article/pakistan-afghanistan-refugees-idIN-KCN0Z91BX.

　　③ UNHCR, "UNHCR Doubles Grant for Registered Afghan Refugees Opting to Return to Afghanistan", June 29, 2016, https://reliefweb.int/report/pakistan/unhcr-doubles-grant-registered-afghan-refugees-opting-return-afghanistan. 难民署自 2003 年开始给愿意返回的难民提供补贴，但是数额较小，仅为 4—37 美元/人，2007 年 1 月增加至 60 美元/人，参见 "Pakistan: Registration Open to More Afghan Refugees", Reliefweb, January 4, 2007, https://reliefweb.int/report/pakistan/pakistan-registration-open-more-afghan-refugees。同年 4 月增加至 100 美元/人，参见 "UNHCR Increases Cash Grant for Repatriation,", *The New Humanitarian*, https://www.thenewhumanitarian.org/fr/node/236030. 2011 年，增加至 150 美元/人，参见 Isabel Mehlmann, Migration in Afghanistan: A Country Profile 2011, Maastricht University, p.58。2014 年再次增加到 200 美元/人，参见 UNHCR, Solutions Strategy for Afghan Refugees, Progress Report 2014, p.5。

更能促进难民的遣返。同时，当时每人 100 美元的补贴还不足以帮助难民克服返回阿富汗后所面临的生活所需，每人 300—400 美元的补贴将会更加刺激难民遣返。（3）难民署应该考虑到提高现金补贴将诱使更多难民遣返的后果。[1] 同时，难民署也认识到阿富汗 2016 年的国内安全形势不利于难民遣返，阿富汗大部分地区安全形势急剧恶化，造成 21 世纪以来最多的平民伤亡数。[2]

此种情况下，根据难民署关于难民遣返条件的要求，难民署有义务告知难民其来源国国内情况以使他们决定是否自愿遣返。根据难民署自愿遣返手册（Handbook on Voluntary Repatriation）："信息运动是难民署的核心责任以及推动自愿遣返的主要机制，以确保难民的遣返决定是建立在完全了解事实的基础上……提供精确和客观的关于难民来源国的信息将是重要的活动。"[3] 当难民署无法确认难民的遣返是否自愿时，难民署"应该向相关政府宣称难民署反对难民遣返行为并寻求强制性措施。这一举措应该在前线和总部同时进行，如有必要，应该通过最高级别——高级专员的干涉进行"[4]。

然而，难民署在 2016 年巴基斯坦政府要求大规模遣返难民的情况下，不仅没有进行抵制，而是对难民进行物质诱惑，同时也没有向难民提供返回阿富汗的有效信息，大量难民只是登上遣返的卡车，前往难民署巴基斯坦办公室填写自愿遣返表，以确保能够领到返回阿富汗后的现金补贴。[5] 自 2016 年 6 月—12 月，超过 38 万阿富汗难民从巴基斯坦返回阿富汗。[6] 在此期间，难民署从未要求巴基斯坦政府停止强制遣返阿富汗难民，也未公开批评巴基斯坦政府在强制遣返阿富汗难民上的不当

---

① Altai Consulting, "UNHCR's Voluntary Repatriation Program: Evaluation of the Impact of the Cash Grant", March 2009, pp. 2 – 6.

② Michael O'Hanlon, "Improving Afghanistan Policy", The Foreign Policy Brief, Brookings, Vol. 2, No. 1, 2016, pp. 1 – 2.

③ UNHCR, *Handbook on Voluntary Repatriation*, chap. 4, sec. 2, 1996.

④ UNHCR, *Handbook on Voluntary Repatriation*, chap. 4, sec. 1, 1996.

⑤ "UN Accused of Failing Afghan Refugees 'Forced' to Return Home from Pakistan", *The Guardian*, February 13, 2017.

⑥ Danish Refugee Council, "Monthly Migration Movements-Afghan Displacement Summary-December 2016", https://reliefweb. int/report/afghanistan/monthly-migration-movements-afghan-displacement-summary-december-2016.

行为。

2016 年 11 月 10 日，难民署在回应媒体关于巴基斯坦政府非法驱逐阿富汗难民的问题时称："阿富汗难民从巴基斯坦的遣返是在非理想状态下进行的，是一系列影响因素的结果。"[①] 却并未详述或批评巴基斯坦政府强制遣返阿富汗难民的因素。难民署的政策甚至引起难民署内部官员的不满。2016 年 11 月，难民署驻巴基斯坦贾拉拉巴德办公室的官员告诉媒体："考虑到你被骚扰、恫吓、被警察包围、带上法庭、强制贿赂，你是被强制遣返，而不是自愿遣返。"[②]

在返回阿富汗后，47% 的回返难民表示遇到了没有预想到的困难，包括没有工作机会、孩子无法注册上学、土地/财产纠纷以及缺乏基本的社会服务。[③] 遣返难民的总体生活状况比在巴基斯坦时有所下降，难民之所以决定遣返是受到外部因素的影响。[④]

因此，由于难民遣返受到多重推拉力因素影响，2016 年阿富汗难民的遣返既不符合国际难民法规定的"自愿性"原则，也无法满足难民来源国情况的根本性改善原则，造成了近年来世界范围内最大规模的强制性难民遣返事件。而难民署在这起遣返事件中的行为也遭到了国际社会的强烈谴责。作为保护难民不受强制遣返的联合国专门难民机构，难民署不仅没有促使巴基斯坦政府履行"不推回原则"规定的国家义务，反而对难民遣返进行物质诱惑，也没能向难民提供关于难民来源国的真实有效而充分的信息，实际上推动了巴基斯坦政府对阿富汗难民的强制遣返，损害了阿富汗难民应享有的不受强制遣返的权利。

三 难民署参与难民遣返的行为分析

难民署这种行为有两方面原因。

---

① Jared Ferrie and Aamir Saeed, "Will the UN Become Complicit in Pakistan's Illegal Return of Afghan Refugees?" *The New Humanitarian*, November 10, 2016.

② Rod Nordland, "Afghanistan Itself Is Now Taking in the Most Afghan Migrants", *New York Times*, November 4, 2016.

③ United Nations in Afghanistan, Population Movement Bulletin, Iss. 8, January 2017, p. 6.

④ World Bank Group and UNHCR, Living Conditions and Settlement Decisions of Recent Afghan Returnees: Findings from a 2018 Phone Survey of Afghan Returnees and UNHCR Data, June 2019, pp. 24 – 25.

（一）来自巴基斯坦政府的压力

巴基斯坦政府对阿富汗难民的态度经历了从友好到强硬的转变。20世纪70年代末第一波阿富汗难民涌入巴基斯坦时，阿富汗难民能够享受与一般巴基斯坦公民相差无几的待遇。他们可以在巴基斯坦获得教育、医疗和工作机会，部分难民还取得了巴基斯坦公民身份。[①] 然而，随着90年代苏联撤军后国际政治形势的改变，西方大国对国际人道主义组织在巴基斯坦的援助大幅减少，巴基斯坦政府对阿富汗难民的态度也开始愈发强硬。难民署对阿富汗难民的财政预算从1981年的2亿美元下降到2000年的1200万美元，120多万居住在巴基斯坦难民营的阿富汗难民人均仅能得到10美元的援助。[②]

大量阿富汗难民的存在对巴基斯坦环境、经济、基础设施等造成负担，同时与难民相关的毒品和安全事故增加，多种原因进一步促使巴基斯坦收紧了对阿富汗难民的宽松政策。[③] 1995年，巴基斯坦宣布不再接受新进入的难民，难民署也于同年底停止注册新的难民。[④] 2002年3月，难民署与巴基斯坦和阿富汗政府签署协议，三方同意将在难民自愿的前提下遣返阿富汗难民。至2015年年底，390万阿富汗难民在难民署的协助下返回阿富汗，此后巴基斯坦仍然有150多万阿富汗注册难民和100多万无证难民。[⑤]

总体而言，2014年年末之前，注册和无证阿富汗难民在巴基斯坦的生活相对平静，他们可以在非正式经济领域工作，难民儿童可以在联合国的协助下接受教育，阿富汗难民与当地社区关系也相对缓和。[⑥] 然而，

---

① Amina Khan, "Protracted Afghan Refugee Situation: Policy Options for Pakistan," *Strategic Studies*, Vol. 37, No. 1, 2017, p. 47.

② Ameena Ghaffar-Kucher, "The Effects of Repatriation on Education in Afghan Refugee Camps in Pakistan", *Education in Emergencies and Post-Conflict Situations: Problems, Responses and Possibilities*, 2005, p. 6.

③ Yousaf Ali et al., "Refugees and Host Country Nexus: A Case Study of Pakistan," *International Migration & Integration*, Vol. 20, 2019, pp. 137–153.

④ The Afghanistan Research and Evaluation Unit (AREU), Afghans in Peshawar: Migration, Settlements and Social Networks, January 2006, p. 7.

⑤ Nassim Majidi et al., "Seeking Safety, Jobs, and More: Afghanistan's Mixed Flows Test Migration Policies", *Migration Information Source*, *Migration Policy*, 2016.

⑥ The Afghanistan Research and Evaluation Unit (AREU), Afghans in Peshawar: Migration, Settlements and Social Networks, January 2006, pp. 9–10.

2014 年 12 月，所谓的"巴基斯坦塔利班"（Pakistan Taliban）在白沙瓦制造的一起导致 145 人死亡（包括 132 名儿童）的袭击事件以及此后相关事件让巴基斯坦政府对待阿富汗难民的态度逐渐发生改变。巴基斯坦政府在此次恐怖袭击事件发生一个月后通过"国家反恐行动计划"，其中包括登记和遣返阿富汗难民，尽管巴基斯坦政府的调查无法证明有阿富汗难民参与这起恐怖袭击事件。① 难民署和国际人权组织的调查发现，这一反恐计划对阿富汗难民造成了多重影响，包括警察非法对阿富汗难民实施暴力逮捕和拘留、勒索以及损毁阿富汗难民房屋。② 2015 年后半年，这种针对阿富汗难民的暴力活动有所减少，然而，2016 年后半年，巴基斯坦掀起大范围的针对阿富汗难民的警察暴力活动，巴基斯坦政府同时宣布，遣返所有阿富汗难民的时间到了。

这种急转直下对待阿富汗难民的态度受到 2016 年一系列政治、安全事件的影响。一是 2016 年 5 月，阿富汗、印度和伊朗政府签署三方贸易协议。根据协议，阿富汗将作为印度输往中亚和俄罗斯货物的中转站，将巴基斯坦排除在外。③ 这一协议的签署激起巴基斯坦社区对阿富汗难民的敌意，激烈言辞如将阿富汗难民称为"印度人的儿子"开始出现。二是 2016 年 6 月 3 日，阿富汗总统阿什拉夫·加尼和印度总理莫迪共同为由印度出资兴建的阿富汗萨勒玛大坝剪彩，这种展示两国友好关系的举动进一步刺激了与印度关系紧张的巴基斯坦政府。三是 2016 年 6 月 12 日，阿富汗和巴基斯坦边境发生冲突，导致一名阿富汗边防军和巴基斯坦少校阿里·贾瓦德汗死亡，另有 18 人受伤。这一暴力冲突事件导致巴基斯坦境内爆发反抗阿富汗的抗议。④ 因此，自 2016 年 6 月起，阿富汗难民开始频繁受到巴基斯坦政府在媒体宣布将阿富汗难民全部遣返和

---

① Asad Hashim, "UN Refugee Chief Urges Pakistanis Not to Label Afghan Refugees 'Terrorists'", June 23, 2016, Reuters, https://in. reuters. com/article/pakistan-afghanistan-refugees-idIN-KCN0Z91BX.

② UNHCR, 2015 – 2017 Protection Strategy Pakistan: External, 2015, p. 2.

③ "India, Iran and Afghanistan sign Chabahar Port Agreement", *Hindustan Times*, May 24, 2016, https://www. hindustantimes. com/india/india-iran-afghanistan-sign-chabahar-port-agreement/story-2EytbKZeo6zeCIpR8WSuAO. html.

④ 《巴阿爆发冲突致多人死伤，边境局势紧张》，新华网，2016 年 6 月 16 日，http://www. xinhuanet. com/world/2016-06/16/c_ 129064593. htm。

陡然上升的警察暴力的威胁。① 仅在这一年，巴基斯坦境内 36 万注册难民和 20 万无证难民在难民署的协助下遭到强制遣返，成为国际上近年来最大规模的非法难民遣返事件。②

（二）国际移民组织的竞争

在巴基斯坦强大的国家压力下，难民署可以选择向巴基斯坦政府提出抗议，谴责其强制遣返难民的行为，以唤起国际社会对巴基斯坦政府行为和阿富汗难民被强制遣返的关切。然而，难民署在同行（国际移民组织）竞争存在的情况下却选择了向这种国家压力妥协。国际移民组织与其在难民遣返上构成的竞争成为难民署选择向原则妥协的另一重要因素。③

国际移民组织与难民署之所以在阿富汗难民遣返问题上构成竞争，有以下几方面的原因。

1. 注册难民与无证难民的复杂性

国际移民组织和难民署之所以在阿富汗难民问题上构成竞争首先是因为阿富汗难民群体划分的不合理给两者工作内容的重合提供了可能。2016 年大规模阿富汗难民遣返发生时，巴基斯坦境内的阿富汗难民被区分为注册难民和无证难民。而这种划分并非基于法律程序上难民身份的甄别，而是巴基斯坦内部政治演化的结果。

巴基斯坦政府 2005 年对阿富汗难民进行了唯一一次人口普查，确认其国内存在 300 多万阿富汗难民，并从 2006 年开始为难民发放"登记证明卡"，然而 2007 年 2 月，巴基斯坦政府突然停止发放这一身份证明。因此，仅有 210 多万阿富汗难民拿到了"登记证明卡"，而剩下的数十万难民却没能在截止日期前拿到这一证明卡。④ 然而，大多数难民在巴

---

① Asad Hashim, "UN Refugee Chief Urges Pakistanis Not to Label Afghan Refugees 'Terrorists'", June 23, 2016, Reuters, https://in. reuters. com/article/pakistan-afghanistan-refugees-idIN-KCN0Z91BX.

② Asad Hashim, "UN Refugee Chief Urges Pakistanis Not to Label Afghan Refugees 'Terrorists'", June 23, 2016, Reuters, https://in. reuters. com/article/pakistan-afghanistan-refugees-idIN-KCN0Z91BX.

③ 笔者对难民署官员的采访，日内瓦，2018 年 12 月 4 日。

④ 最初 300 多万的阿富汗难民中有大概 58 万在巴基斯坦 2006 年 10 月登记难民开始前就已经返回阿富汗，参见 UNHCR, "Registration of Afghans in Pakistan: 2007", https://www. unhcr. org/en-us/news/briefing/2007/2/45d58a692/registration-afghans-pakistan. html。

基斯坦政府开始登记之前未持有相关难民证件的原因复杂，有的是惧怕被巴基斯坦政府驱逐，有的是未能理解注册的重要性，有的是无法承受登记过程中巴基斯坦政府官员的敲诈勒索，有的是无法到达登记地点。①这并不意味着他们不符合国际法对难民身份的鉴定。

事实上，巴基斯坦政府直至 2015 年仍对无证难民持视而不见的态度。然而，在 2015 年 1 月白沙瓦学校受袭事件发生后，巴基斯坦政府通过"国家行动计划"，要求对其国内的无证难民再次进行登记，然而这一提议却由于巴基斯坦国内政治原因未能实施。2016 年9 月，巴基斯坦政府宣称所有阿富汗无证难民需在 2016 年 11 月 15日之前离开巴基斯坦，然而到截止日期之后，巴基斯坦政府并未采取任何措施。②

在 2016 年发生大规模阿富汗难民遣返之前，阿富汗无证难民自2013 年以来的遣返人数基本维持在 1 万人至 2 万人。然而，2016 年却发生了近 23 万阿富汗无证难民的遣返，其中 91% 均在 2016 年 7 月之后被遣返。而负责遣返阿富汗无证难民的正是国际移民组织。同一时间，难民署启动遣返约 38 万已注册的阿富汗难民。

表面上看，国际移民组织和难民署各司其职，分别负责遣返无证难民和注册难民。然而，这一难民群体的划分是完全没有法律依据的。而由于巴基斯坦内部政治原因和难民自身原因未能在注册日期截止前登记的难民，与之前被注册的难民在事实上的身份并无差异，他们同样是在1978 年至 2007 年逃离阿富汗的难民。

这意味着，巴基斯坦政府在 2007 年 2 月突然转变难民政策，从承认其境内的所有阿富汗难民并为其登记到一夜之间不承认所有尚未被登记的难民。难民身份的确定在很大程度上取决于巴基斯坦政府政策的急促变化。正是因为这种难民身份的模糊性和变化性，国际移民组织更容易插手进本

---

① OCHA, "Thousands of Unregistered Refugees Returned from Pakistan to Afghanistan", April 20, 2017, https://reliefweb. int/report/afghanistan/thousands-unregistered-refugees-return-pakistan-afghanistan.

② Nicholas Bishop, "Between a Rock and a Hard Place-The Mass Return to Afghanistan," IOM, September 27, 2016, https://weblog. iom. int/between-rock-and-hard-place-% E2% 80% 93-mass-return-afghanistan.

属于难民署的工作范围：难民的遣返。① 因此，国际移民组织和难民署实际上负责遣返的人群并无本质差别，均为巴基斯坦境内的阿富汗难民。

简而言之，巴基斯坦政府推动阿富汗难民的强制遣返时，有两大国际组织可以选择合作：负责难民保护的难民署和负责移民的国际移民组织。既然阿富汗国内情况达不到难民自愿遣返的条件，同时巴基斯坦政府也对难民的遣返施加了各种压力，难民署作为难民保护的机构，理应保护难民不受强制遣返的权利，抵制巴基斯坦政府的压力。然而，现实中，难民署却对巴基斯坦政府的压力进行了妥协，而来自国际移民组织的压力才是难民署妥协的重要考量。而国际移民组织之所以能对难民署造成压力，与其自身使命的特点有关。

2. 国际移民组织与难民署在工作职能上的重叠

与难民署不同，国际移民组织不是建立在国际公约的基础之上，它的成立是为各国政府提供移民管理服务。② 具体地，遣返服务是国际移民组织最核心的工作内容。③ 国际移民组织区分三种不同形式的遣返：（1）非强制性自愿遣返，即移民自主决定何时返回原籍国；（2）强制下的自愿遣返，即当移民受保护的地位即将结束时或寻求庇护的请求被驳回时，以及无法继续在接收国生活而自愿选择遣返原籍国；（3）非自愿性遣返，即接收国要求强制遣返移民至原籍国。④ 虽然国际移民组织强调其所从事的遣返应该是移民的自愿性遣返，但即使是国际移民组织的官员也无法对移民遣返的自愿属性做出肯定的保障。⑤ 而这种对自愿性遣返的模糊认知也是国际移民组织从事非自愿性遣返的最重要原因。

与此同时，与难民署具有"保护"难民权利的使命不同，国际移民

---

① 早在 2003 年，难民署和国际移民组织就为了避免恶性竞争而签署了一份谅解备忘录，然而后来难民危机的发展以及对难民身份的重新确定使得当时签署的谅解备忘录不再适用。笔者对难民署官员的采访，日内瓦，2018 年 12 月 4 日。谅解备忘录参见 IOM & UNHCR, https://www.refworld.org/pdfid/3e647b844.pdf, 2003。

② Anne Koch, "The Politics and Discourse of Migrant Return: The Role of UNHCR and IOM in the Governance of Return", *Journal of Ethnic and Migration Studies*, Vol. 40, No. 6, 2014, pp. 910 – 911.

③ Anne Koch, "The Politics and Discourse of Migrant Return: The Role of UNHCR and IOM in the Governance of Return", *Journal of Ethnic and Migration Studies*, Vol. 40, No. 6, 2014, p. 911.

④ Anne Koch, "The Politics and Discourse of Migrant Return: The Role of UNHCR and IOM in the Governance of Return", *Journal of Ethnic and Migration Studies*, Vol. 40, No. 6, 2014, p. 911.

⑤ 笔者对难民署官员的采访，日内瓦，2018 年 12 月 4 日。

组织的组织使命中并不包括对难民的"保护"这一项。根据其官方陈述，国际移民组织的使命是：（1）协助解决日益增多的移民管理上的操作性挑战；（2）促进对移民问题的理解；（3）通过移民促进社会和经济发展；（4）维护移民作为人的尊严和福利。[①] 因此，国际移民组织在从事非自愿性遣返项目时并不触及其对核心使命的违反和对其应坚守原则的妥协。[②] 这也为国际移民组织从事非自愿性遣返提供了更大的操作空间，因此与难民署在遣返难民上形成对巴基斯坦政府的第二选择。

3. 巴基斯坦的国际移民组织和难民署

造成国际移民组织和难民署在遣返阿富汗难民上竞争的第三个因素与两大国际组织在巴基斯坦相似的规模和影响力有关。若两大国际组织在当地的规模和影响力相差悬殊，尽管两大国际组织从事相同的工作，其中较为弱小的国际组织对另一国际组织的影响相对有限，但若两大国际组织实力相当，其中一方对国家压力作出抵制就会给另一方提供在当地扩大项目和影响力的机会，进而影响到抵制方在当地的发展。在巴基斯坦政府强制遣返阿富汗难民这一问题上，难民署和国际移民组织均可响应巴基斯坦政府的要求，参与阿富汗难民的遣返。同时，两者在巴基斯坦的影响力相当，从而进一步加剧了两者之间的竞争。

第一，巴基斯坦政府均是难民署和国际移民组织的成员国，两大国际组织在巴基斯坦均有较长时间的组织存在。根据国际移民组织官方网站，早在1981年国际移民组织就在巴基斯坦政府的请求下进驻巴基斯坦以协助巴基斯坦政府应对当时涌入巴基斯坦的阿富汗难民。1992年，巴基斯坦正式加入国际移民组织，成为国际移民组织的成员国。2000年10月，双方签署合作协议。国际移民组织在巴基斯坦开展多方面的工作，包括移民管理、移民健康、难民重新安置和再融合、灾难风险消减、灾难后复原、能力建设及社区稳定等领域。[③] 国际移民组织办公室遍布巴基斯坦全国，除了位于伊斯兰堡的主办公室，在拉合尔、米尔普尔、卡拉奇和白沙瓦四大城市还设有分支办公室。

---

① IOM 将其使命称为"mission"，参见 IOM，"Mission"，https：//www. iom. int/mission。

② 笔者对难民署官员的采访，日内瓦，2018 年 12 月 4 日。

③ IOM，"Areas of Support"，https：//www. un. org. pk/iom/；IOM，"Pakistan"，https：//pakistan. iom. int/iom-pakistan.

　　根据难民署的官方网站，难民署同样早在 1979 年第一波阿富汗难民涌入巴基斯坦时就开始在巴基斯坦开展难民救助工作。① 巴基斯坦也是难民署执行委员会的成员国。② 难民署的工作在巴基斯坦全国范围内展开。在伊斯兰堡设有主办公室，另外在白沙瓦和奎达设有分支办公室。其中，位于伊斯兰堡的主办公室总管巴基斯坦全国的工作，并设有监控旁遮普和信德两省工作的独立前线调研队。难民署另外在巴基斯坦全国范围内设有 54 个已认定的难民村。③ 难民署是为阿富汗难民提供基本的教育、医疗、水和卫生服务的机构，是阿富汗难民遣返的主要负责机构。

　　第二，难民署和国际移民组织在难民遣返上的行动能力相当。在发生大规模难民强制遣返的 2016 年，难民署在巴基斯坦的年度支出为5500 万美元，而国际移民组织为 2100 万美元。④ 虽然资金规模上国际移民组织比难民署要小，但是考虑到难民署负责难民的住宿、教育、医疗等各个方面，而国际移民组织则具体聚焦于难民的遣返和再安置过程，因此这一规模的资金对难民署的行为可以构成一定的冲击。在人员配置上，难民署的人员规模维持在 200 人左右，⑤ 而国际移民组织在 2016 年的难民遣返时间段内人员规模则达到 400 多人。⑥ 同时，2016 年国际移民组织才成为联合国系统的一员，因此它 2016 年在巴基斯坦的规模，尤其在难民遣返领域可以说是举足轻重。⑦

　　因此，总结而言，在巴基斯坦政府要求强制遣返阿富汗难民的压力下，和阿富汗国内安全形势并未达到难民自愿遣返的情况下，难民署作为负有保护难民不受强制遣返责任的国际组织，理应向巴基斯坦政府抗议。然而，面对来自不负有保护难民不受强迫遣返责任的迁移组织——

---

① UNHCR, "UNHCR Pakistan", https://twitter. com/unhcrpakistan? lang = en.

② UNHCR, "Member States of the Executive Committee", https://www. unhcr. org/uk/4a2e6ded2. pdf.

③ UNHCR, "Where We Work", https://unhcrpk. org/where-we-work/.

④ IOM, "Afghanistan 2017 Humanitarian Compendium", https://humanitariancompendi-um. iom. int/appeals/afghanistan-2017.

⑤ UNHCR, "Where We Work", https://unhcrpk. org/where-we-work/.

⑥ IOM, "Afghanistan 2017 Humanitarian Compendium", https://humanitariancompendi-um. iom. int/appeals/afghanistan-2017.

⑦ 笔者对难民署官员的采访，日内瓦，2018 年 12 月 4 日。

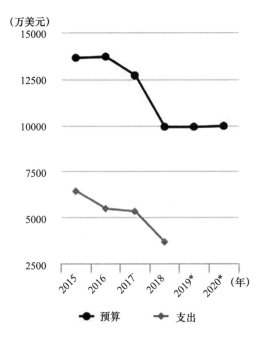

图 5 - 12 2015—2020 年难民署在巴基斯坦的预算与开支统计

资料来源：UNHCR，http://reporting. unhcr. org/node/2546。

国际移民组织在巴基斯坦的强势存在和竞争，难民署如果与巴基斯坦政府对抗，国际移民组织将取代难民署，与巴基斯坦政府合作进行阿富汗难民遣返。尤其是国际移民组织的存在严重依赖基于项目的资金援助，"项目"的获取是国际移民组织得以生存的重要基础。[1] 这种情形下，难民署对抗巴基斯坦政府意味着将被排除在阿富汗难民遣返项目之外，这对难民署的生存将造成很大的影响。[2] 因此，难民署选择默认巴基斯坦政府强制遣返难民的行为，并以物质诱惑难民遣返。

第四节 小结

为论证国家压力和同行竞争对难民署难民遣返行为的影响，本章在

---

① Anne Koch，"The Politics and Discourse of Migrant Return：The Role of UNHCR and IOM in the Governance of Return," *Journal of Ethnic and Migration Studies*，Vol. 40，No. 6，2014，p. 912.

② 笔者对难民署官员的采访，日内瓦，2018 年 12 月 4 日。

实地调研和文献分析的基础上，以难民署在委内瑞拉难民/移民（2018—2019）、叙利亚难民（2018）和阿富汗难民（2016）遣返问题上的不同行为模式为案例，分析同时存在国家压力和同行竞争、仅存在国家压力以及不存在国家压力和同行竞争情形中难民署在难民遣返上的不同表现。

在三个案例考察期间内，委内瑞拉、叙利亚和阿富汗均未达到难民自愿遣返的条件，难民署理应督促接待来自这三个国家难民的国家遵守"不推回原则"，不推动难民的遣返。然而，难民署在三个案例中的行为却有明显差异。

在哥伦比亚，委内瑞拉难民/移民受到哥伦比亚政府的友好接待，难民署和国际移民组织并不面临哥伦比亚政府要求协助其遣返委内瑞拉难民/移民的压力。因此，两大国际组织在哥伦比亚形成"双领导"的模式，共同致力于委内瑞拉难民/移民的保护工作。

在黎巴嫩，难民署"一家独大"，总揽叙利亚难民的各项保护工作，国际移民组织在当地受难民署的统领，影响力有限，难以与难民署形成竞争。在黎巴嫩政府提出难民署协助其遣返叙利亚难民时，难民署有能力和空间与黎巴嫩政府讨价还价，拒绝黎巴嫩政府的请求，并形成正面对抗。

在巴基斯坦，难民署和国际移民组织两大国际组织之间并无统领与被统领的关系，两者在当地均有较长时间的存在和较大的影响力，在难民遣返问题上存在强烈的竞争关系。难民署抵制国家压力意味着给国际移民组织"抢占市场"提供机会，挤压难民署在当地的发展空间。因此，难民署不仅没有抵制巴基斯坦政府要求遣返阿富汗难民的要求，反而以现金利诱的方式推动阿富汗难民的强制性遣返。

第六章　结论及启示

　　难民问题自现代民族国家建立以来便已有之，其规模之大、影响之广使其成为当今国际政治重点关注和亟须解决的问题。作为监督国际难民法实施的专门机构，联合国难民署是否有所作为对保护难民的各项权利和解决难民问题至关重要。根据国际难民法，尤其是其根本原则"不推回原则"，难民署有法律责任和义务推动世界各国保障难民自愿遣返的权利。然而，现实中，当难民自愿遣返的条件尚未达到时，难民署在是否推动条件不成熟时的难民遣返上却表现出不同的行为模式。本书通过对难民署在哥伦比亚的委内瑞拉难民、黎巴嫩的叙利亚难民和巴基斯坦的阿富汗难民遣返问题上不同行为模式的分析，为难民署难民遣返行为差异提供了新的解释。结论部分将总结难民署遣返行为的特征和规律，继而提出与全球难民治理和国际组织行为有关的历史经验和理论启示。

一　难民署遣返行为的特征和规律

　　难民自愿遣返的核心要求为"自愿性"。为了满足自愿性的要求，难民署在是否推动难民遣返时应重点考虑两点：（1）主观上，难民表达出遣返的意愿，这意味着难民不应受到来自难民接收国等其他角色的强制；（2）客观上，难民来源国国内状况得到根本性改善。只有同时满足以上两点，难民署才可以推动难民的遣返。然而在实践中，在自愿遣返条件尚未达到时，难民署在是否推动难民遣返问题上却出现明显的行为差异。

　　本书以"国家压力"和"同行竞争"为核心变量的解释框架，较好地解释了难民署在推动难民遣返上的行为差异。第一，在难民遣返问题上，国家压力将对难民署是否推动难民遣返发挥直接影响。在主权国家依然是国际社会治理主体的政治环境下，难民署等国际组织的行为模式根本上取决于主权国家所赋予其的代理型权威。因此，在难民遣返问题上，如果难民不面临来自主权国家的压力，则出于保护难民自愿遣返权利的考虑，难民署不会参与难民的强制遣返。但是即使受到主权国家代理型权威的限制，难民署依然享有代理型权威中不受主权国家约束的自主行动空间。同时，难民署拥有的法理型权威、道德权威和专业权威也将进一步深化国际组织自主行动的空间。具体来说，即使面对来自主权国家的压力，难民署也有两种选择：一是直接向国家压力妥协；二是抵制国家压力。

第二，同行竞争进一步解释了难民署面对国家压力时的不同行为模式。在难民遣返问题上，难民署面临来自国际移民组织的潜在竞争。两大国际组织同是国际难民机制复合体的重要成员，均从事难民遣返工作，但与难民署具有保护难民权利的国际法责任不同，国际移民组织主要满足主权国家对跨国人口的管控服务，并不具有保护难民/移民的法律责任，能够更加灵活地满足主权国家的政策需求。因此，两大国际组织在难民遣返上构成潜在竞争。

结合以上分析，在难民遣返问题上，若难民署面临国家压力却不面临同行竞争，则难民署拥有同国家压力进行讨价还价的空间；若难民署同时面临国家压力和激烈的同行竞争，抵制国家压力意味着国家可以选择难民署之外的同样从事难民遣返的国际组织进行合作，难民署则会被边缘化，基于对生存发展的考虑，难民署容易向国家压力妥协，参与难民强制遣返。

因此，难民署在是否推动难民遣返上可以出现三种行为模式：（1）无国家压力、无同行竞争时，难民署不面临推动条件尚未达到时难民遣返的压力，无强制性遣返发生；（2）有国家压力，无同行竞争时，难民署面临推动条件尚未达到时难民遣返的国家压力，与国家对强制难民遣返进行讨价还价；（3）有国家压力，有同行竞争时，难民署同时面临推动条件尚未达到时难民遣返的国家压力和同行竞争，难民署放弃原则，强制难民遣返发生。

本书的案例部分从不同角度证明了以上核心论点和论证逻辑。具体地，难民来源国委内瑞拉（2018—2019）、叙利亚（2018）和阿富汗

（2016）均未达到难民自愿遣返的条件，但是难民署在是否推动难民遣返上却出现不同的行为模式：在哥伦比亚，难民署可以在难民接收国哥伦比亚较好地保护难民各项权利，使其不受强制遣返；在黎巴嫩，难民署与黎巴嫩政府就难民遣返问题发生正面冲突，难民署与黎巴嫩政府讨价还价，尽力维护难民不被强制遣返；在巴基斯坦，难民署则直接推动和诱使难民强制遣返，遭到国际社会严厉谴责。

该理论框架较好地解释了难民署在三个地区难民遣返上的行为差异。在哥伦比亚，难民署不面临强制遣返难民的国家压力和同行竞争，因此无强制遣返发生，难民署与国际移民组织形成"双领导"，共同致力于委内瑞拉难民的保护；在黎巴嫩，难民署面临强制遣返叙利亚难民的国家压力，却不面临来自国际移民组织的强大竞争，因此难民署得以与黎巴嫩政府就叙利亚难民遣返讨价还价；在巴基斯坦，难民署同时面临强制遣返阿富汗难民的国家压力和同行竞争，抵制国家压力意味着在难民遣返的项目上被边缘化，因此向其维护的不推回原则妥协，参与并推动强制性难民遣返。

二　对全球难民治理的启示

难民署在维护难民核心权利——自愿遣返的权利问题上的行为差异很好地揭示了全球难民治理的复杂性和以难民署为主要行为体的国际难民机制在全球难民治理中的困境。其中，尤其突出的问题是难民保护与国家主权之间的内在张力、国际难民法的规范效应与现实之间的潜在冲突以及难民群体日益凸显的复杂性。

第一，难民保护与国家主权之间的内在张力。难民之所以被称为难民，是因为其原籍国没有能力或意愿为其提供必要保护，他们在物理上已经脱离原籍国，进入另一主权国家（庇护国）的国境之内。庇护国对难民保护的态度在很大程度上影响了难民保护的程度。当庇护国愿意接收并履行难民保护的国际责任时，难民的保护工作则容易进行。如20世纪中期的西欧国家对来自东欧的难民普遍持欢迎的态度，难民的各项权利可以得到较好的保障。但是当庇护国没有意愿或能力为难民提供保护时，难民的保护工作就要靠国际社会，尤其是靠以难民署为代表的国际组织来推进。但是在主权国家的国境之内，国家主权依然是最重要的权力把持者，国际组织的行动空间受其限制。如何把握难民保护与国家主权之间的平衡，是难民保护的重要问题。

第二，国际难民法的规范效应与现实的潜在冲突。自国际社会20世纪初通过一系列关于难民保护的国际法条约，尤其是1951年《关于难民地位的公约》及其1967年议定书以来，国际难民保护的法律依据日趋完善。应给予难民相应的国际保护已成为国际社会支持的基本规范。然而，这种国际规范在实践中却体现出深刻的复杂性，影响难民保护的落实。一方面，仍然存在不支持难民保护国际规范的国家。这些国家出于国家利益和国家能力考虑，未加入国际难民机制，因此并不具有保护难民的法律责任。尤其值得注意的是，目前大多数难民接收国如约旦、巴基斯坦、黎巴嫩均不是1951年《关于难民地位的公约》签署国或批准国。在这些国家实施难民保护，在很大程度上要依靠国际难民法中"习惯国际法"的法律效力，尤其是"不推回原则"这一强国际规范的法律效力。由于缺乏明确的法律规定，难民各项权利的落实非常困难。

另一方面，即使对承认并支持国际难民规范的国家而言，国际难民保护规范的落实也非易事。突出的案例如欧洲多个国家虽然是1951年《关于难民地位的公约》等国际难民法的签署国和批准国，但是由于大规模难民可能给国家造成的各种社会、政治、经济、环境压力，各国在接收难民上均持愈发保守的态度，越来越多的国家选择支持将难民遣返原籍国，或者在难民流出原籍国之前加以干涉，试图将难民拦截在进入其国境之前。由于在国内流离失所者方面缺乏强国际规范的要求，因此主权国家可以躲避难民进入其国境之后的国际法义务，进而影响难民本应享有的各项权利。

第三，难民群体日益凸显的复杂性。难民群体日益凸显的复杂性对全球难民治理也提出新的挑战。一方面，新类型难民的出现对传统难民保护提出挑战。传统难民仅将难民界定为由于种族、宗教、国籍、属于某一社会团体或具有某种政治见解的原因遭受迫害而逃离原籍国的人。然而，随着国际政治形势的发展，因环境问题、经济问题等导致原籍国没有能力或意愿为本国公民提供保护而形成的难民越来越多。同时，满足难民界定的各项条件却无法逃出原籍国的国内流离失所者也成为难民保护的重点话题。

另一方面，传统的难民群体保护在现实中也体现出复杂性。从案例分析中可以看出，以下几个问题值得深思：（1）如何界定未签署或批准国际难民法国家境内的难民；（2）如何在实践中忽略主权国家对国际难民法的签署或批准而实行"事实难民"的鉴定标准，如何落实"事实难民"的各项权利；（3）在肆意对难民群体进行无根据人为划分的情况下，如何确保事实上的难民各项权利的获取；（4）在难民和移民群体无法区分的情况下，如何落实难民/移民混合体的保护？

从以上问题可以看出，全球难民治理不仅面临法律与时俱进的问题，同时面临法律理论与实践难以弥合的问题。全球难民治理牵涉难民来源国、接收国、捐助国、国际组织和难民群体等多个角色，其中任何一个角色不予配合都将对难民保护造成负面影响。为了切实保证难民应享有的各项权利，避免二次难民等恶性循环问题的出现，国际社会应全面考虑难民治理在现实实践中可能遭遇的问题，因地制宜地制定难民保护方案。

三 对国际组织行为研究的启示

虽然难民署是联合国系统中专门从事难民援助的国际组织，但是它的行为特征与其他治理领域国际组织具有共通性。对难民署遣返行为的分析对理解其他具有相似性国际组织的行为具有启示意义，尤其在国际组织与主权国家的关系方面、国际组织与机制复合体内其他国际组织之间的关系方面。

第一，在国际组织与主权国家的关系方面。难民署在难民遣返问题上的行为模式受到主权国家的首要且最重要影响。这是难民署本身的组织特征决定的。一方面，难民署的运转严重依赖各国政府的捐助，联合国预算仅占很小的部分。因此，国家政府对其预算拨款、职员晋升、章程修订等都握有强大的控制力。其行为模式首先是受相关国家政策的直接影响。另一方面，难民署的运转以短期项目制为主。在难民危机的应对中，难民署在特定地区主权国家授权的情况下争取有关难民援助的项目。项目的获取关系到其在当地的生存和发展。因此，基于这两点，难民署的运转将受到主权国家最直接的影响。

然而，它还具有使其与主权国家无法完全契合的特征，即维护国际难民保护规范和监督落实国际难民法的角色。国际社会建立难民署的初衷即保护难民的合法权利。而这一合法权利却未必与主权国家的利益相一致，因此难民署必须在"听从"主权国家的基础上充分发挥自己在难民保护上的能动性，才可以确保其生存的使命得以完成。因此，可以看出，难民署在每一次难民危机中的表现均是在政治理性与自身自主性之间所做的平衡。这一行为模式不仅适用于难民署，对符合以上特征的国际组织均有借鉴意义。

第二，在国际组织与机制复合体内其他国际组织的关系方面。难民署在难民遣返上的行为模式还受到国际难民机制中另一国际组织——国际移民组织的深刻影响。它们在难民遣返问题上的竞争关系让难民署与国家讨价还价的空间减小，不利于难民署对国际难民法的监督和难民权利的实现。同样，这种情况并非仅仅存在于难民署与国际移民组织之间。在其他存在工作重叠的国际组织中亦颇为常见，如发展领域中的世界银行和国际货币组织、人道主义领域中的难民署与联合国人道主义协调办公室等等。国际组织的滋生是当代国际政治的显著特点之一，然而各个国际组织之间的协调却一直是困扰全球治理的难题。通过对难民署和国际移民组织之间在难民遣返问题上的竞争分析，可以发现造成这种国际组织之间竞争的原因。

一方面，主权国家作为国际组织的创设者，对国际组织之间竞争关系的产生造成了初始影响。国际移民组织的前身即是因为美国不满不受其全权操控的难民署而设立，以更好地服务于美国在难民问题上的国家利益。这种为了一国之利，缺乏全球统筹的国家行为为后来难民署和国际移民组织在诸多方面的竞争埋下了伏笔。

另一方面，国际组织作为官僚机构一旦产生，便具有求取生存和扩大的官僚特性，缺乏协调的国际组织在之后的发展中，尤其在有利的国际政治环境下，更有可能强化组织之间的工作交叉及竞争。难民署和国际移民组织最初成立时在难民遣返问题上并不具有竞争关系。然而，随着两者的发展壮大以及国际社会对自愿遣返难民需求的急速增加，两者之间在难民遣返问题上逐渐产生竞争关系。

另外，难民署和国际移民组织在难民遣返问题上的竞争还揭露了国际组织之间恶性竞争对全球治理带来的不良后果。一般而言，国际组织之间在治理领域的竞争关系可以造成正面或负面的影响。积极的竞争关系可以促进国际组织进行政策创新，改善其在特定领域的治理效率。然而，难民署和国际移民组织之间的竞争却展示了这种竞争对全球难民治理的消极影响和对难民基本权利的侵害。因此，区分不同类型的国际组织以及竞争对国际组织的影响是未来可以继续探索的领域。

参考文献

中文著作

甘开鹏：《欧盟难民政策研究（1957—2007）》，厦门大学出版社 2011
　年版。

联合国难民署、各国议会联盟编：《难民保护：国际难民法指南（中文
　本）》，2004 年版。

梁淑英：《国际难民法》，知识产权出版社 2009 年版。

刘国福：《国际难民法》，世界知识出版社 2014 年版。

中国国际法学会主编：《中国国际法年刊（1987）》，法律出版社 1988
　年版。

中文译著

［美］汉斯·摩根索：《国家间政治》，徐昕等译，北京大学出版社 2005
　年版。

［德］马克斯·韦伯：《韦伯作品集 II——经济与历史：支配的类型》，
　康乐等译，广西师范大学出版社 2004 年版。

［美］玛莎·芬尼莫尔：《国际社会中的国家利益》，袁正清译，上海人
　民出版社 2012 年版。

［美］迈克尔·巴尼特、玛莎·芬尼莫尔：《为世界定规则：全球政治中
　的国际组织》，薄燕译，上海人民出版社 2009 年版。

中文论文

严骁骁：《国际难民机制与全球难民治理的前景》，《外交评论》2018 年
　第 3 期。

郭秋梅：《国际移民组织与联合国难民署之比较：关系、议程和影响力》，《国际论坛》2012 年第 4 期。

李明奇、廖恋、张新广：《国际难民法中的不推回原则》，《学术交流》2013 年第 4 期。

何慧：《论联合国难民署的历史地位与现实作用》，《国际论坛》2004 年第 4 期。

蔡拓：《被误解的全球化与异军突起的民粹主义》，《国际政治研究》2017 年第 1 期。

吴宇、吴志成：《全球化的深化与民粹主义的复兴》，《国际政治研究》2017 年第 1 期。

崔守军、刘燕君：《土耳其对叙利亚难民危机的应对及其影响》，《西亚非洲》2016 年第 6 期。

贾烈英：《中东难民潮对欧盟的冲击与挑战》，《国别和区域研究》2019 年第 2 期。

严骁骁：《国际难民机制与全球难民治理的前景》，《外交评论》2018 年第 3 期。

喻珍：《黎巴嫩的叙利亚难民治理》，《阿拉伯世界研究》2018 年 11 月第 6 期。

吴昊昙：《人道主义组织、地方政府与难民治理：以黎巴嫩应对叙利亚难民危机为例》，《阿拉伯世界研究》2021 年第 5 期。

徐军华、李若瀚：《论国际法语境下的"环境难民"》，《国际论坛》2011 年第 1 期。

严骁骁：《国际难民机制与全球难民治理的前景》，《外交评论》2018 年第 3 期。

李明奇、廖恋等：《国际难民法中的不推回原则》，《学术交流》2013 年第 4 期。

吴昊昙：《主要捐助国利益与国际组织行动空间：基于联合国难民署 20 世纪 90 年代难民保护行动的考察》，《国际政治研究》2019 年第 5 期。

刘宏松：《国际组织的自主性行为：两种理论视角及其比较》，《外交评论》2006 年第 3 期。

郭洁：《委内瑞拉危机——"革命""新冷战"与难民问题》，《中国国际战略评论》，2019 年（下）。

崔守军、刘燕君：《土耳其对叙利亚难民危机的应对及其影响》，《西亚非洲》2016 年第 6 期。

严骁骁：《国际难民机制与全球难民治理的前景——叙利亚难民保护实践的启示》，《外交评论》2018 年第 3 期。

时宏远：《浅议巴基斯坦境内的阿富汗难民问题》，《世界民族》2010 年第 2 期。

英文著作

Aletta Mondre, *Forum Shopping in International Disputes*, Basingstoke and New York: Palgrave Macmillan, 2015.

Alexander Betts, *Protection by Persuasion: International Cooperation in the Refugee Regime*, Ithaca: Cornell University Press, 2009.

Alexander Betts et al., *UNHCR: The Politics and Practice of Refugee Protection*, New York: Routledge, 2012.

Alexander Betts et al., *UNHCR: The Politics and Practice of Refugee Protection into the Twenty-First Century*, London: Routledge, 2008.

Ann Marie Clark, *Diplomacy of Conscience: Amnesty International and Changing Human Rights Norms*, Princeton: Princeton University Press, 2001.

Anne Hammerstad, *The Rise and Decline of a Global Security Actor: UNHCR, Refugee Protection, and Security*, New York: Oxford University Press, 2014.

Aristide Zolberg et al., *Escape from Violence: Conflict and the Refugee Crises in the Developing World*, New York: Oxford University Press, 1989.

Arthur C. Helton, *The Price of Indifference: Refugees and Humanitarian Action in the New Century*, Oxford: Oxford University Press, 2002.

Assefaw Bariagaber, *Conflict and the Refugee Experience: Flight, Exile, and Repatriation in the Horn of Africa*, Burlington: Ashgate Publishing Limited, 2006.

Audie Klotz, *Norms in International Relations: The Struggle against Apartheid*, Ithaca: Cornell University Press, 1996.

Barbara Harrell-Bond, *Imposing Aid: Emergency Assistance to Refugees*, Oxford: Oxford University Press, 1986.

Benny Morris, *The Birth of the Palestinian Refugee Problem*: 1047 – 1949, Cambridge: Cambridge University Press, 1987.

Cecile Dubernet, *The International Containment of Displaced Persons*: *Humanitarian Spaces without Exit*, New York: Routledge, 2018.

Cecilia Ruthstrom-Ruin, *Beyond Europe*: *The Globalization of Refugee Aid*, Lund: Lund University Press, 1993.

Claudena M. Skran, *Refugees in Inter-War Europe*: *The Emergence of a Regime*, Oxford: Clarendon Press, 1995.

David Beetham, *Max Weber and the Theory of Modern Politics*, New York: Polity, 1985.

David Holloran Lumsdaine, *Moral Vision in International Politics*: *The Foreign Aid Regime*, 1949 – 1989, Princeton: Princeton University Press, 1993.

Dean Acheson, *Present at the Creation*, New York: Norton, 1966.

Diane Vaughan, *Challenger Launch Decision*: *Risky Technology*, *Culture*, *and Deviance at NASA*, Chicago: University of Chicago Press, 1996.

Edward H. Buehrig, *The United Nations and the Palestinian Refugees*: *A Study in Non-Territorial Administration*, Bloomington: Indiana University Press, 1971.

Edward Keene, *Beyond the Anarchical Society*: *Grotius*, *Colonialism and Order in World Politics*, Cambridge: Cambridge University Press, 2002.

Emma Haddad, *The Refugee in International Society*: *Between Sovereigns*, Cambridge: Cambridge University Press, 2008.

Ernest B. Hass, *When Knowledge is Power*: *Three Models of Change in International Organizations*, Berkeley: University of California, 1990.

Freda Hawkins, *Critical Years in Immigration*: *Canada and Australia Compared*, Montreal: McGill-Queen's University Press, 1991.

George Stoessinger, *The Refugee and the World Community*, Minneapolis: The University of Minnesota Press, 1963.

George Woodbridge, *The History of UNRRA*, New York: Columbia University Press, 1950.

Gerrit Gong, *The Standard of "Civilization" in International Society*, Oxford: Oxford University Press, 1984.

Gil Loescher and John Scanlan, *Calculated Kindness: Refugees and America's Half-Open Door*, 1945 *to Present*, New York: The Free Press, 1986.

Gil Loescher, *The UNHCR and World Politics: A Perilous Path*, Oxford: Oxford University Press, 2001.

Gil Loescher and Laila Monahan, eds. *Question of Refugees*, Oxford: Oxford University Press, 1989.

Gil Loecher et al., eds., *Protracted Refugee Situations: Political, Human Rights and Security Implications*, Tokyo: United Nations University Press, 2008.

Guenther Roth and Claus Wittich, eds., *Max Weber, Economy and Society: An Outline of Interpretive Sociology*, Berkeley: University of California Press, 2013.

Guy S. Goodwin-Gill and Jane McAdam, *The Refugee in International Law*, Oxford: Oxford University Press, 2021.

Guy Goodwin-Gill and Jane McAdam, *The Refugee in International Law*, Oxford: Oxford University Press, 2007.

Howard Adelman and Elazar Barkan, *No Return, No Refuge: Rites and Rights in Minority Return*, New York: Columbia University Press, 2011.

Jacques Vernant, *The Refugee in the Post-War World*, New Haven: Yale University Press, 1953.

James C. Hathaway, *The Rights of Refugees under International law*, Cambridge: Cambridge University Press, 2005.

James C. Hathaway, *The Rights of Refugees under International Law*, Cambridge: Cambridge University Press, 2015.

James Milner, *Refugees, the State and the Politics of Asylum in Africa*, Basingstoke: Palgrave Macmillan, 2009.

J. L. Brierly, *The Law of Nations*, New York: Oxford University Press, 1963.

John Stoessinger, *The Refugee and the World Community*, Minneapolis: University of Minnesota Press, 1956.

Katy Long, *The Point of No Return: Refugees, Rights and Repatriation*, Oxford: Oxford University Press, 2013.

Kilic Bugra Kanat, *Turkey's Syrian Refugees: Toward Integration*, Ankara:

SETA Foundation for Political, Economic and Social Research, 2015.

Kim Salomon, *Refugees in the Cold War: Toward a New International Refugee Regime in the Early Postwar Era*, Lund: Lund University Press, 1991.

Lawrence S. Finkelstein ed. , *Politics in the United Nations System*, London: Duke University Press, 1988.

Leo Kuper, *Genocide: Its Political Uses in the Twentieth Century*, New Haven: Yale University Press, 1981.

Liesbet Hooghe et al. , *Measuring International Authority: A Postfunctionalist Theory of Governance*, New York: Oxford University Press, 2017.

Lina Venturas, ed. , *International "Migration Management" in the Early Cold War: The Intergovernmental Committee for European Migration*, Corinth: University of the Peloponnese, 2015.

Louise Holborn, *Refugees: A Problem of Our Time: The Work of the United Nations High Commissioner for Refugees*, 1951 – 1972, Metuchen: Scarecrow Press, 1975.

Malcolm J. Proudfoot, *European Refugees*, 1939 – 52: *A Study in Forced Population Movement*, London: Faber and Faber, 1957.

Margaret Keck and Kathryn Sikkink, *Activists Beyond Borders: Advocacy Networks in International Politics*, Ithaca: Cornell University Press, 1998.

Martha Finnemore, *National Interest in International Society*, Ithaca: Cornell University Press, 1996.

Marjolene Zieck, *UNHCR and Voluntary Repatriation of Refugees*, A Legal Analysis, Boston: Martinus Nijhoff, 1997.

Mark Elliott, *Pawns of Yalta: Soviet Refugees and America's Role in Their Repatriation*, Urbana: University of Illinois Press, 1982.

Martti Koskeniemi, *From Apology to Utopia: The Structure of International Legal Argument*, New York: Cambridge University Press, 2005.

Max Weber, *Economy and Society: An Outline of Interpretive Sociology*, Berkeley, Los Angeles and London: University of California Press, 1978.

Michael Barnett and Martha Finnemore, *Rules for the World: International Organizations in Global Politics*, Ithaca: Cornell University Press, 2004.

Michael Dumper ed. , *Palestinian Refugee Repatriation*: *Global Perspectives*, New York: Routledge, 2006.

Michael R. Marrus, *The Unwanted*: *European Refugees in the Twenties Century*, New York and Oxford: Oxford University Press, 1985.

Mollie Gerver, *The Ethics and Practice of Refugee Repatriation*, Edinburgh: Edinburgh University Press, 2018.

Nasser Yassin et al. , *No Place to Stay? Reflections on the Syrian Refugee Shelter Policy in Lebanon*, Beirut: United Human Settlements Programme (UN-Habitat) & Issam Fares Institute for Public Policy and International Affairs (IFI) at the American University of Beirut, 2015.

Nasser Yassin, 101 *Facts & Figures on the Syrian Refugee Crisis- Volume I*, Beirut: IFI at the American University of Beirut, 2018.

Nasser Yassin and Rawya Khodor, 101 *Facts & Figures on the Syrian Refugee Crisis- Volume II*, Beirut: IFI at the American University of Beirut, 2019.

Paolo Verme et al. , *The Welfare of Syrian Refugees*: *Evidence from Jordan and Lebanon*, Washington, D. C. : World Bank Group, 2016.

Paul Kevin Wapner, *Environmental Activism and World Civic Politics*, Buffalo: State University of New York Press, 1995.

Phillip Y. Lipscy, *Renegotiating the World Order*: *Institutional Change in International Relations*, Cambridge: Cambridge University Press, 2016.

Rey Koslowski, ed. , *Global Mobility Regimes*, New York: Palgrave Macmillan, 2011.

Richard Black and Khalid Koser, eds. , *The End of The Refugee Cycle? Refugee Repatriation and Reconstruction*, New York: Berghahn Books, 1999.

Robert G. Rabil, *The Syrian Refugee Crisis in Lebanon*: *The Double Tragedy of Refugees and Impacted Host Communities*, Lanham: Lexington Books, 2016.

Robert Lawrence et al. , *A Vision for the World Economy*: *Openness*, *Diversity and Cohesion*, Washington D. C. : Brookings Institution, 1996.

Roger Smith and Brian Wynne, eds. , *Expert Evidence*: *Interpreting Science in the Law*, New York: Routledge, 1989.

Ruben Berrios, *Contracting for Development*: *The Role of For-Profit Contractors in U. S. Foreign Development Assistance*, Westport: Praeger, 2000.

UNHCR, *The State of the World's Refugees: A Humanitarian Agenda*, Oxford: Oxford University Press, 1997.

UNHCR, *The State of the World's Refugees: Human Displacement in the New Millennium*, Oxford: Oxford University Press, 2006.

US State Department, *Refugees and Stateless Persons, Foreign Relations of the United States*, Washington, D. C. : US Government Publishing Office, 1950.

Vinod K. Aggarwal, *Institutional Designs for a Complex World: Bargaining, Linkages and Nesting*, Ithaca: Cornell University Press, 1998.

Sadako Ogata, *The Turbulent Decade: Confronting the Refugee Crises in the 1990s*, New York: W. W. Norton, 2005.

Sophia Hoffmann, *Iraqi Migrants in Syria: The Crisis before the Storm*, Syracuse: Syracuse University Press, 2016.

Tana Johnson, *Organizational Progeny: Why Governments Are Losing Control over the Proliferating Structures of Global Governance*, Oxford: Oxford University Press, 2014.

Thomas Risse et al. , *The Power of Human Rights: International Norms and Domestic Change*, New York: Cambridge University Press, 1999.

英文论文

Alexander Betts, "North-South Cooperation in the Refugee Regime: The Role of Linkages", *Global Governance*, Vol. 14, No. 2, 2008.

Alexander Betts, "The Refugee Regime Complex", *Refugee Survey Quarterly*, Vol. 29, No. 1, 2010.

Alexander Cooley and James Ron, "The NGO Scramble: Organizational Insecurity and the Political Economy of Transnational Action", *International Security*, Vol. 27, No. 1, 2002.

Alan Dowty and Gil Loescher, "Refugee Flows as Grounds for International Action", *International Security*, Vol. 21, No. 1, 1996.

Alexander Betts, "Regime Complexity and International Organizations: UNHCR as a Challenged Institution", *Global Governance*, Vol. 19, No. 1, 2013.

Amina Khan, "Protracted Afghan Refugee Situation: Policy Options for Paki-stan", *Strategic Studies*, Vol. 37, No. 1, 2017.

Ameena Ghaffar-Kucher, "The Effects of Repatriation on Education in Afghan Refugee Camps in Pakistan", *Education in Emergencies and Post-Conflict Situations: Problems, Responses and Possibilities*, 2005.

Ana Garcia Rodicio, "Restoration of Life: A New Theoretical Approach to Voluntary Repatriation: based on a Cambodian Experience of Return", *International Journal of Refugee Law*, Vol. 13, No. 1/2, 2001.

Andreas Fischer-Lescano et al., "Border Control at Sea: Requirements Under International Human Rights and Refugee Law", *International Journal of Refugee Law*, Vol. 21, No. 2, 2009.

Andrew T. Guzman, "Doctor Frankenstein's International Organization", *Berkeley Program in Law and Economics: Working Paper Series*, 2012.

Angela Gissi, " 'What Does the Term Refugee Mean to You?' ": Perspectives from Syrian Refugee Women in Lebanon", *Journal of Refugee Studies*, Vol. 32, Iss. 4, 2019.

Ann Marie Clark et al., "The Sovereign Limits of Global Civil Society: A Comparison of NGO Participation in UN World Conferences on the Environmental, Human Rights, and Women", *World Politics*, Vol. 51, No. 1, 1998.

Anne Koch, "The Politics and Discourse of Migrant Return: The Role of UN-HCR and IOM in the Governance of Return", *Journal of Ethnic and Migration Studies*, Vol. 40, No. 6, 2014.

Barbara E. Harrell-Bond, "Repatriation: Under What Conditions Is It the Most Desirable Solution for Refugees? An Agenda for Research", *African Studies Review*, Vol. 32, No. 1, 1989.

Barbara Hendrie, "The Politics of Repatriation: The Tigrayan Refugee Repatriation 1985 – 1987", *Journal of Refugee Studies*, Vol. 4, No. 2, 1991.

Bahram Rajaee, "The Politics of Refugee Policy in Post-Revolutionary Iran", *Middle East Journal*, Vol. 54, No. 1, 2000.

Benjamin N. Gedan, "Venezuelan Migration: Is the Western Hemisphere Prepared for a Refugee Crisis?" *SAIS Review of International Affairs*, Vol. 37,

No. 2，2017.

Bill Frelick，"The Right of Return"，*International Journal of Refugee Law*，Vol. 2，Iss. 3，1990.

Brad K. Blitz et al. ，"Non-Voluntary Return? The Politics of Return to Afghanistan"，*Political Studies*，Vol. 53，No. 3，2005.

Brian Gorlick，"Human Rights and Refugees: Enhancing Protection through International Human Rights Law"，New Issues in Refugee Research，Working Paper No. 30，Geneva，UNHCR，2000.

B. S. Chimni，"Perspectives on Voluntary Repatriation: A Critical Note"，*International Journal of Refugee Law*，Vol. 3，Iss. 3，1991.

B. S. Chimni，"Meaning of Words and the Role of UNHCR in Voluntary Repatriation"，*International Journal of Refugee Law*，Vol. 5，Iss. 3，1993.

B. S. Chimni，"Refugees，Return and Reconstruction of 'Post-Conflict' Societies: A Critical Perspective"，*International Peacekeeping*，Vol. 9，No. 2，2002.

B. S. Chimni，"From Resettlement to Involuntary Repatriation: Towards a Critical History of Durable Solutions to Refugee Problems"，*Refugee Survey Quarterly*，Vol. 23，No. 3，2004.

Carlos O. Miranda，"Haiti and the United States During the 1980s and 1990s: Refugees，Immigration，and Foreign Policy"，*San Diego Law Review*，Vol. 32，1995.

Carmen Geha and Joumana Talhouk，"From Recipients of Aid to Shapers of Policies: Conceptualizing Government-United Nations Relations during the Syrian Refugee Crisis in Lebanon,"*Journal of Refugee Studies*，Vol. 32，No. 4，2019.

Celine Nieuwenhuys and Antoine Pecoud，"Human Trafficking，Information Campaigns and Strategies of Migration Control,"*American Behavioral Scientist*，Vol. 50，No. 12，2007.

Chaim D. Kaufman and Robert A. Pape，"Explaining Costly International Moral Action: Britain's Sixty-Year Campaign against the Atlantic Slave Trade"，*International Organization*，Vol. 53，No. 4，1999.

Charles Heller, "Protection Management-Deterring Potential Migrants Through Information Campaigns", *Global Media and Communication*, Vol. 10, No. 3, 2014.

Claudena M. Skran, "Profiles of the First Two High Commissioners", *Journal of Refugee Studies*, Vol. 1, No. 3/4, 1988.

Curtis A. Bradley and Judith G. Kelley, "The Concept of International Delegation", *Law and Contemporary Problems*, Vol. 71, No. 1, 2008.

Daniel W. Drezner, "The Global Governance of the Internet: Bringing the State Back In," Political Science Quarterly, Vol. 119, No. 3, 2004.

Daniel Warner, "Voluntary Repatriation and the Meaning of Return to Home: A Critique of Liberal Mathematics", *Journal of Refugee Studies*, Vol. 7, No. 2/3, 1994.

Daniele Belanger and Cenk Saracoglu, "The Governance of Syrian Refugees in Turkey: The State-Capital Nexus and Its Discontents", *Mediterranean Politics*, Vol. 25, No. 4, 2018.

Daniel Wunderlich, "Europeanization Through the Grapevine: Communication Gaps and the Role of International Organizations in Implementation Networks of EU External Migration Policy", *Journal of European Integration*, Vol. 34, No. 5, 2012.

Darren G. Hawkins and Wade Jacoby, "Agent Permeability, Principal Delegation and the European Court of Human Rights", *Review of International Organizations*, Vol. 3, No. 1, 2008.

David Forsythe, "UNRWA, the Palestinian Refugees, and World Politics", *International Organization*, Vol. 25, 1971.

David Forsythe, "The Palestine Question: Dealing with a Long-Term Refugee Situation", *Annals of the American Academy of Political and Social Sciences*, Vol. 468, 1983.

David Lanz, "Subversion or Reinvention? Dilemmas and Debates in the Context of UNHCR's increasing Involvement with IDPs", *Journal of Refugee Studies*, Vol. 21, No. 2, 2008.

David W. Leebron, "Linkages", *American Journal of International Law*,

Vol. 96, No. 1, 2002.

Feyzi Baban et al. , "Syrian Refugees in Turkey: Pathways to Precarity, Differential Inclusion, and Negotiated Citizenship Rights", *Journal of Ethnic and Migration Studies*, Vol. 43, No. 1, 2017.

Gaim Kibreab, "Revisiting the Debate on People, Place, Identity and Displacement", *Journal of Refugee Studies*, Vol. 12, No. 4, 1999.

Gervase Coles, "Solutions to the Problem of Refugees and the Protection of Refugees: A Background Study", Geneva: UNHCR, 1989.

Gil Loescher, "The UNHCR and World Politics: State Interests vs. Institutional Autonomy", *The International Migration Review*, Vol. 35, No. 1, 2001.

Gil Loescher and James Milner, "The Missing Link: The Need for Comprehensive Engagement in Protracted Refugee Situations", *International Affairs*, Vol. 79, No. 2, 2003.

Gil Loescher and James Milner, "Understanding the Challenge," *Forced Migration Review*, Vol. 9, No. 9, 2009.

Giovanni Capoccia and R. Daniel Kelemen, "The Study of Critical Junctures: Theory, Narrative, and Counterfactuals in Historical Institutionalism," *World Politics*, Vol. 59, 2007.

Giselle Valarezo, "Offloading Migration Management: The Institutionalized Authority of Non-State Agencies Over the Gutemalan Temporary Agricultural Worker to Canada Project", *Journal of International Migration and Integration*, Vol. 16, No. 3, 2015.

Hiram A. Ruiz, "Afghanistan: Conflict and Displacement 1978 to 2001 ", *Forced Migration Review*, Vol. 13, 2002.

Ian Smillie, "NGOs and Development Assistance: A Change in Mind-Set?" *Third World Quarterly*, Vol. 18, No. 3, 1997.

Ishan Ashutosh and Alison Mountz, "Migration Management for the Benefit of Whom? Interrogating the Work of the International Organization for Migration", *Citizenship Studies*, Vol. 15, No. 1, 2011.

Jack Snyder and Karen Ballentine, "Nationalism and the Marketplace of Ideas", *International Security*, Vol. 21, No. 2, 1996.

Jacob Katz Cogan, "Competition and Control in International Adjudication", *Virginia Journal of International Law*, Vol. 48, No. 2, 2008.

James C. Hathaway, "The Evolution of Refugee Status in International Law: 1920 – 1950", *The International and Comparative Law Quarterly*, Vol. 33, No. 2, 1984.

James C. Hathaway, "Forced Migration Studies: Could We Agree Just to 'Date'?" *Journal of Refugee Studies*, Vol. 20, Iss. 3, 2007.

James Ron, "Varying Methods of State Violence", *International Organization*, Vol. 51, No. 2, 1997.

Jared Ferrie and Aamir Saeed, "Will the UN Become Complicit in Pakistan's Illegal Return of Afghan Refugees?" *The New Humanitarian*, November 10, 2016.

Jean-Francois Durieux and Jane McAdam, "Non-Refoulement through Time: The Case for a Derogation Clause to the Refugee Convention in Mass Influx E-mergencies", *International Journal of Refugee Law*, Vol. 16, No. 1, 2004.

Jeff Crisp, "The Politics of Repatriation: Ethiopian Refugees in Djibouti, 1977 – 83", *Review of African Political Economy*, No. 30, 1984.

Jeff Crisp, "Refugee Repatriation: New Pressures and Problems", *Migration World*, Vol. 14, No. 5, 1986.

Jeff Crisp, "Mind the Gap! UNHCR, Humanitarian Assistance and the Development Process", *International Migration Review*, Vol. 35, No. 1, 2001.

Jeff Crisp, "Refugees and the Global Politics of Asylum", *Political Quarterly*, Vol. 74, No. 1, 2003.

Jeffrey G. Karam, "Lebanon's Civil Society as an Anchor of Stability", *Middle East Brief*, No. 117, 2018.

Jerome Elie, "The Historical Roots of Cooperation Between the UN High Commissioner for Refugees and the International Organization for Migration", *Global Governance*, Vol. 16, No. 3, 2010.

Jens Vedsted-Hansen, "An Analysis of the Requirements for Voluntary Repatriation", *International Journal of Refugee Law*, Vol. 9, No. 4, 1997.

John Fredriksson, "Reinvigorating Resettlement: Changing Realities Demand

Changed Approach," *Forced Migration Review*, No. 13, 2002.

John R. Rogge and Joshua O. Akol, "Repatriation: Its Role in Resolving Africa's Refugee Dilemma", T*he International Migration Review*, Vol. 23, No. 2, 1989.

Joost Pauwelyn and Luiz E. Salles, "Forum Shopping before International Tribunals: (Real) Concerns, (Im) Possible Solutions", *Cornell International Law Journal*, Vol. 42, Iss. 1, 2009.

Juan Thomas Ordonez and Hugo Eduardo Ramirez Arcos, "At the Crossroads of Uncertainty: Venezuelan Migration to Colombia", *Journal of Latin American Geography*, Vol. 18, No. 2, 2019.

Julien Brachet, "Policing the Desert: The IOM in Libya Beyond War and Peace", *Antipode*, Vol. 48, No. 2, 2016.

Kal Raustiala and David G. Victor, "The Regime Complex for Plant Genetic Resources", *International Organization*, Vol. 58, No. 2, 2004.

Karen J. Alter and Sophie Meunier, "The Politics of International Regime Complexity", *Perspectives on Politics*, Vol. 7, No. 1, 2009.

Kathleen R. Page et al., "Venezuela's Public Health Crisis: A Regional Emergency", *The Lancet*, Vol. 393, March 23, 2019.

Kenneth Abbott and Duncan Snidal, "Why States Act through Formal International Organizations", *Journal of Conflict Resolution*, Vol. 42, No. 1, 1988.

Kenneth Lipartito, "Culture and the Practice of Business History", *Business & Economic History*, Vol. 24, No. 2, 1995.

Kevin Hartigan, "Matching Humanitarian Norms with Cold, Hard Interests: The Making of Refugee Policies in Mexico and Hoduras, 1980–1989", *International Organization*, Vol. 46, No. 3, 1992.

Laura Barnett, "Global Governance and the Evolution of the International Refugee Regime", *International Journal of Refugee Law*, Vol. 14, No. 2/3, 2002.

Laurence R. Helfer, "Forum Shopping for Human Rights", *University of Pennsylvania Law Review*, Vol. 148, No. 2, 1999.

Laurence R. Helfer, "Regime Shifting: The TRIPS Agreement and the New Dynamics of International Intellectual Property Making", *Yale Journal of In-*

ternational Law, Vol. 29, No. 1, 2004.

Liisa Malkki, "Speechless Emissaries: Refugees, Humanitarianism, and Dehistoricization", *Cultural Anthropology*, Vol. 11, No. 3, 1996.

Maha Kattaa and Meredith Byrne, "Quality of Work for Syrian Refugees in Jordan", *Forced Migration Review*, No. 58, 2018.

Maha Yahya, "What Will It Take for Syrian Refugees to Return Home? The Obstacles Are Significant," *Foreign Affairs*, May 28, 2018.

Marc L. Busch, "Overlapping Institutions, Forum Shopping, and Dispute Settlement in International Trade", *International Organization*, Vol. 61, No. 4, 2007.

Mark B. Salter, "The Global Visa Regime and the Political Technologies of the International Self", *Alternatives: Global, Local, Political*, Vol. 31, No. 2, 2006.

Mark Thatcher and Alec Stone Sweet, "Theory and Practice of Delegation to Non-majoritarian Institutions," *West European Politics*, Vol. 25, No. 1, 2002.

Martha Finnemore, "Norms, Culture, and World Politics: Insights from Sociology's Institutionalism", *International Organization*, Vol. 50, No. 2, 1996.

Megan Bradley, "The International Organization for Migration (IOM): Gaining Power in the Forced Migration Regime", *Refuge*, Vol. 33, No. 1, 2017.

Michael Barnett and Martha Finnemore, "The Politics, Power and Pathologies of International Organizations", *International Organization*, Vol. 53, No. 4, 1999.

Michael Barnett, "UNHCR and the Ethics of Repatriation", *Forced Migration Review*, Iss. 10, 2001.

Michael Barutciski, "Involuntary Repatriation When Refugee Protection is No Longer Necessary", *International Journal of Refugee Law*, Vol. 10, No. 1/2, 1998.

Michael Collyer, "Deportation and the Micropolitics of Exclusion: The Rise of Removals from the UK to Sri Lanka", *Geopolitics*, Vol. 17, No. 2, 2012.

Michael M. McCarthy, "Venezuela's Manmade Disaster", *Current History*, Vol. 787, 2017.

Nassim Majidi et al. , "Seeking Safety, Jobs, and More: Afghanistan's Mixed Flows Test Migration Policies", *Migration Information Source*, *Migration Policy*, 2016.

Norman Myers, "Environmental Refugees in a Globally Warmed World", *Bio-Science*, Vol. 43, No. 11, 1993.

Norman Myers, "Environmental Refugees", *Population and Environment*, Vol. 19, No. 2, 1997.

Oleg Korneev, "Exchanging Knowledge, Enhancing Capacities, Developing Mechanisms: IOM's Role in the Implementation of the EU-Russia Readmission Agreement", *Journal of Ethnic and Migration Studies*, Vol. 40, No. 6, 2014.

Oliver Bakewell, "Returning Refugees or Migrating Villagers? Voluntary Repatriation Programmes in Africa Reconsidered", *Refugee Survey Quarterly*, Vol. 21, No. 1 & 2, 2002.

P. J. Simmons, "Learning to Live with NGOs", *Foreign Policy*, No. 112, 1998.

Rahel Kunz, "Governing International Migration Through Partnership", *Third World Quarterly*, Vol. 34, No. 7, 2013.

Richard Black, "Conceptions of 'home' and the Political Geography of Refugee Repatriation: Between Assumption and Contested Reality in Bosnia-Herzegovina", *Applied Geography*, Vol. 22, Iss. 2, 2002.

Richard Perruchoud, "From the Intergovernmental Committee for European Migration to the International Organization for Migration", *International Journal of Refugee Law*, Vol. 1, No. 4, 1989.

Richard Perruchoud, "Persons Falling Under the Mandate of the International Organization for Migration (IOM) and to Whom the Organization May Provide Migration Services", *International Journal of Refugee Law*, Vol. 4, No. 2, 1992.

Richard Price, "Reversing the Gun Sights: Transnational Civil Society Targets Land Mines", *International Organization*, Vol. 52, No. 3, 1998.

Rieko Karatani, "How History Separated Refugee and Migrant Regimes: In Search of Their Institutional Origins", *International Journal of Refugee Law*,

Vol. 17, No. 3, 2005.

Robert L. Brown, "Measuring Delegation", *Review of International Organizations*, Vol. 5, No. 2, 2010.

Robin R. Churchill and Geir Ulfstein, "Autonomous Institutional Arrangements in Multilateral Environmental Agreements: A Little-Noticed Phenomenon in International Law", *American Journal of International Law*, Vol. 94, No. 4, 2000.

Roger Charlton and Roy May, "NGOs, Politics, Projects, and Probity: A Policy Implementation Perspective", *Third World Quarterly*, Vol. 16, No. 2, 1995.

Sandra Lavenex, "Multilevelling EU External Governance: The Role of International Organizations in the Diffusion of EU Migration Policies", *Journal of Ethnic and Migration Studies*, Vol. 42, No. 4, 2016.

Sarah Petrin, "Refugee Return and State Reconstruction: A Comparative Analysis," UNHCR, 2002.

Saul Takahashi, "The UNHCR Handbook on Voluntary Repatriation: The Emphasis of Return over Protection", *International Journal of Refugee Law*, Vol. 9, No. 4, 1997.

Spencer Zifcak, "The Responsibility to Protect After Libya and Syria", *Melbourne Journal of International Law*, Vol. 13, No. 1, 2012.

Stephen D. Krasner, "Structural Causes and Regime Consequences: Regimes as Intervening Variables", *International Organization*, Vol. 36, No. 2, 1982.

Steven D. Roper and Lilian A. Barria, "Burden Sharing in the Funding of the UNHCR: Refugee Protection as an Impure Public Good", *Journal of Conflict Resolution*, Vol. 54, No. 4, 2010.

Stephen H. Legomsky, "The USA and the Caribbean Interdiction Programme", *International Journal of Refugee Law*, Vol. 18, No. 3/4, 2006.

Susan Kneebone, "The Pacific Plan: The Provision of 'Effective Protection?'" *International Journal of Refugee Law*, Vol. 18, No. 3/4, 2006.

Susanne Schatral, "Awareness Raising Campaings Against Human Trafficking in the Russian Federation: Simply Adding Males or Redefining a Gendered

Issue?" *Anthropology of East Europe Review*, Vol. 28, No. 1, 2010.

T. Alexander Aleinikoff and Stephen Poellot, "The Responsibility to Solve: The International Community and Protracted Refugee Situations", *Virginia Journal of International Law*, Vol. 54, No. 2, 2014.

Thais Bessa, "From Political Instrument to Protection Tool? Resettlement of Refugees and North-South Relations", *Refuge*, Vol. 26, No. 1, 2009.

Thomas Gammeltoft-Hansen and James C. Hathaway, "Non-Refoulement in a World of Cooperative Deterrence", *Columbia Journal of Transnational Law*, Vol. 53, No. 2, 2015.

Vincent Chetail, "Voluntary Repatriation in Public International Law: Concepts and Contents", *Refugee Survey Quarterly*, Vol. 23, No. 3, 2004.

Walpurga Englbrecht, "Bosnia and Herzegovina, Croatia and Kosovo: Voluntary Return in Safety and Dignity?" *Refugee Survey Quarterly*, Vol. 23, No. 3, 2004.

William Fisher, "Doing Good? The Politics and Antipolitics of NGO Practices", *Annual Review of Anthropology*, Vol. 26, 1997.

Yoram Z. Haftel, "Commerce and Institutions: Trade, Scope, and the Design of Regional Economic Organizations", *Review of International Organizations*, Vol. 8, No. 3, 2013.

Yousaf Ali et al., "Refugees and Host Country Nexus: A Case Study of Pakistan," *International Migration & Integration*, Vol. 20, 2019.

国际组织中文官方文件
联合国:《世界人权宣言》,1948 年 12 月 10 日。
联合国人权高级专员办事处:《公民权利和政治权利国际盟约》,1966 年 12 月 16 日。
《世界人权宣言》,1948 年。
《关于难民地位的公约》,1951 年。
《领域庇护宣言》,1967 年 12 月 14 日。
联合国人权高级专员办事处: 《公民权利和政治权利国际公约》, 1966 年。

国际组织英文官方文件

Action Plan of the Quito Process on Human Mobility of Venezuelan Citizens in the Region, November 2018.

Asian-African Legal Consultative Organization (AALCO), Bangkok Principles on the Status and Treatment of Refugees ("Bangkok Principles"), December 31, 1966.

British Public Records Office, Foreign Office Files, FO 371/95935, March 8, 1951.

British Public Records Office, Foreign Office Files, FO 371/95942, June 28, 1951.

Bryan Deschamp et al., "Earth, Wind and Fire: A Review of UNHCR's Role in Natural Disasters", UNHCR Policy Development and Evaluation Service, PDES/2010/06, June 2010.

Cartagena Declaration on Refugees, 1984.

Declaration on Human Mobility of Venezuelan Citizens in the Region, September 2018.

EASO, Country of Origin Information Report on Afghanistan: Security Situation, November 2016.

ICVA, Talk Back, Vol 7-2a, April 14, 2005.

IMF, Western Hemisphere-Regional Economic Outlook: Stunted by Uncertainty, October 2019.

IOM, International Agenda on Migration Management, December 16 – 17, 2004.

IRO, Annex to the Constitution of the International Refugee Organization, Pt. 1, Sec. C, Pt. 1 (a), December 15, 1946.

League of Nations, Arrangement Relating to the Issue of Identify Certificates to Russian and Armenian Refugees, Treaty Series Vol. LXXXIX, No. 2004, May 12, 1926.

League of Nations, Arrangement Concerning the Extension to Other Categories of Certain Measures Taken in Favour of Russian and Armenian Refugees,

Treaty Series, June 30, 1928.

League of Nations, Convention Relating to the International Status of Refugees, Treaty Series Vol. CLIX No. 3663, October 28, 1933.

League of Nations, Provisional Arrangement concerning the Status of Refugees Coming from Germany, Treaty Series, Vol. CLXXI, No. 3952, July 4, 1936.

League of Nations, Convention Concerning the Status of Refugees Coming from Germany, Treaty Series, Vol. CXCII, No. 4461, February 10, 1938.

League of Nations, Additional Protocol to the Provisional Arrangement and to the Convention, signed at Geneva on July 4th, 1936, and February 10th, 1938, respectively, concerning the Status of Refugees coming from Germany, League of Nations Treaty Series, Vol. CXCVIII, No. 4634, September 14, 1939.

Norwegian Refugee Council et al. , Dangerous Ground: Syria's Refugees Face an Uncertain Future, 2018.

Organization of African Unity (OAU), Convention Governing the Specific Aspects of Refugee Problems in Africa ("OAU Convention"), 1001 U. N. T. S. 45, September 10, 1969.

Regional Refugee and Migrant Response Plan for Refugees and Migrants from Venezuela (RMRP), January- December 2019.

Statute of the Office of the United Nations High Commissioner for Refugees, Chap. I, Article 1, 1950.

Statute of the Office of the United Nations High Commissioner for Refugees, Chap. II, Article 6, 1950.

UN Declaration on Territorial Asylum, UNGA res. 2312 (XXII), December 14, 1967.

UN General Assembly, Statute of the Office of the United Nations High Commissioner for Refugees, A/RES/428 (V), December 14, 1950.

UN General Assembly, Convention Relating to the Status of Refugees, Treaty Series, Vol. 189, July 28, 1951.

UNHCR, Statute of the Office of the United Nations High Commissioner for Refugees, Art. 1, 1950.

UNHCR Archives, HCR/G/XV. L /13/6a, Geneva Chron. : 27, February 3, 1953.

UNHCR Archives, Press Release, No. Ref. 638, Geneva, February 1, 1961.

UNHCR, The Meaning of Material Assistance, No. 24, 1963.

UNHCR, *OAU Convention Governing the Specific Aspects of Refugee Problems in Africa*, 1969.

UNHCRExecutive Committee of the High Commissioner's Programme, *Non-Refoulement No. 6 (XXVIII)* – October 12, 1977, No. 6 (XXVIII) .

UNHCR, Refugees Without an Asylum Country, No. 15 (XXX) , 1979.

UNHCR Executive Committee of the High Commissioner's Programme, *Voluntary Repatriation No. 18 (XXXI)* – 1980, October 16, 1980.

UNHCR Executive Committee, Conclusion No. 40 (XXXVI) on Voluntary Repatriation, 1985.

UNHCRExecutive Committee of the High Commissioner's Programme, *Voluntary Repatriation No. 40 (XXXVI)* – 1985, October 18, 1985.

UNHCR, Note on International Protection, Geneva, July 15, 1986.

UNHCR Executive Committee of the High Commissioner's Programme, *Problem of Refugees and Asylum-Seekers Who Move in an Irregular Manner from a Country in Which They Had Already Found Protection No. 58 (XLI)*, 1989.

UNHCR, *General Conclusion on International Protection*, No. 65 (XLII), 1991.

UNHCR, *Discussion Note on Protection Aspects of Voluntary Repatriation*, EC/ 1992/SCP/CRP. 3, April 1, 1992.

UNHCR, *General Conclusion on International Protection*, No. 68 (XLIII), 1992.

UNHCR, *Handbook on Procedures and Criteria for Determining Refugee Status*, 1979, reedited 1992.

UNHCR, Note on International Protection, UN doc. A/AC. 96/799, 1992.

UNHCR, *Information Note on the Development of UNHCR's Guidelines on the Protection Aspects of Voluntary Repatriation*, EC/SCP/80, August 3, 1993.

UNHCR, *The Principle of Non-Refoulement as a Norm of Customary International Law. Response to the Questions Posed to UNHCR by the Federal Consti-*

tutional Court of the Federal Republic of Germany in Cases 2 BvR 1938/93, *2 BvR* 1953/93, *2 BvR* 1954/93, January 31, 1994.

UNHCR, *Note on International Protection: International Protection in Mass Influx* (submitted by the High Commissioner), September 1, 1995, A/AC. 96/850.

UNHCR, *Voluntary Repatriation: International Protection*, 1996.

UNHCR Standing Committee, *Note on International Protection*, EC/48/SC/CRP. 27, May 25, 1998.

UNHCR, *Global Consultations on International Protection/Third Track: Voluntary Repatriation*, April 25, 2002, EC/GC/02/5.

UNHCRExecutive Committee of the High Commissioner's Programme, *Conclusion on Legal Safety Issues in the Context of Voluntary Repatriation of Refugees No.* 101 (*LV*) – No. 101 (LV), October 8, 2004.

UNHCRExecutive Committee of the High Commissioner's Programme, *General Conclusion on International Protection No.* 102 (*LVI*), October 7, 2005.

UNHCR, "Chairman's Summary, High Commissioner's Dialogue on Protection Challenges", Geneva, December 12, 2007.

UNHCR, *Refugee Protection and Mixed Migration: A 10-Point Plan of Action*, Geneva, 2007.

UNHCR, *Convention and Protocol Relating to the Status of Refugees*, 2010.

UNHCR, *Global Report* 2009, Geneva, 2010.

UNHCR, *Statistical Yearbook* 2009, Geneva, 2010.

UNHCR, *The 1951 Convention Relating to the Status of Refugees and Its 1967 Protocol*, 2011.

UNHCR, *Global Trends* 2012: *Displacement, The New* 21st *Century Challenge*, 2013.

UNHCR, Solutions Strategy for Afghan Refugees, Progress Report 2014.

UNHCR, 2015 – 2017 Protection Strategy Pakistan: External, 2015.

UNHCR, Enhanced Voluntary Return and Reintegration Package for Afghan Refugees (EVRRP): Funding Proposal, March 2015.

UNHCR and World Bank, *Fragility and Population Movement in Afghanistan*,

October 3, 2016.

UNHCR, 3RP: Regional Refugee & Resilience Plan 2016 – 2017: in Response to the Syria Crisis.

UNHCR, 3RP: Regional Refugee & Resilience Plan 2018 – 2019: In Response to the Syria Crisis: 2017 Annual Report.

UNHCR, UNICEF and WFP, Vulnerability Assessment of Syrian Refugees in Lebanon, 2017.

UNHCR, Comprehensive Protection and Solutions Strategy: Protection Thresholds and Parameters for Return to Syria, 2018.

UNHCR, Solutions Strategy for Afghan Refugees 2018 – 2019, 2018.

UNHCR, Update: Durable Solutions for Syrian Refugees, November/December 2018.

UNHCR, 3RP: Regional Refugee & Resilience Plan 2018 – 2019 in Response to the Syria Crisis, Regional Strategic Overview, 2019.

UNHCR, Fifth Regional Survey on Syrian Refugees' Perceptions and Intentions on Return to Syria: Egypt, Iraq, Lebanon, Jordan, March 2019.

UN Human Rights Committee, General Comment No. 31 [80], The Nature of the General Legal Obligation Imposed on States Parties to the Covenant, U. N. Doc. CCPR/C/21/Rev. 1/Add. 13, 10, March 29, 2004.

United Nations in Afghanistan, Population Movement Bulletin, Iss. 8, January 2017.

UN Inter-Agency Update, *Population Movement Bulletin*, Iss. 8, January 26, 2017.

UNOCHA, *Afghanistan: Humanitarian Needs Overview*, 2017.

UN Security Council, "Statement by the President of the Security Council," S/PRST/1992/5, January 31, 1992.

US National Archives, Diplomatic Branch, 320. 42/8 – 1159, August 11, 1959.

World Bank Group and UNHCR, Living Conditions and Settlement Decisions of Recent Afghan Returnees: Findings from a 2018 Phone Survey of Afghan Returnees and UNHCR Data, June 2019.

阿拉伯文著作

ابو ريشة، زليخة، حكايتنا حكاية : قصص شعبية رواها لاجئون ونازحون سوريون، عمان، الاردن : مشروع الحكواتي، 2015.

سالم، أمنية احمد محمد، قضية اللاجئين السوريين في دول مجلس التعاون الخليجي، مصر الجديدة، القاهرة : المكتب العربي للمعارف : مركز الفكر الخليجي، 2018.

فاعور، علي،أربعة ملايين لاجئ... الانفجار السكاني : هل تبقى سورية؟ وهل ينجوا لبنان؟ دار المؤسسة الجغرافية، 2015.

هداية، منى، لاجئات : عن تكيّف اللاجئات السوريات المعيلات في إسطنبول، 2011- 2018، بيروت : جسور للترجمة و النشر، 2020.

وزني، خالد واصف، الآثار الإقتصادية والإجتماعية لأزمة اللاجئين السوريين على الإقتصاد الأردني والمجتمعات المستضيفة، عمان : إسناد للإستشارات، 2014.

يونس، بديع،في خيمة : صحافي في مخيمّات اللاجئين السوريين، جديدة المتن :دار سائر المشرق للنشر و التوزيع، 2018.